MAXWELL MALTZ

# Psycho-kybernetik

MAXWELL MALTZ

# Psycho-kybernetik

## NUTZEN SIE DIE MACHT IHRES UNTERBEWUSSTSEINS

- Verbessern Sie Ihr Selbstbild
- Nutzen Sie Ihre positive Vergangenheit
- Lernen Sie, sich positive Ziele zu setzen und sie zu erreichen
- Entdecken Sie den Schlüssel für ein glücklicheres, erfolgreicheres Leben

FBV

**Bibliografische Information der Deutschen Nationalbibliothek**
Die Deutsche Nationalbibliothek verzeichnet diese Publikation in der Deutschen Nationalbibliografie. Detaillierte bibliografische Daten sind im Internet über https://dnb.de abrufbar.

**Für Fragen und Anregungen**
info@m-vg.de

**Wichtiger Hinweis**
Ausschließlich zum Zweck der besseren Lesbarkeit wurde auf eine genderspezifische Schreibweise sowie eine Mehrfachbezeichnung verzichtet. Alle personenbezogenen Bezeichnungen sind somit geschlechtsneutral zu verstehen.

8. Auflage 2026

Türkenstraße 89
80799 München
Tel.: 089 651285-0



Übersetzung: Elisabeth Liebl
Redaktion: Silvia Kinkel
Korrektorat: Dr. Manuela Kahle
Umschlaggestaltung: Karina Braun in Anlehnung an das Cover der Originalausgabe
Satz: Zerosoft, Timisoara
Druck: GGP Media GmbH, Pößneck
Printed in Germany

ISBN Print 978-3-95972-608-5
ISBN E-Book (PDF) 978-3-98609-145-3
ISBN E-Book (EPUB, Mobi) 978-3-98609-146-0

# INHALT

# WIE DIE PSYCHOKYBERNETIK MEIN LEBEN VERÄNDERT HAT – UND DASSELBE FÜR SIE TUN KANN

## VORWORT VON MATT FUREY

Es gibt zwei Arten von Selbsthilfebüchern: die, die Sie lesen und sagen: »Ein tolles Buch!«. Und die, die so nachhaltig auf Sie wirken, dass sich Ihr Leben für immer verändert. Im letzteren Fall können Sie sich gewöhnlich immer noch gut erinnern, wann Sie »zufällig« darüber gestolpert sind – oder wer es Ihnen empfohlen hat. Und Sie wissen, was für ein Mensch Sie früher waren und wie sich Ihre Persönlichkeit durch die Lektüre verändert hat.

So wird es Ihnen mit *Psychokybernetik* von Maxwell Maltz ergehen, einem Klassiker der Selbsthilfeliteratur. Das Buch wurde in den 1960ern veröffentlicht und hat sich seitdem mehr als 35 Millionen Mal verkauft. Menschen aus allen Lebensbereichen, die dieses Buch für sich genutzt haben, waren danach erfolgreicher denn je. Ja, mit Maltz' Buch veränderte sich auch die Selbsthilfeindustrie selbst. Alles, was Sie heute über Visualisierungen und Vorstellungsbilder lesen können, ist unmittelbar von seinem Buch beeinflusst und in den Prinzipien der Psychokybernetik verankert.

## Meine erste Begegnung mit der Psychokybernetik

Im Februar 1987 hatte ich die Uni gerade hinter mir und ging nach Kalifornien. Ich wollte mich als Personal Trainer im Fitnessbereich selbstständig zu machen. Da ich selbst für meine Universität einen Titel im Ringen geholt hatte und von den Olympiasiegern Dan Gable und Bruce Baumgartner trainiert worden war, hatte ich jungen Sportlern und anderen Fitnessbegeisterten meiner Ansicht nach einiges zu bieten.

Ich machte mich also selbstständig – und hatte trotzdem das Gefühl, dass irgendetwas mich ständig ausbremste. Da war diese innere Stimme, die mir einredete, ich sei einfach nicht gut genug und würde es nie schaffen.

Um ehrlich zu sein: Erstens hatte ich keinerlei Erfahrung in geschäftlichen Dingen. Zweitens besaß ich nur wenig Geld. Und drittens fühlte ich mich tief drin doch als Versager – und das, obwohl meine Karriere noch gar nicht richtig angefangen hatte.

Stellen Sie sich das mal vor: Ich wollte erfolgreich sein, fühlte mich aber als Versager.

Aber warum fühlte ich mich so?

Als ich über diese Frage nachdachte, fiel mir ein, was in der Highschool mein höchstes Ziel gewesen war: Ich wollte unbedingt für Dan Gable an der Universität von Iowa als Ringer antreten. Dieses Ziel erreichte ich auch – aber ich war in meiner Gewichtsklasse keineswegs die Nummer eins. Ich war fast immer die zweite Garde. Ich trat bei vielen Einzel- und Mannschaftskämpfen an und gewann auch meistens – aber ich war nie der Spitzenathlet. Daher ging ich, nachdem ich das zweite Jahr an der Uni hinter mir hatte, an die Edinboro University in Pennsylvania, wo ich ins Auswahlteam kam.

Im ersten Jahr an der Edinboro stellte ich für mein Team einen neuen Saisonrekord auf (39 Siege) und gewann die nationale Meisterschaft der NCAA II. Nachdem ich den Titel in der Zweiten Liga geholt hatte, rückte ich im landesweiten Gesamtklassement auf den siebten Platz vor und war damit für die Erste Liga qualifiziert. Mein Ziel war es, auch in der Ersten Liga den Meistertitel zu holen.

Dieses Ziel erreichte ich nicht. Nicht einmal annähernd. Hinterher war ich am Boden zerstört – aber ich wollte im Abschlussjahr meine schlechten Resultate wieder wettmachen.

In diesem Jahr war ich besser denn je, dennoch gelang mir kein echter Erfolg mehr. Ich kam in der Zweiten Liga auf Platz fünf und war somit nicht mehr für die Meisterschaft in der Ersten Liga qualifiziert.

Heute kann ich Ihnen sagen, warum ich damals meine Ziele nicht erreichte, aber zu jener Zeit konnte ich mir das überhaupt nicht erklären. Und als ich mich selbstständig machte, zweifelte ich wohl aus denselben Gründen, die mich als Sportler scheitern ließen, an meiner Zukunft.

Ich war schon drauf und dran, den Job als Trainer wieder aufzugeben, weil ich einfach keine Kundschaft bekam. Doch wie das Schicksal so spielt, buchte Jack, ein erfolgreicher 57-jähriger Unternehmer, zwölf Trainingsstunden bei mir. Immer wenn er zum Training kam, sah er die Bücher durch, die ich in meinem Büro stehen hatte. Meist ergab sich daraus eine lebhafte Diskussion über unsere Lektüre.

Als er in der fünften Stunde zwischen zwei Übungen eine Verschnaufpause brauchte, stellte er mir die Frage, die mein Leben verändern sollte: »Matt, haben Sie schon mal *Psychokybernetik* gelesen?«

»Nein«, sagte ich. »Ist das ein gutes Buch?«

»Nun, es ist sozusagen die Selbsthilfe-Bibel. Sie müssen es unbedingt lesen.«

Die folgenden zehn Minuten unterhielten wir über uns über Erfolg und das »Selbstbild«. Jack erzählte mir, dass Dr. Maltz Facharzt für plastische Chirurgie sei und die Theorie aufgestellt habe, dass ein Mensch nur so weit kommt, wie sein Selbstbild es erlaubt. »Unsere Zukunft«, so Jack, »wird bestimmt von der geistigen Blaupause, die wir im Unbewussten[1] mit uns herumtragen. Sie diktiert, wo wir uns sehen. Wenn Sie mehr Kunden haben und mehr Geld verdienen wollen, müssen Sie erst Ihr begrenztes Selbstbild verändern, bevor das wirklich passieren kann. Wenn Sie Erfolg haben wollen, ohne Ihr Selbstbild zu verbessern, dann *kann das gar keine dauerhaften Erfolge bringen.*«

Nach Jacks Stunde stieg ich ins Auto und fuhr zur nächstgelegenen Buchhandlung, dem Capitola Book Café. Ich erstand ein Exemplar von *Psychokybernetik* und fuhr zurück ins Büro, wo ich gleich zu lesen be-

1 A. d. Ü.: In der modernen Psychologie spricht man nicht mehr vom »Unterbewusstsein«, sondern eher vom »persönlichen Unbewussten« versus »kollektives Unbewusstes«, daher wird diese Terminologie auch konsequent im Buch verwendet.

gann. Im Vorwort zur ursprünglichen Ausgabe, das Sie auch in diesem Buch finden, schrieb Dr. Maltz: »Dieses Buch wurde nicht geschrieben, damit Sie es lesen. Dieses Buch ist da, um *erfahren* zu werden. Einem Buch können Sie Informationen entnehmen, aber um es zu *erfahren*, müssen Sie auf diese Information kreativ reagieren.« Er rät seinen Lesern, die im Buch vorgestellten Techniken auszuprobieren und sich wenigstens 21 Tage lang jedes Urteils zu enthalten – denn so lange dauert es, bis sich ein Wandel einstellen kann. Das hat mittlerweile auch die Wissenschaft bewiesen. Maltz empfiehlt seinen Lesern, die beschriebenen Techniken nicht zu analysieren, zu kritisieren oder intellektuell herausfinden zu wollen, ob sie funktionieren können. »Sie können sie [nur] sich selbst beweisen, indem Sie sie anwenden. Dann können Sie über die Ergebnisse urteilen.«

Und genau das tat ich dann auch. Ich kam bald dahinter, warum ich mich als Versager fühlte und dass es dieses miese »Selbstbild« war, das mich in geschäftlicher Hinsicht blockierte.

Kurz zusammengefasst: Ich fühlte mich als Versager, weil ich meine Enttäuschungen, meine Niederlagen, meine Rückschläge, meine Misserfolge re-inszenierte. Wann immer ich ein geringes Selbstwertgefühl hatte, war es, als tauchte ich mein Gesicht in die Kloake schlechter Erinnerungen, statt es mit dem klaren Wasser meiner Erfolge zu waschen.

Hier ein Ausschnitt aus einem solchen inneren Dialog: »Ja, ich habe mein Ziel erreicht, für Iowa in den Ring zu treten und von Dan Gable trainiert zu werden, aber ins Auswahlteam habe ich es nie geschafft. Ich war immer nur die Nummer zwei. Und ja, in Edinboro hatte ich anfangs schon Erfolg und holte auch die nationale Meisterschaft, aber eben nicht in der Ersten Liga. Und im Jahr darauf habe ich nicht mal mehr in der Zweiten einen Titel geholt. Ja, ich habe einen Saisonrekord bei den gewonnenen Einzelkämpfen aufgestellt, aber ich habe trotzdem nicht alle Kämpfe gewonnen.«

Obwohl ich also etwas geschafft hatte, wovon die meisten Sportler nur träumen können, hielt ich mich für einen Versager, weil ich nicht *alles* gewonnen hatte. Ich wusste damals noch nicht, dass es nicht ausreicht, sich Ziele zu setzen und positiv zu denken. Niemand hatte mich je auf die Bedeutung des Selbstbildes aufmerksam gemacht. Obwohl ich Techniken zur Selbsthypnose gelernt hatte, was mir mental helfen sollte, hatte mir niemand beigebracht, wie ich mir meine *besten* Erinnerungen ins Gedächtnis rufen konnte. Niemand hat mir je gezeigt, wie ich mir meine Wünsche vorstellen oder in das Gefühl eintauchen konnte, dass ich sie verwirklichen könnte (und das auch schaffen würde).

Das Gefühl, ein Versager zu sein, hatte sich tief in meine Knochen gefressen, in meine Arbeit und in alles, was ich sonst noch tat. Einmal mehr setzte ich mir Ziele. Ich wollte erfolgreich sein. Gleichzeitig zweifelte ich daran, dass ich gut genug war, um andere Leute trainieren zu können. Wer war ich denn schon? Ich war kein *Weltmeister* oder *Olympiasieger*. Ich hatte »nur« einmal den nationalen Meistertitel geholt.

Während ich *Psychokybernetik* verschlang, wurde mir klar, was ich täglich zu tun hatte. Etwas, was ich noch nie zuvor gemacht hatte. Ich begab mich dorthin, wo Dr. Maltz das »Theater des Geistes« sah. Ich schloss meine Augen und erlebte noch einmal meine besten Momente – ich sah sie mir an wie im Film. Meine Siege. Meine Erfolge. Meine glücklichsten Momente.

Nachdem ich mich in meinen besten Zeiten erlebt hatte, gelang es mir, den Schalter umzulegen und meine Vorstellungskraft auf die gleiche Weise einzusetzen wie meine Erinnerung. Ich konnte mir vorstellen, ein Ziel zu verwirklichen, ja, ich spürte, wie das war, und zwar so lebhaft, als würde es *jetzt* passieren. Als wäre es die Erinnerung an ein bereits erreichtes Ziel.

Sobald ich diese Technik gemeistert hatte, begannen die Dinge, sich für mich zu ändern.

Ich fühlte mich augenblicklich – und zwar wirklich augenblicklich – wohl. Ich war glücklich. Ich fühlte mich erfolgreich. Eben wie ein Sieger.

Ein merkwürdiges Gefühl. Intellektuell ergab das keinerlei Sinn. Wie konnte ich *jetzt* schon glücklich sein? Wie konnte ich mich *jetzt* erfolgreich fühlen? *Jetzt* schon als Sieger? Sollte ich nicht diese Ziele erst einmal erreichen, um mich gut und glücklich zu fühlen? Und was war mit den Niederlagen? Sollte ich die einfach vergessen? Müsste ich mich denn nicht ständig mies fühlen, weil ich nicht alles erreicht hatte, was ich mir vorgenommen hatte?

Genau das ist der Punkt, an dem *Psychokybernetik* unbegreiflich bleibt, wenn wir das Buch nur passiv lesen. Es kann nicht auf analytischem, argumentativem, intellektuellem Weg verstanden werden. Sie *müssen* diese Wirklichkeit erfahren, um die Wahrheit zu erkennen. Das Buch nur zu lesen, macht die Wahrheit nicht erfahrbar.

Ich jedenfalls habe seit jenem glorreichen Tag im Mai 1987 viel erreicht. Die Liste meiner Siege ist lang. Kurzfristig baute ich ein erfolgreiches Personal-Training-Unternehmen auf. 1997 – ich war gerade 34 Jahre alt – gewann ich die Kung-Fu-Weltmeisterschaft in Peking. Ich schlug die Chinesen in ihrer ureigensten Disziplin, was bis dato noch keinem Amerikaner gelungen war. Seitdem habe ich eine ganze Reihe Bücher geschrieben und Fitness- und Kampfsportprogramme entwickelt, die sich weltweiter Beliebtheit erfreuen.

2003 bat mich mein Freund Dan Kennedy, der zu jener Zeit die Psycho-Cybernetics Foundation leitete, die Website der Stiftung zu betreuen. Zwei Jahre später kaufte ich das Unternehmen und biete seitdem Seminare über Psychokybernetik an. Ich führe Gruppen und Einzelpersonen in ihre Techniken und Prinzipien ein. Die vielen Menschen, mit denen ich seitdem gearbeitet habe, werden bestätigen, dass sie nun erfolgreicher sind, als sie sich je erträumt hätten. Unternehmer, Ärzte, Vertreter, Sportler, Anwälte, Trainer, Lehrer, Musiker, Schriftsteller und Menschen aus allen möglichen Lebensbereichen haben von dem Wissen profitiert, das Dr. Maltz so elegant formuliert hat. Wie Millionen anderen, die eine Einführung in die Psychokybernetik bekamen, gelang es ihnen, *jetzt* ein großartiges Leben zu führen und dies auch in der Zukunft zu tun.

Bei der Lektüre dieses Buches werden Sie eines seiner großen Geheimnisse entdecken: Sie können *jetzt* glücklich sein, und zwar jeden einzelnen Tag, während Sie auf Ihre Ziele hinarbeiten. Wenn Sie dabei schon glücklich sind – statt darauf zu warten, dass das Glück an Ihre Tür klopft, wenn Sie Ihre Ziele einmal erreicht haben –, dann haben Sie das Versprechen der Psychokybernetik umgesetzt.

In seinem Buch *I Can See Clearly Now* schreibt Wayne Dyer über den wichtigen Einfluss der Psychokybernetik auf seine Laufbahn. Nur zu verständlich, warum er folgendes Motto für sein Leben gewählt hat: »Es existiert kein Weg zum Glück. Glück ist der Weg.«

In dieser Neuausgabe von *Psychokybernetik* wurde der originale Wortlaut von Dr. Maltz größtenteils beibehalten, sodass der Leser dessen ursprüngliche Schwingung spüren kann wie einen warmen Sonnenstrahl. Die wenigen Änderungen, die vorgenommen wurden, sind geringfügig und dienen einzig dazu, für den heutigen Leser das Buch leichter lesbar zu machen.

Mein Beitrag zum Meisterwerk von Dr. Maltz besteht nur aus diesem Vorwort, einem Nachwort und gelegentlich eingeschobenen Kommentaren, von denen ich hoffe, dass sie Ihr Verständnis für den Prozess der Selbstbildverbesserung vertiefen.

Wenn Sie Fragen oder Kommentare zu diesem Buch oder zur Arbeit von Dr. Maltz haben, können Sie mir diese (in englischer Sprache) über unsere Website www.psycho-cybernetics.com zukommen lassen. Dort finden Sie auch Hinweise auf Seminare, Vorträge, Zertifikate und weitere Möglichkeiten, diese Botschaft in aller Welt zu verbreiten.

Matt Furey
Präsident der Psycho-Cybernetics Foundation Inc.

# WIE SIE MITHILFE DIESES BUCHES IHR LEBEN VERÄNDERN KÖNNEN

## VORWORT VON MAXWELL MALTZ

Die Entdeckung des »Selbstbildes« stellt in der Psychologie und auf dem Gebiet kreativer Persönlichkeitsentfaltung einen Durchbruch dar.

Die Bedeutung des Selbstbildes ist schon seit den frühen 1950ern klar. Doch vor dem Erscheinen von *Psychokybernetik* wurde nur wenig über dieses Thema geschrieben. Interessanterweise nicht etwa deswegen, weil die »Selbstbild-Psychologie« nicht funktionieren würde, sondern gerade, weil sie so erstaunlich gut wirkt. Oder wie einer meiner Kollegen sagte: »Ich zögere ein wenig, meine Resultate zu veröffentlichen, vor allem für ein Laienpublikum. Würde ich bestimmte Fallgeschichten und einige der spektakulären Persönlichkeitsentwicklungen vorstellen, würde man mir wohl vorwerfen, dass ich maßlos übertreibe oder einen Kult begründen möchte. Vielleicht sogar beides.«

Auch ich habe dieses Zögern verspürt. Aus den verschiedensten Gründen würden einige meiner Kollegen jedes Buch über dieses Thema wohl zumindest als unorthodox betrachten. Zunächst einmal ist es unüblich, dass ein Facharzt für plastische Chirurgie ein Psychologiebuch schreibt. Dann würde man mir in manchen Bereichen vielleicht vorwerfen, es sei noch unorthodoxer, das enge Dogma – das »geschlossene System« der »wissenschaftlichen Psychologie« – hinter mir zu lassen und Antworten auf Fragen des menschlichen Verhaltens in der

Physik, der Anatomie und der neuen Wissenschaft der Kybernetik[2] zu suchen.

Meine Antwort ist: Jeder gute plastische Chirurg *ist* auch Psychologe und *muss es sein*, ob er nun will oder nicht. Wenn Sie die Gesichtszüge eines Menschen verändern, dann verändern Sie gleichzeitig seine Zukunft. Verwandeln Sie sein Körperbild und Sie verwandeln den ganzen Menschen – seine Persönlichkeit, sein Verhalten, ja mitunter selbst seine grundlegenden Talente und Fähigkeiten.

## Schönheit reicht tief unter die Haut

Ein plastischer Chirurg verändert nicht nur das Gesicht eines Menschen. Er verändert gleichzeitig sein Selbst. Die Schnitte, die er setzt, gehen tiefer als nur in die Haut. Häufig schneiden sie weit in die Psyche hinein. Ich bin schon vor langer Zeit zu dem Schluss gelangt, dass dies eine enorme Verantwortung darstellt und dass ich es meinen Patienten und mir selbst schuldig bin, genau zu wissen, was ich tue. Kein verantwortungsvoller Arzt würde versuchen, eine einschneidende plastische Operation vorzunehmen, ohne dafür ausgebildet zu sein. Da mir schnell klar war, dass ich mit dem Schnitt im Gesicht auch die Persönlichkeit eines Menschen verändere, wusste ich, dass es in meiner Verantwortung liegt, mir auch auf diesem Gebiet das entsprechende Wissen anzueignen.

## Scheitern, das zum Erfolg führt

In einem Buch, das ich vor gut 20 Jahren veröffentlicht habe (*New Faces, New Futures*), habe ich eine Sammlung von Fallgeschichten vorgestellt, wie die plastische Chirurgie – vor allem im Gesicht – den Betroffenen ein neues Leben ermöglichte. Damals ging es um die häufig ebenso plötzlichen wie dramatischen Veränderungen bei Menschen, deren Gesicht nun ein anderes war. Aber wie Sir Humphry Davy, der berühmte

2 A. d. Ü.: Wissenschaft von der Steuerung und Regelung von Maschinen und deren Analogie zum menschlichen Verhalten.

Chemiker, lernte ich mehr aus meinen Fehlschlägen als aus meinen Erfolgen.

Einige Patienten nämlich zeigten nach der Operation überhaupt keine Veränderung. In den meisten Fällen war bei Menschen, die ein besonders hässliches Gesicht hatten oder gar den ein oder anderen »Freak-Gesichtszug«, eine fast sofortige Stärkung (innerhalb von 21 Tagen) ihrer Selbstachtung und ihres Selbstvertrauens zu beobachten. In manchen Fällen aber fühlte der Patient sich auch nach der Operation hässlich und lebte weiterhin mit dem Gefühl der Unterlegenheit. Kurz gesagt: Diese »Fehlschläge« verhielten und fühlten sich so, *als hätten sie immer noch* ein hässliches Gesicht.

Das zeigte mir, dass es nicht die Rekonstruktion des äußeren Erscheinungsbildes war, die hinter der Persönlichkeitsveränderung stand. Es gab da also noch etwas, das von der chirurgischen Seite her manchmal beeinflusst wurde und manchmal nicht. Wenn dieses »etwas« rekonstruiert wurde, dann veränderte sich die Person. Wenn es hingegen nicht rekonstruiert wurde, dann blieb der Mensch gleich, auch wenn seine Gesichtszüge radikal andere waren als vorher.

## Das Gesicht der Persönlichkeit

Es war fast, als hätte die Persönlichkeit ihr eigenes »Gesicht«. Dieses nicht-körperliche »Persönlichkeitsgesicht« schien der eigentliche Schlüssel zum Wandel zu sein. Wenn es vernarbt oder entstellt, »hässlich« oder verzerrt blieb, dann agierte der/die Betroffene weiterhin so, als hätte es keine Veränderung im äußeren Erscheinungsbild gegeben. Konnte das »Gesicht der Persönlichkeit« rekonstruiert werden, konnten die alten emotionalen Wunden verheilen, dann veränderte sich auch die Person, selbst wenn sie nicht operiert worden war. Sobald ich begann, auf diesem Gebiet weiter zu forschen, fand ich immer mehr Belege, die zeigten, dass das »Selbstbild«, das geistige Konzept, das jemand von sich selbst hatte, der eigentliche Schlüssel zu Persönlichkeit und Verhalten war. Doch mehr darüber im ersten Kapitel dieses Buches.

## Die Wahrheit ist dort, wo Sie sie finden

Ich habe immer daran geglaubt, dass man sich dorthin begeben sollte, wo die Wahrheit liegt, auch wenn dazu Grenzen überwunden werden müssen. Als ich beschloss, plastischer Chirurg zu werden, waren die Deutschen auf diesem Gebiet führend. Daher ging ich nach Deutschland.

Bei meinen Forschungsarbeiten zum »Selbstbild« musste ich ebenfalls Grenzen überwinden, auch wenn diese unsichtbar waren. Obwohl die Wissenschaft der Psychologie das Konzept des Selbstbildes kannte und auch seine Bedeutung für das menschliche Verhalten, blieb die Antwort auf Fragen wie: »Wie übt das Selbstbild seinen Einfluss aus?« oder »Wie *schafft* es eine neue Persönlichkeit?« leider stets im Ungefähren.

Den Großteil meiner Antworten fand ich in der neuen Wissenschaft der Kybernetik, die die Teleologie erneut als ernst zu nehmende wissenschaftliche Kategorie etablierte. Es mutet seltsam an, dass die neue Wissenschaft der Kybernetik aus der Arbeit von Physikern und Mathematikern hervorging und nicht aus dem Wirken der Psychologie. Vor allem, wenn man überlegt, dass Kybernetik sich mit Teleologie beschäftigt – mit dem zielgerichteten, zielorientierten Verhalten technischer Systeme. Die Kybernetik erklärt, »was passiert« und »was nötig ist«, damit sich Maschinen zweckorientiert verhalten. Die Psychologie mit all ihrem hochgepriesenen Wissen über die menschliche Psyche kann keine befriedigende Antwort auf die Frage nach einer einfachen, zielorientierten, zweckgebundenen Handlung geben, zum Beispiel wie es möglich ist, dass ein Mensch einen Stift vom Tisch aufnimmt. Die Physiker hingegen hatten darauf eine Antwort. Die Verfechter der verschiedenen psychologischen Theorien erinnerten an Menschen, die spekulieren, was sich draußen im Weltall abspielt, aber keine Ahnung haben, was in ihrem Hinterhof vor sich geht.

Die neue Wissenschaft der Kybernetik verschaffte der Psychologie einen entscheidenden Durchbruch. Was ich nicht meiner Arbeit zuschreibe – ich halte mir nur zugute, dass ich diesen Durchbruch bemerkt habe.

Die Tatsache, dass dieser Durchbruch von Physikern und Mathematikern kam, sollte uns nicht überraschen. Solche wissenschaftlichen Durchbrüche ereignen sich häufig außerhalb des Systems. Die »Experten« sind eng vertraut mit dem innerhalb der Grenzen einer bestimmten Wissenschaft entwickelten Wissen. Alles, was *neu* ist, kommt üblicherweise von außen – nicht von den »Experten«, sondern von den »Inperten«, wie jemand das genannt hat.

Louis Pasteur war kein Mediziner. Einstein war im eigentlichen Sinne auch nicht Physiker, sondern Mathematiker. Und doch haben seine mathematischen Erkenntnisse die Physik auf den Kopf gestellt. Marie Curie war keine Medizinerin, sondern Physikerin. Und doch leistete sie einen ganz wesentlichen Beitrag zur Wissenschaft der Medizin.

## Wie Sie dieses neue Wissen für sich nutzen können

Mit diesem Buch möchte ich Ihnen nicht nur dieses neue Wissen aus dem Gebiet der Kybernetik vorstellen, sondern auch zeigen, wie Sie es anwenden können, um die für Sie wichtigen Ziele in Ihrem Leben zu erreichen.

### Allgemeine Prinzipien

Das Selbstbild ist der Schlüssel zur menschlichen Persönlichkeit und dem menschlichen Verhalten. Ändern Sie das Selbstbild und Sie ändern die Persönlichkeit und das Verhalten.

Aber damit noch nicht genug: Das Selbstbild gibt auch die Grenzen der individuellen Leistung vor. Es bestimmt, was Sie können oder nicht. Erweitern Sie Ihr Selbstbild und Sie erweitern den »Bereich des Möglichen«. Die Entwicklung eines adäquaten, realistischen Selbstbildes scheint dem Menschen neue Fähigkeiten und Talente zu erschließen, die buchstäblich Misserfolge in Erfolge verwandeln.

Die Selbstbild-Psychologie ist als solche durch Belege bestätigt, aber sie erklärt auch Phänomene, die seit Langem bekannt sind, aber bislang nicht richtig verstanden wurden. So zeigen klare klinische Belege, dass es Menschentypen gibt, die zu Erfolg, Glück und Gesundheit neigen, und Menschentypen, bei denen das Gegenteil der Fall ist. Wir kennen das aus der Individualpsychologie, der psychosomatischen Medizin und der Arbeitspsychologie. Die Selbstbild-Psychologie wirft auch darauf ein neues Licht, wie auch auf andere interessante Lebenstatsachen wie zum Beispiel die »Macht des positiven Denkens«. Sie kann auch erklären, warum Letzteres bei manchen Menschen funktioniert und bei anderen nicht. (Das »positive Denken« wirkt, wenn es zum Selbstbild der Persönlichkeit passt. Umgekehrt *kann es gar nicht* wirken, wenn es nicht mit dem Selbstbild übereinstimmt – beziehungsweise erst, wenn sich das Selbstbild verändert.)

Um die Selbstbild-Psychologie zu verstehen und sie im eigenen Leben anzuwenden, müssen Sie den zugrunde liegenden Mechanismus begreifen. Es gibt eine ganze Reihe wissenschaftlicher Belege dafür, dass das menschliche Gehirn und sein Nervensystem zweckgerichtet nach den bekannten Prinzipien der Kybernetik arbeiten, um die Ziele des Menschen umzusetzen. Was die Wirkungsweise angeht: Das Gehirn und das Nervensystem sind ein großartiger, komplexer »zielorientierter Mechanismus«, ein eingebautes automatisches Leitsystem, das *für* Sie arbeitet als »Erfolgsmechanismus« oder *gegen* Sie als »Versagensmechanismus«. Und dieser Unterschied hängt einzig davon ab, wie »SIE«, der Anwender, es einsetzen und welche Ziele Sie ihm vorgeben.

Es ist beinahe Ironie des Schicksals, dass die Kybernetik, die mit dem Studium von Maschinen und mechanischen Gesetzmäßigkeiten begann, nun die Würde des Menschen als eines einzigartig kreativen Wesens wiederherstellt. Die Psychologie, die mit dem Studium der menschlichen Psyche – oder Seele – begann, hätte den Menschen fast seiner Seele beraubt. Die Verhaltensforschung, die weder den Menschen noch die Maschine verstand und das eine mit dem anderen verwechselte, versuchte uns einzureden, dass Gedanken nur Bewegungen von Elektronen seien und Bewusstsein ein chemischer Zustand. »Wille« und »Zweck« galten als Mythen. Die Kybernetik, die eigentlich nur mechanische Apparate studierte, tappte nicht in diese Falle. Die Wissenschaft der Kybernetik lehrt uns nicht, dass der Mensch eine Maschine ist, sondern dass er Maschinen *besitzt und bedient.* Genauer gesagt zeigt sie uns, wie solche Maschinen funktionieren und wie wir sie einsetzen können.

## Die Erfahrung ist das Geheimnis

Zum Guten oder zum Schlechten verändern lässt sich das Selbstbild nicht durch den Intellekt oder durch Wissen, sondern allein durch die »Erfahrung«. Bewusst oder unbewusst haben Sie Ihr Selbstbild durch Ihre kreativen Erfahrungen in der Vergangenheit geschaffen. Mithilfe derselben Methode können Sie es heute ändern.

Aus einem Kind, das von der Liebe weiß, wird noch lange kein gesunder, glücklicher, ausgeglichener Erwachsener. Aus einem Kind, das

Liebe erfahren hat, schon. Unser Selbstvertrauen, unsere innere Haltung ist das Resultat dessen, was wir erfahren haben. Es erwächst nicht aus den Dingen, die wir nur intellektuell erfasst haben.

Die Selbstbild-Psychologie schlägt eine Brücke zwischen den verschiedenen therapeutischen Methoden, die heute eingesetzt werden. Sie liefert einen gemeinsamen Nenner für direktive und nicht-direktive psychologische Beratung, klinische Psychologie, Psychoanalyse und Autosuggestion. All diese Ansätze arbeiten auf die ein oder andere Weise mit kreativem Erleben, um ein besseres Selbstbild zu schaffen. Gleichgültig, was die einzelnen Theorien dazu sagen, das ist es, was *tatsächlich* abläuft, zum Beispiel auch in der »Therapiesituation«, wie sie die Psychoanalytiker beschreiben. Der Analytiker kritisiert nicht, moralisiert nicht, widerspricht nicht. Er ist nie schockiert, wenn der Patient seine Ängste, seine Scham, seine Schuldgefühle und seine »schlechten Gedanken« äußert. Vielleicht *erfährt* der Patient ja zum ersten Mal in seinem Leben diese vollkommene Akzeptanz. Er »fühlt«, dass sein Selbst Wert und Würde besitzt. Und so kann er sich selbst akzeptieren und sich ein neues Bild von seinem »Selbst« machen.

## Die Wissenschaft entdeckt die »synthetische« Erfahrung

Eine weitere Entdeckung, dieses Mal auf dem Gebiet der experimentellen und klinischen Psychologie, versetzt uns in die Lage, die »Erfahrung« als direkte, kontrollierte Methode zur Änderung des Selbstbildes einzusetzen. Reale Lebenserfahrungen können ein strenger, mitleidloser Lehrer sein. Werfen Sie einen Menschen ins tiefe Wasser und er lernt vielleicht zu schwimmen. Die gleiche Methode führt bei einem anderen dazu, dass er ertrinkt. Das Militär macht aus manchen Männern »Männer«. Aber zweifelsohne macht es aus anderen Psychokrüppel. Jahrhundertelang hieß es, dass »nichts so erfolgreich macht wie der Erfolg«. Wir lernen, erfolgreich zu funktionieren, indem wir Erfolg am eigenen Leib erfahren. Wir speichern Erinnerungen an vergangene Erfolge ab, und diese schenken uns Selbstsicherheit für die Aufgaben, die vor uns liegen. Aber wie kann ein Mensch Erinnerungen an vergangene Erfolge aufrufen, wenn er nur Fehlschläge erlebt hat? Dieses Problem ist vergleichbar mit der Situation von jungen Menschen, die keinen Job bekommen, weil sie keine Erfahrung haben. Und die keine Erfahrung sammeln können, weil man ihnen keinen Job gibt.

Dieses Dilemma löste sich angesichts einer weiteren wichtigen Entdeckung, die uns erlaubt, synthetische Erfahrungen zu machen, also buchstäblich im Geist Erfahrungen zu schaffen und zu kontrollieren. Sowohl die experimentelle als auch die klinische Psychologie haben jenseits jeden Zweifels nachgewiesen, dass das menschliche Nervensystem nicht unterscheiden kann zwischen einer lebensweltlichen Erfahrung und einer Erfahrung, *die detailliert und lebhaft vorgestellt wird.*

Auch wenn dies als reichlich ungewöhnliche Aussage erscheinen mag, werden wir in diesem Buch kontrollierte Laborexperimente kennenlernen, bei denen solchermaßen »synthetische« Erfahrungen praktisch eingesetzt wurden, um die Geschicklichkeit beim Dartspiel oder beim Basketball zu steigern. Wir werden sehen, wie wirksam diese Methode ist, wenn Menschen ihre Furcht vor öffentlichen Auftritten oder vor dem Zahnarzt ablegen, ein sicheres Auftreten erlangen, Selbstsicherheit entwickeln, mehr verkaufen oder bessere Schachspieler werden. Diese Methode kann auf jedem Gebiet eingesetzt werden, auf dem »Erfahrung« Erfolg beschert. Wir werden außerdem ein beeindruckendes Experiment kennenlernen, bei dem zwei bekannte Psychologen neurotischen Patienten eine »normale« Erfahrung ermöglichten und sie auf diese Weise heilten!

Und was vielleicht am allerwichtigsten ist: Wir werden sehen, wie chronisch unglückliche Menschen gelernt haben, das Leben zu genießen, indem sie Glück zu ihrer »Erfahrung« machten.

## Das Geheimnis, wie Sie mit diesem Buch Ihr Leben verändern können

Dieses Buch wurde nicht geschrieben, damit Sie es lesen. Dieses Buch ist da, um *erfahren* zu werden.

Einem Buch können Sie Informationen entnehmen. Aber um es zu »erfahren«, müssen Sie auf diese Information kreativ reagieren. Informationen aufzunehmen ist ein passiver Vorgang, die Erfahrung ist ein aktiver. Wenn Sie etwas »erfahren«, dann passiert etwas in Ihrem Nervensystem und Ihrem Mittelhirn. Neue »Gravuren« und »neuronale« Muster werden der grauen Materie eingeprägt.

Dieses Buch wurde mit der Absicht verfasst, Sie buchstäblich zur »Erfahrung« zu zwingen. Fallgeschichten wurden auf ein Minimum beschränkt. Stattdessen bitte ich Sie, Ihre eigene »Fallgeschichte« zu verfassen, indem Sie Ihr Gedächtnis und Ihre Vorstellungskraft einsetzen.

Am Ende des Kapitels finden Sie nicht wie üblich eine kurze Zusammenfassung. Sie müssen also die wichtigsten Punkte, die Sie sich merken wollen, schon selbst aufschreiben. Sie werden die Information in diesem Buch besser verdauen, wenn Sie Ihre eigenen Zusammenfassungen schriftlich festhalten.

Schließlich werden Sie immer wieder eingeladen, bestimmte Verhaltensweisen oder Übungen auszuprobieren. Diese Übungen sind einfach und leicht auszuführen. Aber Sie müssen sie regelmäßig machen, wenn Sie die maximale Wirkung erzielen wollen.

## Fällen Sie Ihr Urteil nach 21 Tagen

Lassen Sie sich nicht entmutigen, wenn scheinbar nichts passiert, sobald Sie mit den Übungen zur Veränderung Ihres Selbstbildes anfangen. Fällen Sie Ihr Urteil frühestens nach 21 Tagen, während derer Sie fortgesetzt üben.

Gewöhnlich dauert es mindestens 21 Tage, bevor sich bei einem geistigen Bild ein fühlbarer Wandel einstellt. Auch in der plastischen Chirurgie gehen wir davon aus, dass es etwa 21 Tage dauert, bevor der Patient sich an sein neues Gesicht gewöhnt hat. Wenn ein Arm oder Bein amputiert wird, dauert es ungefähr 21 Tage, bevor der »Phantomschmerz« verschwindet. Und wenn jemand umzieht, braucht es circa drei Wochen, bevor er sich zu Hause fühlt. Diese und viele andere Beobachtungen zeigen, dass es mindestens 21 Tage dauert, ehe sich ein altes geistiges Bild auflöst und eine neue Gestalt annehmen kann.

Sie werden von diesem Buch mehr profitieren, wenn Sie sich bewusst dafür entscheiden, Kritik erst nach drei Wochen zu formulieren. Während dieser Zeit sollten Sie sich selbst nicht ständig über die Schulter gucken oder versuchen, Ihre Fortschritte zu messen. Während dieser 21 Tage sollten Sie die hier vorgestellten Ideen nicht im Kopf diskutieren. Spekulieren Sie nicht, ob sie wirken oder nicht. Machen Sie die Übungen, auch wenn sie Ihnen unpraktisch vorkommen. Spielen Sie Ihre neue Rolle weiter und denken Sie in neuen Begriffen von sich, auch wenn Ihnen das als Heuchelei erscheinen mag. Auch wenn Sie das neue Selbstbild als beschwerlich oder »unnatürlich« empfinden.

Sie können die Ideen und Konzepte, die hier vorgestellt werden, mit dem Verstand oder mit Worten weder belegen noch entkräften. Sie *können* sie nur sich selbst beweisen, indem Sie *tun*, was Ihnen vorgeschlagen wird, und dann die Resultate beurteilen. Ich bitte Sie nur darum, Ihre kritische Beurteilung und Ihre Analyse um 21 Tage aufzuschieben. Nur so haben Sie eine faire Chance herauszufinden, ob diese Dinge in Ihrem Leben Wirkung entfalten.

Wir sollten uns unser Leben lang um ein adäquates Selbstbild bemühen. Natürlich können wir das Wachstum eines ganzen Lebens nicht in drei Wochen packen. Aber innerhalb von drei Wochen sollten sich die ersten Resultate zeigen – und das können drastische Verbesserungen sein.

## Was ist Erfolg?

Da ich die Begriffe »Erfolg« und »erfolgreich« im ganzen Buch verwende, ist es sinnvoll, sie hier zu definieren.

In meinen Augen hat »Erfolg« nichts mit Statussymbolen zu tun, sondern mit kreativer Erfüllung. Genau genommen sollte niemand versuchen, »ein Erfolg« zu sein, »erfolgreich« hingegen schon. Wer »ein Erfolg« sein will, kauft sich Statussymbole und hängt sich Diplome an die Wand. Aber das führt nur zu neurotischem, frustriertem und unglücklichem Verhalten. »Erfolgreich« zu sein heißt, dass Sie nicht nur materiellen Erfolg finden, sondern Zufriedenheit, Erfüllung und Glück.

Der Schriftsteller Noah Webster definiert Erfolg als »befriedigendes Erreichen eines Zieles, das man angestrebt hat«. Das kreative Streben nach einem Ziel, das Ihnen aufgrund Ihrer tief empfundenen Bedürfnisse, Neigungen und Talente wichtig ist (und nicht, weil die Nachbarn es von Ihnen erwarten), schenkt Glück und Erfolg. Weil Sie das tun, was tief in Ihnen angelegt ist. Der Mensch ist seiner Natur nach ein zielorientiertes Wesen. Und weil der Mensch nun einmal »so geschaffen ist«, ist er nicht glücklich, wenn er nicht zum Ausdruck bringt, was in ihm steckt – als zielorientiertes Wesen. Daher gehen wahrer Erfolg und wahres Glück nicht nur Hand in Hand, sondern vielmehr vermehrt das eine das andere.

# 1
# DAS SELBSTBILD: IHR SCHLÜSSEL ZU EINEM BESSEREN LEBEN

Im letzten Jahrzehnt hat eine stille Revolution die Psychologie, Psychiatrie und Medizin erfasst.

Die Arbeit von klinischen Psychologen, praktizierenden Psychiatern und Fachärzten für plastische Chirurgie führte zur Formulierung neuer Theorien und Konzepte über das »Selbst«. Hierauf aufbauend wurden neue Methoden entwickelt, die dramatische Veränderungen von Persönlichkeit, Gesundheit und selbst grundlegenden Fähigkeiten und Talenten ermöglichten. Chronische Versager wurden plötzlich erfolgreich. Glatte Sechser-Schüler schrieben mit einem Mal glatte Einser, und das ganz ohne Nachhilfe. Scheue, zurückgezogene und gehemmte Menschen wurden kontaktfreudig und glücklich.

Der Autor T. f. James fasste diese Neuerungen in Psychologie und Medizin im Januar 1959 für den *Cosmopolitan* wie folgt zusammen:

> *Die Psychologie des Selbst zu begreifen, macht den Unterschied aus zwischen Erfolg und Versagen, Liebe und Hass, Bitterkeit und Glück. Die Entdeckung des wahren Selbst kann eine zerbrechende Ehe retten, eine stockende Karriere wieder in Schwung bringen und die Opfer des »Persönlichkeitsversagens« retten. Auf einer anderen Ebene steht die Entdeckung Ihres wahren Selbst für den Unterschied zwischen Freiheit und dem Zwang zur Anpassung.*

## Ihr Schlüssel zu einem besseren Leben

Die wichtigste psychologische Entdeckung dieses Jahrhunderts ist das »Selbstbild«. Ob wir uns dessen nun bewusst sind oder nicht, jeder von uns trägt in sich eine mentale Blaupause, ein Bild von sich selbst. Dieses kann sich für unseren bewussten Verstand recht verschwommen darstellen. Manchmal weiß das Bewusstsein nicht einmal von seiner Existenz. Aber es ist da, bis ins letzte Detail. Dieses Bild ist unsere Vorstellung von »dem Menschen, der ich bin«. Es ist zusammengesetzt aus unseren *Überzeugungen,* die wir von uns selbst haben. Der Großteil dieser Überzeugungen hat sich unbewusst gebildet aus früheren Erfahrungen, aus Erfolgen und Niederlagen, aus Demütigungen und Triumphen. Daraus, wie die Menschen auf uns reagiert haben, vor allem in der Kindheit. Aus all diesen Informationen schaffen wir mental ein »Selbstbild«. Sobald eine Idee in dieses Bild integriert wird, halten wir sie für »wahr«, zumindest soweit es uns angeht. Wir stellen ihre Gültigkeit nicht mehr infrage, sondern handeln so, *als wäre sie wirklich die Wahrheit.*

Dieses Selbstbild ist der goldene Schlüssel zu einem besseren Leben, und das liegt an zwei wichtigen Entdeckungen:

**1. All unsere Handlungen, Gefühle und unser gesamtes Verhalten – ja selbst unsere Fähigkeiten – stimmen mit dem Selbstbild überein.** Kurz gesagt: Sie werden so handeln, als wären Sie tatsächlich der Mensch, als den Sie sich sehen. Und nicht nur das. Sie können gar nicht anders handeln, auch wenn Sie bewusst noch so viel Energie und Willenskraft aufwenden. Ein Mensch, der sich als »Versagertyp« sieht, wird Wege finden zu versagen, allen guten Vorsätzen, aller aufgebotenen Willenskraft zum Trotz. Und das sogar, wenn ihm das Glück in den Schoß fallen sollte. Ein Mensch, der sich selbst als Opfer von Ungerechtigkeit und »zum Leiden bestimmt« sieht, wird unweigerlich in Lebensumstände geraten, die seine Meinung bestätigen.

Das Selbstbild ist die Prämisse, die Grundlage, das Fundament, auf dem unsere ganze Persönlichkeit, unser Verhalten und auch unsere Lebensumstände beruhen. Aus diesem Grund scheinen unsere Erfahrungen unser Selbstbild zu bestätigen und zu bestärken. So entwickelt sich ein Teufelskreis oder auch sein Gegenteil, je nach Ausgangslage.

Ein Schüler, der sich als »Sechser« sieht oder als »schlecht in Mathe«, erhält ein entsprechendes Zeugnis. Er hat dann also den »Beweis«. Ein junges Mädchen, das glaubt, dass niemand sie leiden kann, wird beim Abschlussball tatsächlich zum Mauerblümchen. Sie fordert es geradezu heraus, zurückgewiesen zu werden. Ihr trauriger Gesichtsausdruck, ihre kraftlose Körpersprache, ihr verzweifeltes Bemühen zu gefallen, vielleicht aber auch die unbewusste Feindseligkeit jenen gegenüber, die sie vermutlich gleich ablehnen werden – all das jagt gerade die Menschen, die sie eigentlich anziehen möchte, in die Flucht. Auch Vertreter oder Geschäftsleute werden feststellen, dass ihr Selbstbild korrekt ist, wie ihre Erfahrungen schließlich »beweisen«.

Solche objektiven »Beweise« verhindern gewöhnlich, dass der Betreffende merkt, dass all seine Schwierigkeiten nur von seinem Selbstbild kommen, davon, wie er die eigene Persönlichkeit einschätzt. Sagen Sie dem Schuljungen, dass er nur »denkt«, schlecht in Mathe zu sein, und er wird Sie für verrückt erklären. Er hat es schließlich immer wieder versucht, und sein Zeugnis spricht eine andere Sprache. Sagen Sie dem Vertreter, dass es nur eine »Idee« ist, dass er nicht mehr verdienen kann als den Betrag, den er im Kopf hat, und er wird Ihnen sein Auftragsbuch unter die Nase halten. Auch er weiß, wie sehr er sich bemüht hat und trotzdem erfolglos ist. Doch wie wir später noch sehen werden, können wahre Wunder geschehen – sowohl in Sachen Mathenote als auch in puncto Umsatz –, wenn die Betroffenen zuerst ihr Selbstbild ändern.

**2. Das Selbstbild lässt sich ändern.** Zahlreiche Fallgeschichten zeigen, dass man nie zu jung oder zu alt ist, um sein Selbstbild zu ändern und ein neues Leben anzufangen.

Einer der Gründe, warum es so schwierig scheint, unsere Gewohnheiten, unsere Persönlichkeit und unser Leben zu ändern, ist, dass wir mit unseren Bemühungen sozusagen an der Peripherie des Selbst beginnen und nicht in dessen Zentrum. Viele meiner Patienten sagen mir Dinge wie: »Ich habe es ja versucht mit positivem Denken. Aber bei mir hat das nicht funktioniert.« Wenn man dann nachhakt, stellt sich heraus, dass die Betreffenden das »positive Denken« angewandt haben, um bestimmte äußere Umstände, eine bestimmte Gewohnheit oder einen Charakterfehler zu ändern. (»Ich werde diesen Job bekommen.« Oder: »Ich werde in Zukunft ruhiger und entspannter sein.« Und: »Dieses Geschäft wird für mich gut laufen.«) Aber sie haben nie versucht, ihre

Gedanken über jenes »Selbst« zu ändern, das all diese Dinge hätte vollbringen sollen.

Schon Jesus warnte uns davor, einen neuen Flicken auf einen alten Rock zu setzen oder neuen Wein in alte Schläuche zu füllen. (Matthäus 9,16-17) »Positives Denken« kann nicht wirken, wenn wir es als Flicken oder Krücke für das alte Selbstbild verwenden. Tatsächlich ist es buchstäblich unmöglich, über eine bestimmte Situation positiv zu denken, solange Sie ein negatives Bild von Ihrem »Selbst« haben. Andererseits zeigen zahlreiche Experimente, dass sich Dinge, die mit einem neuen Selbstbild harmonieren, leicht und mühelos verändern lassen.

Eines der frühesten und überzeugendsten Experimente in dieser Hinsicht wurde von dem mittlerweile verstorbenen Prescott Lecky durchgeführt, einem der Pioniere der Selbstbild-Psychologie. Lecky betrachtete Persönlichkeit als ein »System von Vorstellungen«, die unbedingt miteinander kompatibel *erscheinen müssen*. Vorstellungen, die nicht ins System passen, werden zurückgewiesen, »nicht geglaubt« und werden daher auch nicht zur Grundlage für unser Handeln. Vorstellungen aber, die sich mit dem System zu vertragen *scheinen*, werden akzeptiert. Im Zentrum dieses Systems steht das »Ich-Ideal« des Menschen, sein »Selbstbild«, das als Grundpfeiler fungiert, auf dem alles andere aufbaut. Als Lehrer und Dozent konnte Lecky seine Ideen an Tausenden Schülern und Studenten testen.

Lecky stellte die These auf, dass ein Schüler, der Probleme hat, einen bestimmten Stoff zu lernen, diesen nicht erfassen könne, weil er nicht zu seinem Selbstbild passe (zumindest in seiner Vorstellung). Und er ging davon aus, dass sich das ändern ließe, wenn man das Selbstkonzept des Schülers verändere, das hinter seiner Überzeugung steht. Könnte man den Studenten dazu bringen, seine Selbstdefinition zu ändern, würde sich auch seine Lernfähigkeit verbessern. Was Lecky nachweisen konnte. Ein Schüler, der beim Buchstabiertest 55 von 100 Wörtern falsch schrieb und durch so viele Prüfungen fiel, dass er ein ganzes Jahr verlor, wurde plötzlich einer der besten Buchstabierer der Schule und schaffte im Jahr darauf 91 von 100 Wörtern. Ein Junge, der wegen schlechter Noten von einer Universität verwiesen worden war, ging an die Columbia University, wo Lecky lehrte, und wurde dort zu einem glatten Einser-Studenten. Eine Studentin, die vier Mal durch die Lateinprüfung gefallen war, schaffte nach drei Gesprächen mit ihrem Berater beim nächsten Test 84 von 100 Punkten. Ein junger Mann, dem man beim Berufseignungstest schlechtes Englisch attestiert hatte, erhielt im darauffolgenden Jahr eine Belobigung, weil er einen Literaturpreis gewonnen hatte.

Das Problem mit diesen Schülern beziehungsweise Studenten war nicht, dass sie dumm gewesen wären oder es ihnen an grundlegenden Fähigkeiten mangelte. Sie hatten nur ein hinderliches Selbstbild. (»Ich habe keinen Kopf für Mathe.« Oder: »Ich bin halt schlecht in Rechtschreibung.«) Sie »identifizierten« sich mit ihren schlechten Leistungen. Statt zu sagen: »Ich habe bei diesem Test schlecht abgeschnitten« (was die Fakten beschrieben hätte), zogen sie den Schluss: »Ich kann das nicht.« Statt zu sagen: »Ich bin hier durchgefallen«, redeten sie sich ein: »Ich bin ein Durchfaller.« Wer mehr über Leckys Arbeit wissen möchte, dem empfehle ich sein Buch: *Self-Consistency: A Theory of Personality*. (Das Buch ist vergriffen, kann aber gegen eine Spende im Internet heruntergeladen werden.)

Lecky half mit seiner Methode auch Studenten, sich das Nägelkauen und Stottern abzugewöhnen.

Meine eigenen Aufzeichnungen enthalten ebenfalls solche überzeugenden Fallgeschichten: zum Beispiel die des Mannes, der so viel Angst vor Fremden hatte, dass er so gut wie nie das Haus verließ. Heute verdient er sein Geld als Vortragsreisender. Der Vertreter, der schon seine Kündigung einreichen wollte, weil er »für das Verkaufen nicht gemacht« sei, und sechs Monate später unter 100 Kollegen die besten Verkaufszahlen vorzuweisen hatte. Der Geistliche, der sich wegen seiner »Nerven« zurückziehen wollte, weil er den Druck, jede Woche eine Predigt schreiben zu müssen, nicht mehr ertrug, und nun neben der Predigt jede Woche drei »Vorträge außerhalb« hält. Er spürt »die Nerven« nicht mehr.

## Wie ein plastischer Chirurg anfing, sich für die Selbstbild-Psychologie zu interessieren

Auf Anhieb würde man sicher sagen, dass zwischen der Chirurgie und der Psychologie keine Verbindung besteht. Und doch war es die Arbeit als plastischer Chirurg, die mich auf die Bedeutung des »Selbstbildes« brachte, weil sie Fragen aufwarf, die zu spannenden psychologischen Erkenntnissen führten.

Als ich vor vielen Jahren als plastischer Chirurg anfing, war ich erstaunt über die dramatischen und unvermittelten Veränderungen in Charakter und Persönlichkeit, die sich einstellten, sobald ein Makel im Gesicht korrigiert worden war. In vielen Fällen wurde mit dem neuen Gesicht auch *ein neuer Mensch* geboren. Immer wieder wurde das Skalpell in meiner Hand zum Zauberstab, der nicht nur das Äußere eines Patienten veränderte, sondern auch sein ganzes Leben. Scheue und zurückgezogene Naturen wurden plötzlich mutig. Ein »dummer«, »geistesschwacher« Junge wurde zu einem klugen Kopf, der später dem Management eines bekannten Unternehmens vorstand. Ein Vertreter, der sein »Händchen« verloren hatte und damit auch den Glauben an sich selbst, wurde zu einem Muster an Selbstvertrauen. Der aufregendste Fall ist aber sicher der »hartgesottene« Gewohnheitsverbrecher, der beinahe über Nacht vom unverbesserlichen und nicht besserungswilligen Gauner zum mustergültigen Häftling wurde, der auf Bewährung entlassen wurde und später eine verantwortungsvolle Rolle in der Gesellschaft bekleidete.

Ich habe viele solcher Fälle in meinem Buch *New Faces, New Futures* vorgestellt. Nach der Veröffentlichung des Buches und einiger Artikel in Zeitungen und Zeitschriften erreichten mich Zuschriften von Kriminologen, Psychologen, Soziologen und Psychiatern.

Sie stellten mir Fragen, die ich nicht beantworten konnte. So fing ich an, meine eigenen Forschungen anzustellen. Und seltsamerweise lernte ich dabei mehr aus meinen Fehlschlägen als aus meinen Erfolgen.

Es war vergleichsweise einfach, die Erfolge zu erklären – zum Beispiel bei dem Jungen mit den übergroßen Ohren, dem man gesagt hatte, er sähe aus wie ein Taxi, bei dem beide Türen offenstehen. Er war sein Leben lang verspottet worden – manchmal auf sehr grausame Weise. Sich mit Spielkameraden zu treffen war für ihn immer mit Demütigung und Schmerz verbunden. Natürlich mied er alle sozialen Kontakte. Warum sollte er auch keine Angst vor Menschen haben beziehungsweise sich nicht ganz auf sich selbst zurückziehen? Er hatte panische Angst, den Mund aufzumachen. Und natürlich hielt man ihn bald für einen Dummkopf. Als seine Ohren korrigiert worden waren, ging man davon aus, dass er ein normales Leben führen würde, weil die Ursache aller Peinlichkeiten und Demütigungen schließlich beseitigt war – und tatsächlich tat er das auch.

Oder der Vertreter, dessen Gesicht nach einem Autounfall entstellt war. Jeden Morgen, wenn er sich rasierte, sah er die schreckliche Narbe auf seiner Wange und den schiefen Mund. Zum ersten Mal in seinem Leben litt er unter Hemmungen. Er schämte sich seiner selbst, weil er glaubte, dass sein Aussehen andere Menschen abstoßen würde. Die Narbe wurde für ihn zur Besessenheit. Er war »anders« als andere Menschen und fing an, sich zu fragen, was diese wohl von ihm denken mochten. Bald wies sein Ich schwerere Verletzungen auf als sein Gesicht. Er verlor zunehmend an Selbstvertrauen, wurde verbittert und feindselig. Schon richtete er seine ganze Aufmerksamkeit ausschließlich auf sich selbst – und sein oberstes Ziel bestand darin, sein Ich zu schützen und mögliche demütigende Situationen zu vermeiden. Dass die Korrektur seiner Entstellung und die Wiederherstellung eines »normalen« Gesichts die Haltung und Einstellung dieses Mannes quasi über Nacht veränderten, ist nur zu verständlich. Von diesem Moment an stand er sich selbst anders gegenüber und hatte auch im Beruf wieder mehr Erfolg.

Aber was war mit den Ausnahmen, bei denen sich nichts veränderte? Mit der Herzogin, die ihr Leben lang scheu und gehemmt gewesen war, weil sie einen vergleichsweise großen Höcker auf der Nase hatte? Obwohl nach der Operation eine klassische Nase ihr schönes Gesicht zierte, verhielt sie sich immer noch wie das hässliche Entlein, die ungewollte Schwester, die einem anderen Menschen nicht in die Augen schauen konnte. Wenn das Skalpell der Zauberstab war, warum funktionierte er bei der Herzogin nicht?

Und was war mit all den anderen, die zwar ein neues Gesicht hatten, aber ihre alte Persönlichkeit behielten? Oder mit den Menschen, die steif und fest behaupteten, die Operation hätte ihre Gesichtszüge *kein bisschen verändert*? Jeder plastische Chirurg kennt solche Fälle und reagiert darauf vermutlich genauso verblüfft wie ich. Ganz egal, wie drastisch die Veränderung ausfallen mochte, es gab immer auch Patienten, die behaupteten: »Ich sehe genauso aus wie vorher. Sie haben überhaupt nichts gemacht.« Freunde und Angehörige erkennen die Person kaum wieder und geben begeistert Rückmeldung über die neue »Schönheit«. Und doch beharrt der Patient darauf, dass die Verbesserung kaum sichtbar wäre oder gar nicht erst stattgefunden habe. Auch Vorher-Nachher-Fotos helfen da nichts. Sie verstärken die Feindseligkeit nur. Eine merkwürdige geistige Alchemie lässt die Patienten sagen: »Natürlich ist der Höcker nicht mehr da, aber meine Nase *sieht* immer noch genauso aus.« Oder: »Die Narbe ist nicht mehr so sichtbar, aber sie ist *immer noch da*.«

## Narben, die mit Stolz statt mit Scham getragen werden

Ein weiterer Hinweis in meiner Suche nach dem so schwer fassbaren Selbstbild ergab sich für mich aus der Tatsache, dass nicht alle Narben als beschämend und erniedrigend empfunden werden. Als junger Medizinstudent in Deutschland sah ich einen anderen Studenten, der stolz war auf seinen »Schmiss«, so wie ein Amerikaner stolz wäre auf eine Tapferkeitsmedaille. Diese Schmisse brachten sich Mitglieder der Studentenverbindungen bei Duellen mit der Fechtwaffe gegenseitig bei. Eine solche Narbe wies sie als Angehörige einer angesehenen Studentenverbindung aus. Für diese Jungen hatte das Zufügen einer Narbe den gleichen Effekt wie bei meinem Vertreter-Patienten das Entfernen. Im alten New Orleans trugen die Kreolen Augenklappen, die dieselbe Funktion hatten. Allmählich dämmerte mir, dass es nicht das Messer war, das magische Kräfte besaß. Denn die Klinge konnte Narben sowohl zufügen als auch entfernen, und beides hatte den gleichen Effekt.

## Das Geheimnis der eingebildeten Hässlichkeit

Für Menschen, die mit Schönheitsfehlern geboren oder durch einen Unfall entstellt wurden, kann die plastische Chirurgie wahrhafte Wunder wirken. Daraus könnte man nun den Schluss ziehen, dass man, um alle Neurosen, Depressionen, Ängste, Sorgen, mangelndes Selbstvertrauen und Versagensängste zu heilen, bloß sämtliche körperlichen Mängel operativ beseitigen müsse. Wollte man dieser Theorie folgen, müssten demnach alle Menschen mit normalem oder zumindest nicht entstelltem Gesicht auf einzigartige Weise frei von psychischen Handicaps sein. Sie müssten fröhlich, glücklich, voller Selbstvertrauen und frei von Angst und Sorgen sein. Wir wissen aber nur zu gut, dass dies nicht der Fall ist.

Diese Theorie kann auch nicht erklären, weshalb im Wartezimmer des plastischen Chirurgen Menschen sitzen, die ein »Facelift« verlangen, weil sie sich hässlich fühlen und dieses Gefühl loswerden wollen. Diese Hässlichkeit besteht aber nur in ihrer Einbildung. Es gibt 35- oder 45-jährige Frauen, die davon überzeugt sind, dass sie »alt« aussehen, auch wenn ihr Erscheinungsbild vollkommen »normal« ist, ja sie in manchen Fällen sogar außerordentlich attraktiv sind.

Und es gibt junge Mädchen, die sich für »hässlich« halten, weil Mund, Nase oder Brust nicht so sind wie bei der aktuellen Schönheitskönigin. Männer *glauben*, dass ihre Ohren zu groß oder ihre Nasen zu lang sind. Kein ethisch agierender plastischer Chirurg würde diese Menschen je operieren, aber bedauerlicherweise werden Quacksalber beziehungsweise »Schönheits-Docs«, die kein Ärzteverband je aufnehmen würde, hierbei von keinerlei Bedenken geplagt.

Diese »eingebildete Hässlichkeit« kommt nicht selten vor. Eine jüngst durchgeführte Studie unter Studenten zeigte, dass 90 Prozent auf die ein oder andere Weise unzufrieden mit ihrer äußeren Erscheinung waren. Wenn man in Bezug auf das Aussehen Begriffe wie »normal« oder »durchschnittlich« akzeptiert, ist klar, dass keineswegs 90 Prozent der Bevölkerung »anormal« oder »anders« oder »entstellt« sein können. Aber ähnliche Studien zeigen, dass sich auch unter Otto Normalbürgern ein ähnlich hoher Prozentsatz seines Körpers schämt.

Diese Menschen handeln, *als wären sie* tatsächlich entstellt. Sie leiden unter derselben Scham wie tatsächlich entstellte Personen. Sie entwickeln die gleichen Ängste und Sorgen. Ihre Fähigkeit, ihr Leben zu genießen, ist blockiert und wird von den gleichen psychischen Hindernissen erstickt. Ihre »Narben« sind vielleicht eher mentaler und emotionaler Natur, aber sie sind genauso lähmend wie körperliche.

## Das Selbstbild: das eigentliche Geheimnis

Die Entdeckung des Selbstbildes erklärt all die offenkundigen Widersprüche, die wir soeben aufgezeigt haben. Das Selbstbild ist in allen Fällen der gemeinsame Nenner – der *entscheidende* Faktor in all unseren Fallgeschichten, ob sie nun von Fehlschlägen oder von Erfolgen handeln.

Das Geheimnis ist: Um wahrhaft zu »leben«, also das Leben als tief befriedigend zu empfinden, müssen Sie ein geeignetes realistisches Selbstbild haben, mit dem Sie leben können. Sie müssen ein Selbst haben, das »Ihnen« akzeptabel erscheint. Sie müssen eine gesunde Selbstachtung besitzen. Sie brauchen ein Selbst, auf das Sie vertrauen, an das Sie glauben können. Sie brauchen ein Selbst, das Sie ohne jede Peinlichkeit oder Verlegenheit »sein« wollen, das Sie jederzeit frei und kreativ ausdrücken können, statt es zu verbergen und unter den Teppich zu kehren. Sie brauchen ein Selbst, das der Wirklichkeit entspricht, damit Sie in der realen Welt funktionieren können. Sie müssen sich selbst kennen – sowohl Ihre Stärken als auch Ihre Schwächen – und im Hinblick auf beide sich selbst gegenüber ehrlich sein. Ihr Selbstbild muss einen vernünftigen Näherungswert an Ihr »Ich« darstellen, also nicht mehr sein als Sie sind, aber auch nicht weniger.

Wenn dieses Selbstbild intakt und sicher ist, fühlen Sie sich gut. Wenn es bedroht ist, sind Sie ängstlich und unsicher. Wenn Ihr Selbstbild angemessen ist und Sie darauf stolz sein können, fühlen Sie sich selbstsicher. Sie fühlen sich frei, »ganz Sie selbst« zu sein und sich dementsprechend auszudrücken. Sie agieren bestmöglich. Gibt Ihr Selbstbild Ihnen dagegen Anlass zur Scham, dann verstecken Sie es eher, statt es auszudrücken. Dann ist der kreative Selbstausdruck gestört. Sie werden feindselig und man kann nur schwer mit Ihnen auskommen.

Trägt die Narbe im Gesicht zum Selbstbild bei (wie bei den Verbindungsstudenten), dann steigert sie Selbstachtung und Selbstvertrauen. Verträgt sich die Narbe im Gesicht nicht mit Ihrem Selbstbild (wie bei dem Vertreter), dann verlieren Sie Ihre Selbstachtung und Ihr Selbstvertrauen.

Wenn eine Narbe im Gesicht durch plastische Chirurgie korrigiert wird, kommt es *nur dann* zu dramatischen psychischen Veränderungen, wenn das entstellte Selbstbild ebenfalls korrigiert wird. Manchmal bleibt dieses alte Selbstbild jedoch bestehen, obwohl die Operation erfolgreich war. Ähnlich wie Menschen nach einer Amputation von Gliedmaßen oft Jahre später noch unter Phantomschmerzen leiden.

## Ich schlage eine neue Laufbahn ein

Diese Beobachtungen brachten mich dazu, eine neue Laufbahn einzuschlagen. Vor ein paar Jahren überzeugte ich mich davon, dass Menschen, die einen plastischen Chirurgen konsultieren, mehr brauchen als nur eine Operation, ja dass einige von ihnen überhaupt keine Operation brauchen. Wenn ich diese Patienten ganzheitlich behandeln wollte, statt in ihnen nur eine Nase, ein Ohr, einen Mund, einen Arm oder ein Bein zu sehen, musste ich ihnen dieses Mehr auch geben können. Ich musste ihnen zeigen können, wie sie ein spirituelles Facelifting erreichen, emotionale Narben korrigieren und ihre Haltung und ihr Denken ändern konnten – und nicht nur die äußere Erscheinung.

Meine diesbezüglichen Forschungsarbeiten verliefen äußerst befriedigend. Heute bin ich mehr denn je davon überzeugt, dass das, was die meisten von uns tief drin wirklich wollen, ein Mehr an *Leben* ist. Glück, Erfolg, innerer Friede oder was auch immer Ihrer Vorstellung vom höchsten Gut entsprechen mag, ist letztlich mehr Leben. Wenn wir fundamentale Emotionen wie Glück, Selbstvertrauen und Erfolg verspüren wollen, brauchen wir mehr Leben. Und in dem Maße, wie wir unsere Fähigkeiten blockieren, unsere gottgegebenen Talente ersticken und uns der Angst, der Sorge, unseren Schuldgefühlen und dem Selbsthass überlassen, würgen wir die Lebenskraft ab, die uns zu Gebote stünde, und kehren der Gabe, die unser Schöpfer uns gegeben hat, den Rücken zu. In dem Maße, in dem wir die Gaben des Lebens zurückweisen, öffnen wir uns für den Tod.

## Unser Programm für ein besseres Leben

Meiner Ansicht nach ist die Psychologie in den vergangenen 30 Jahren viel zu pessimistisch geworden, was den Menschen und sein Potenzial für Wandel und Größe angeht. Da Psychologen und Psychiater sich hauptsächlich mit sogenannten abnormen Menschen beschäftigen, geht es auch in der Fachliteratur meist um Abnormitäten und die Neigung des Menschen zur Selbstzerstörung. Und ich fürchte, nur allzu viele Menschen haben darüber so viel gelesen, dass man heute Dinge wie Hass, »Destruktionstrieb«, Schuldgefühle, Selbstverdammung und all die anderen negativen Gefühle als »normal-menschliches Verhalten« ansieht. Der Durchschnittsbürger fühlt sich schwach und ohnmächtig, sollte er versuchen, seinen schwachen Willen an diesen negativen Kräften zu messen, um Gesundheit und Glück zu erlangen. Wenn dies die Wahrheit über die menschliche Natur wäre, dann wäre die Idee der »Selbstverbesserung« wahrhaft sinnlos.

Ich aber glaube – und die Erfahrung vieler meiner Patienten bestätigt dies –, dass Sie das nicht allein anpacken müssen. In jedem von uns steckt der »Lebenstrieb«, der uns auf Gesundheit und Glück ausrichtet, auf alles, was dem Menschen mehr Leben beschert. Dieser »Lebenstrieb« arbeitet für Sie durch etwas, das ich den »kreativen Mechanismus« nenne oder auch den »Erfolgsmechanismus«, der in jedem Einzelnen von uns angelegt ist.

## NEUE WISSENSCHAFTLICHE EINSICHTEN IN DAS »UNBEWUSSTE«

Die neue Wissenschaft der Kybernetik hat uns überzeugende Beweise geliefert, dass das sogenannte Unbewusste nicht in dem Sinn als »Geist« bezeichnet werden kann. Es ist vielmehr ein Mechanismus – genauer gesagt ein »Servomechanismus« (oder auch Steuerungsmechanismus beziehungsweise Regelkreis), bestehend aus Gehirn und Nervensystem –, der vom Geist *genutzt* und *gelenkt* wird. Die jüngste und nützlichste Erkenntnis geht dahin, dass der Mensch nicht zwei »Geistformen« hat, sondern nur einen Geist, ein Bewusstsein, das ihn gleich einer Maschine automatisch auf seine Ziele hin ausrichtet. Diese Maschine funktioniert recht ähnlich wie ein elektronischer Steuerungs- und Regelmechanismus, zumindest was die grundlegenden Prinzipien angeht. Er ist nur viel wunderbarer und komplexer als jeder Computer oder jede Raketensteuerung, die der Mensch je ersonnen hat.

> Heute übersehen wir nur allzu leicht, dass alle elektronischen Spielereien, vom Internet über das Handy oder die Satelliten, die uns Hunderte Fernsehprogramme ins Haus liefern, von Menschen ersonnen und geschaffen wurden, die sich ein geistiges Bild von etwas machten, das sie für möglich hielten, und dies dann verwirklicht haben. Wir Menschen haben nicht nur die Fähigkeit, kybernetische Systeme außerhalb von uns selbst herzustellen, sondern sind auch fähig zu lernen, wie wir kybernetische Systeme in uns selbst steuern können.

Dieser kreative Mechanismus in Ihnen ist vollkommen unpersönlich. Er funktioniert automatisch und ohne Ansehen der Person, damit wir Ziele erreichen können: Glück und Erfolg oder Unglück und Scheitern, je nachdem, auf welche Ziele Sie sich programmiert haben. Setzen Sie ihn auf »Erfolgsziele« an und er funktioniert als Erfolgsmechanismus.

Geben Sie ihm negative Ziele vor und er wird mit derselben Treffsicherheit als Versagensmechanismus agieren.

> Dr. Maltz macht klar, dass jeder von uns Ziele hat, ob wir sie nun bewusst formulieren oder nicht. Das Gehirn und das Nervensystem lenken uns in Richtung der Bilder, über die wir bewusst nachdenken oder die so sehr Teil von uns geworden sind, dass wir sie quasi im Autopilot-Modus ansteuern. Der Alkohol- oder Drogensüchtige verfolgt genauso seine Ziele wie der Unternehmer, Politiker, Profisportler oder die werdende Mutter. Wenn wir dies im Hinterkopf behalten, verstehen wir eher, was »unter unserer Motorhaube steckt« – und ob wir die Ziele, die wir unbewusst ansteuern, wirklich für erstrebenswert halten, oder ob wir nicht lieber solche anstreben, die wir uns bewusst setzen.

Wie jeder andere Steuerungsmechanismus braucht auch dieser ein klares Ziel, eine Vorgabe, ein »Problem«, an dem er arbeiten kann.

Die Ziele, die unser kreativer Mechanismus zu realisieren sucht, sind *geistige Bilder*, die wir mit unserer Vorstellungskraft schaffen.

Und der Schlüssel zu all diesen Bildern ist unser Selbstbild.

Unser Selbstbild zieht die Grenzen für das Erreichen jedes einzelnen Zieles. Es umschreibt den »Bereich des Möglichen«.

Wie jeder andere Regelkreis arbeitet auch unser kreativer Mechanismus mit Informationen und Daten, mit denen wir ihn füttern (unsere Gedanken, Überzeugungen, Sichtweisen). Durch unsere Haltung, unsere Interpretation einer Situation »beschreiben« wir das Problem, an dem gearbeitet werden soll.

Wenn wir in unseren kreativen Mechanismus Informationen und Daten einspeisen, die uns als wertlos, unterlegen, unwürdig, unfähig zeichnen (negatives Selbstbild), dann werden diese Daten genauso verarbeitet wie alle anderen und liefern uns die »Antwort« in Form objektiver Erfahrung.

Wie jeder andere Steuerungsmechanismus nutzt unser kreativer Mechanismus gespeicherte Informationen oder »Erinnerungen«, um Probleme zu lösen oder auf aktuelle Situationen zu reagieren.

Ihr Programm, um mehr Leben aus Ihrem Leben herauszuholen, besteht im Wesentlichen also darin, etwas über diesen kreativen Mechanismus, dieses automatische Leitsystem in uns, zu erfahren. Und darüber, wie wir es als Erfolgsmechanismus gebrauchen können, statt es zum Versagensmechanismus zu machen.

Methodisch machen Sie Folgendes: Sie lernen, üben und erfahren neue Gewohnheiten des Denkens, Vorstellens, Erinnerns und Handelns, um 1.) ein adäquates und realistisches Selbstbild zu entwickeln; und 2.) Ihren kreativen Mechanismus so zu nutzen, dass er Ihnen Erfolg und Glück durch Erreichen bestimmter Ziele beschert.

*Wenn Sie sich erinnern, Sorgen machen oder Ihre Schnürsenkel binden können, dann können Sie auch Erfolg haben.*

Wie Sie später sehen werden, besteht die Methode darin, kreative mentale Bilder zu erzeugen und diese in Ihrer Vorstellung plastisch zu erleben, damit sich durch »Ausleben« und »Tun, als ob« neue automatische Reaktionsmuster bilden.

Ich sage meinen Patienten häufig: »Wenn Sie sich erinnern, Sorgen machen oder Ihre Schnürsenkel binden können, dann werden Sie auch keine Schwierigkeiten haben, diese Methode anzuwenden.« Was Sie tun sollen, ist wirklich einfach, aber Sie müssen fleißig üben und »erfahren«. Das Visualisieren (das Erzeugen kreativer geistiger Bilder) ist nicht schwieriger, als sich an Erlebnisse aus der Vergangenheit zu erinnern oder sich über die Zukunft Sorgen zu machen. Neue Handlungsmuster zu schaffen ist nicht schwieriger, als »eine Entscheidung zu treffen« und Ihre Schnürsenkel jeden Morgen anders zu binden, statt täglich gedankenlos die gleiche Schleife zu machen.

Dr. Maltz' Beispiel »Wenn Sie sich erinnern, Sorgen machen oder Ihre Schnürsenkel binden können« ist wichtig, um zu verstehen, wie einfach es letztlich ist, durch Psychokybernetik Resultate zu erzielen. Vorausgesetzt, dass Sie bereit sind zu glauben, dass auch ein scheinbar kleiner Sieg (wie Schnürsenkel binden oder zum ersten Mal Ihren Namen schreiben zu können) alles ist, was Sie brauchen, um jede Negativität aus Ihrem Leben zu vertreiben. Um Ihren Lenkungsmechanismus auf Erfolg zu programmieren statt auf Versagen, brauchen Sie nur eine einzige Erfahrung, bei der Sie ein positives Selbstbild hatten. Dass Sie sich an diese bescheidene Leistung erinnern und auf sie stützen können, ist der entscheidende Punkt, um Ihr Selbstbild dauerhaft zu verbessern. Sie brauchen keine Riesenerfolgsgeschichte, um Ihr Selbstbild zu verbessern. Sie brauchen keine Erfahrung, die widerspiegelt, was immer Sie zu schaffen oder zu leisten wünschen. Alles, was Sie brauchen, ist eine Erfahrung wie das Binden der Schnürsenkel oder das Schreiben Ihres Namens, bei der Sie sagen können: »Ja, ich bin froh, dass ich das gelernt habe. Ja, ich kann mich noch gut an den ersten Tag erinnern, an dem ich das konnte. Und ja, ich war glücklich.« Diese eine Erinnerung, diese eine positive Erfahrung ist, auch wenn sie lange zurückliegt, alles, was Sie brauchen, um den Lauf Ihres aktuellen Lebens zu verändern.

## Wichtige Erkenntnisse

Füllen Sie diese Zeilen bitte aus.

1. ______________________________

2. ______________________________

3. ______________________________

4. ______________________________

5. ______________________________

## Meine eigene Fallgeschichte

Schreiben Sie eine Erfahrung aus Ihrer Vergangenheit auf, für die die hier vorgestellten Prinzipien eine schlüssige Erklärung liefern.

# 2
# ENTDECKEN SIE DEN ERFOLGSMECHANISMUS IN SICH

Es mag Ihnen merkwürdig vorkommen, aber bis etwa zehn Jahre vor Abfassung dieses Buches hatte die Wissenschaft keine Ahnung, wie das Gehirn und das Nervensystem zusammenspielen, um »zweckgebunden« zu arbeiten, zum Beispiel bei der Umsetzung eines Zieles. Man wusste aufgrund eingehender Beobachtungen zwar, was ablief. Doch es existierte keinerlei Theorie, welche die beobachteten Phänomene erklärt und zu einem schlüssigen Konzept zusammengeführt hätte. Der Physiologe R. W. Gerard schrieb im Juni 1946 im *Scientific Monthly* über das Gehirn und die Vorstellungskraft: Es sei traurig, aber wahr, dass unser Verständnis des Geistes ebenso stichhaltig und praktisch verwertbar wäre, wäre unser Schädel mit Watte vollgepackt.

Als der Mensch sich jedoch daranmachte, ein »elektronisches Gehirn« zu bauen und es mit zielorientierten Mechanismen auszustatten, musste er erst die grundlegenden Wirkprinzipien verstehen, um sie auch einsetzen zu können. Als diese gefunden waren, fragte die Wissenschaft sich: Könnte so vielleicht auch das menschliche Gehirn funktionieren? Konnte es sein, dass unser Schöpfer bei der Erschaffung des Menschen uns einen Steuerungsmechanismus eingebaut hatte, der großartiger und wunderbarer war als jedes von Menschen ersonnene Computer- und Leitsystem, obwohl es nach den gleichen Grundprinzipien funktionierte? Berühmten Kybernetikern wie Professor Norbert Wiener, John von Neumann und anderen zufolge war die Antwort darauf ein klares Ja.

## Ihr eingebautes Leitsystem

Jedes lebende Wesen hat ein eingebautes Leitsystem, das ihm der Schöpfer mitgegeben hat, damit es seine Ziele erreichen kann – im Großen und Ganzen geht es dabei ums »Leben«. Bei den einfacheren Lebensformen heißt das Ziel »Leben« zunächst einmal das schlichte körperliche Überleben, und zwar sowohl im Hinblick auf das Individuum als auch auf die Art. Der eingebaute Mechanismus beim Tier zielt darauf ab, Nahrung und Obdach zu finden, Feinden und Gefahren aus dem Weg zu gehen oder sie zu überwinden und sich fortzupflanzen, um das Überleben der Art zu sichern.

Beim Menschen aber steht das Ziel »Leben« für mehr als das blanke Überleben. Beim Tier heißt »Leben« einfach, dass bestimmte körperliche Bedürfnisse erfüllt werden. Der Mensch aber hat auch emotionale und spirituelle Bedürfnisse, die bei Tieren nicht auftreten. Daher heißt »Leben« beim Menschen mehr als nur Überleben und den Fortbestand der Art zu sichern. Zu »Leben« gehört auch emotionale und spirituelle Befriedigung. Daher ist der Erfolgsmechanismus des Menschen auf ein breiteres Anforderungsspektrum ausgerichtet. Er hilft ihm, Gefahren zu vermeiden beziehungsweise zu überwinden, und steht hinter dem Sexualtrieb, der für das Überleben der Art zuständig ist. Aber dieser Erfolgsmechanismus ermöglicht uns auch, Antworten auf Probleme zu finden, Erfindungen zu tätigen, Gedichte zu schreiben, ein Unternehmen zu führen, Waren zu verkaufen, neue wissenschaftliche Horizonte zu eröffnen, Seelenfrieden zu erlangen, unsere Persönlichkeit zu veredeln oder Erfolg in anderen Dingen zu haben, die mit unserem »Leben« zu tun haben und es mit Sinn erfüllen.

## Der Erfolgsinstinkt

Einem Eichhörnchen muss niemand beibringen, dass es Nüsse sammeln soll. Es muss auch nicht lernen, davon einen Vorrat für den Winter anzulegen. Ein Eichhörnchen, das im Frühjahr geboren wird, hat noch nie einen Winter erlebt. Und doch fängt es im Herbst an, emsig Nüsse zu horten, die es während der Wintermonate verzehren kann, wenn es nirgendwo Futter findet. Auch braucht ein Vogel keine Lektion im Nestbauen oder in Flugnavigation. Vögel legen Tausende von Meilen zurück und überqueren häufig sogar das offene Meer. Sie haben keine Zeitung und kein Fernsehen, wo sie etwa den Wetterbericht sehen könnten. Kein unternehmungslustiger Pioniervogel hat je in einem Buch den Weg in die wärmeren Zonen der Erde beschrieben. Und doch »weiß« jeder Vogel, wenn schlechtes Wetter kommt und wo genau warmes Klima herrscht, auch wenn das Tausende von Meilen entfernt ist.

Wir erklären uns dies damit, dass Tiere bestimmte Instinkte haben, die sie leiten. Wenn man diese Instinkte genauer untersucht, stellt man fest, dass sie dem Tier helfen, erfolgreich mit seiner Umwelt umzugehen. Kurz gesagt haben die Tiere also auch einen Erfolgsinstinkt.

Die Tatsache, dass der Mensch ebenfalls einen solchen Erfolgsinstinkt besitzt, der wunderbarer und komplexer ist als der jedes Tieres, übersehen wir meistens. Der Schöpfer hat den Menschen diesbezüglich nicht im Stich gelassen. Der Mensch ist in dieser Hinsicht sogar besonders gesegnet.

Tiere können ihre Ziele nicht selbstständig auswählen. Ihre Ziele (Selbsterhaltung und Fortpflanzung) sind sozusagen vorprogrammiert. Und ihr Erfolgsmechanismus ist auf diese eingebauten Ziele, die wir »Instinkte« nennen, beschränkt.

Der Mensch aber besitzt etwas, was kein Tier hat: schöpferisches Vorstellungsvermögen. So ist der Mensch das einzige Lebewesen, das gleichzeitig Geschöpf und Schöpfer ist. Mit seiner Vorstellungskraft kann er sich eine unendliche Vielfalt von selbst gewählten Zielen setzen. Und nur der Mensch kann seinen Erfolgsmechanismus mithilfe seiner Vorstellungskraft lenken.

Wir glauben häufig, dass schöpferische Vorstellungskraft etwas ist, das nur Dichter oder Erfinder besitzen. Aber unsere Vorstellungskraft ist schöpferisch, ganz egal, was wir anpacken. Ernsthafte Denker ebenso wie hartgesottene Praktiker wissen das seit jeher und haben diesen Mechanismus angewandt, ohne zu wissen, warum und wie die Vorstellungskraft den kreativen Impuls aktiviert. »Die Vorstellungskraft beherrscht die Welt«, sagte Napoleon Bonaparte. Und Glenn Clark, der Autor von *The Man Who Tapped the Secrets of the Universe*, meint dazu: »Die Vorstellungskraft ist von allen menschlichen Gaben jene, die Gott am nächsten kommt.« Dugald Stewart, der berühmte schottische Philosoph, machte eine ähnliche Beobachtung: »Die Fähigkeit zur Imagination ist der Ursprung aller menschlichen Aktivität, die wesentliche Quelle zu deren Verbesserung ... Zerstören Sie diese und der Mensch wird sich immer gleich bleiben, so wie jedes wilde Tier.« Und Henry J. Kaiser, Industriemagnat und Vater des modernen amerikanischen Schiffbaus, schrieb seinen Erfolg weitgehend dem konstruktiven, positiven Einsatz der schöpferischen Vorstellungskraft zu, und zwar mit diesen Worten: »Sie können Ihre Zukunft mit der Vorstellungskraft vorwegnehmen.«

## Wie Ihr Erfolgsmechanismus funktioniert

Sie sind keine Maschine.

Aber die Entdeckungen der Kybernetik legen den Schluss nahe, dass Ihr Gehirn und Ihr Nervensystem einen Lenk- und Regelmechanismus bilden, den Sie für sich arbeiten lassen können. Dieser funktioniert wie die Programmsteuerung bei Computern und anderen Maschinen. Ihr Gehirn und Ihr Nervensystem sind sozusagen das Leitsystem, das automatisch auf ein bestimmtes Ziel hinsteuert. Ähnlich wie selbstlenkende Torpedos oder Raketen. Ihr eingebauter Steuerungsmechanismus ist quasi das »Leitsystem«, das Sie automatisch in die richtige Richtung lenkt, wenn Sie bestimmte Ziele erreichen wollen, oder korrekt auf Ihre Umgebung reagiert. Und er ist das »Elektronengehirn«, das automatisch Probleme löst, Ihnen benötigte Antworten gibt und neue Ideen oder »Inspiration« liefert. Der Mathematiker John von Neumann schreibt in *The Computer and the Brain*, dass das menschliche Gehirn alle Eigenschaften von analogen wie digitalen Computern besitzt.

Der Begriff »Kybernetik« stammt übrigens aus dem Griechischen und *kybernêtes* heißt wörtlich »Steuermann«. Servomechanismen sind so aufgebaut, dass sie automatisch auf ein Ziel oder eine »Antwort« »zusteuern«.

## Psychokybernetik: eine neue Theorie darüber, wie Ihr Gehirn funktioniert

Wenn wir Gehirn und Nervensystem des Menschen als eine Art Steuerungsmechanismus betrachten, der nach den Prinzipien der Kybernetik funktioniert, erlangen wir neue Einsichten in das Wie und Warum menschlichen Verhaltens.

Ich habe dieses neue Konzept Psychokybernetik genannt: die Prinzipien der Kybernetik, angewandt auf das menschliche Gehirn.

Eines möchte ich hier noch einmal betonen: Die Psychokybernetik geht nicht davon aus, dass der Mensch eine Maschine ist. Sie besagt vielmehr, dass der Mensch eine Maschine *besitzt*, die er sich zunutze machen kann. Also sehen wir uns die Parallelen zwischen einem mechanischen Steuerungsmechanismus und dem menschlichen Gehirn an.

## Zwei Typen von Steuerungsmechanismen

Man teilt Steuerungsmechanismen allgemein in zwei Typen ein: 1.) Mechanismen, die in der Lage sind, bereits bekannte Ziele beziehungsweise Antworten zu realisieren; 2.) Mechanismen, die in der Lage sind, noch unbekannte Ziele zu entdecken oder aufzuspüren. Gehirn und Nervensystem des Menschen kennen beide Strategien.

Ein Beispiel für den ersten Typ wäre ein selbstlenkender Torpedo beziehungsweise eine Abfangrakete. Hier ist das Ziel bekannt: ein feindliches Schiff oder Flugzeug. Der Plan ist, es zu treffen. Solche Maschinen müssen das Ziel, auf das sie zufliegen, »kennen«. Sie brauchen ein Antriebssystem, das sie auf das Ziel zuträgt. Und sie brauchen »Sinnesorgane« (Radar, Sonar, Wärmemessung et cetera), die ihnen Informationen über das Zielobjekt zurückliefern. Diese »Sinnesorgane« sagen der Maschine, ob sie auf dem richtigen Kurs ist (positives Feedback) oder ob sie einen Fehler gemacht hat und vom Kurs abgekommen ist (negatives Feedback). Auf positives Feedback reagiert die Maschine nicht. Sie tut ja ohnehin das Richtige und »macht einfach weiter«. Doch für negatives Feedback muss es eine Korrekturfunktion geben. Wenn die Maschine durch negatives Feedback informiert wird, dass sie »vom Weg abgekommen« ist, zum Beispiel zu weit nach rechts geflogen ist, dann springt der Korrekturmechanismus an und stellt das Steuerruder so ein, dass die Maschine wieder auf Kurs kommt. Wenn der Mechanismus »übersteuert«, driftet die Maschine zu weit nach links ab und es gibt erneut negatives Feedback. Dann korrigiert der Mechanismus die Steuerung ein weiteres Mal, sodass die Maschine wieder nach rechts dreht. Der Torpedo erreicht sein Ziel, indem er sich *vorwärtsbewegt, Fehler macht* und diese *kontinuierlich korrigiert*. Er fliegt also im Zickzack auf das Ziel zu.

Professor Norbert Wiener war im 2. Weltkrieg der Pionier auf dem Gebiet der selbstlenkenden Systeme. Er ging davon aus, dass im menschlichen Nervensystem ein ähnlicher Prozess abläuft, wann immer wir ein Ziel ansteuern – auch bei so simplen Aktionen wie dem Aufheben eines Stiftes vom Schreibtisch.

Wir sind in der Lage, diesen Stift zu nehmen, weil in uns dieser automatische Mechanismus abläuft. Und nicht bloß, weil wir unsere »Willenskraft« einsetzen und unser Vorderhirn überlegt. Das Vorderhirn setzt nur das Ziel. Es setzt durch einen Wunsch die Maschine in Gang und füttert den automatischen Mechanismus mit Informationen, sodass Ihre Hand ständig die Richtung korrigieren kann.

Laut Professor Wiener würde nur ein Anatom wissen, welche Muskeln beteiligt sind, wenn Sie den Stift aufheben. Selbst wenn Sie es wüssten, würden Sie nicht sagen: »Ich muss jetzt die Schultermuskulatur anspannen, um den Arm zu heben. Dann muss ich den Trizeps anspannen, um den Arm auszustrecken. Und so weiter …« Sie ergreifen einfach den Stift und sind sich gar nicht bewusst, dass Befehle an Ihre einzelnen Muskeln ergehen oder dass das Gehirn steuert, wie viel Anspannung vonnöten ist.

Wenn Sie sich also ein Ziel setzen und aktiv werden, übernimmt ein automatischer Mechanismus. Denn erstens haben Sie schon öfter einen Stift genommen oder ähnliche Handlungen ausgeführt. Ihr automatischer Mechanismus hat »gelernt«, welche Reaktionen dabei korrekt sind. Dann wertet der automatische Mechanismus Daten aus, die Ihre Augen ans Gehirn senden. Diese sagen ihm, »mit welchem Winkel der Stift nicht ergriffen werden kann«. Diese Feedback-Daten versetzen den Automatismus in die Lage, ständig die Bewegung der Hand zu korrigieren, bis sie den Stift erfasst.

Bei einem Baby ist der Einsatz der Muskeln, die Korrektur der Handbewegungen beim Zugreifen auf eine Rassel, noch deutlich zu sehen. Das Kind hat noch wenig Informationen gespeichert, die ihm dabei helfen könnten. Die Hand steuert im Zickzack auf die Rassel zu und muss dabei herumtasten. Es trifft auf alle Lernvorgänge zu, dass die Korrektur immer stärker verfeinert wird, je weiter der Lernprozess fortschreitet. Das lässt sich sehr schön beobachten, wenn jemand das Autofahren lernt. So eine Person »übersteuert« häufig und der Wagen bewegt sich ruckelnd durch die Straßen.

Wenn aber eine korrekte oder »erfolgreiche« Reaktion erfolgt, wird diese »abgespeichert«, um später darauf zugreifen zu können. Der automatische Mechanismus verstärkt die erfolgreiche Antwort bei künftigen Versuchen. Er hat »gelernt«, erfolgreich zu reagieren. Er vergisst die Fehlleistung und wiederholt die erfolgreiche Reaktion, ohne auch nur darüber nachdenken zu müssen – sie wird ihm zur Gewohnheit.

## Wie das Gehirn Probleme löst

Nehmen wir einmal an, Sie befänden sich in einem abgedunkelten Raum und könnten den Stift nicht sehen. Sie wissen oder hoffen, dass auf dem Schreibtisch ein Stift liegt, neben einigen anderen Dingen. Instinktiv fängt Ihre Hand an herumzutasten. Sie wandert im Zickzack über den Schreibtisch (und »scannt«). Sie geht über ein Objekt nach dem anderen hinweg, bis der Stift gefunden und erkannt ist. Das ist ein klassisches Beispiel für den zweiten Typ eines Steuerungsmechanismus. Ein anderes wäre, wenn wir uns an einen Namen erinnern, den wir vergessen hatten. Ein »Scanner« in Ihrem Gehirn geht Ihre abgespeicherten Erinnerungen durch, bis er den richtigen Namen »erkennt«. Ein Computer löst Probleme auf die gleiche Weise. Zuerst braucht die Maschine möglichst viele Daten. Diese werden abgespeichert und bilden das »Gedächtnis« der Maschine. Dann füttern wir sie mit einem Problem. Nun scannt sie ihren Speicher, bis sie die »Antwort« gefunden hat, die alle Aspekte des Problems korrekt abdeckt. Problem und Antwort stellen für die Maschine eine Gesamtstruktur dar. Wenn man die Maschine nur mit einem Teil des Problems füttert, dann findet sie die fehlenden Teile oder das Puzzleteil, das die Struktur vervollständigt.

Je mehr wir über das menschliche Gehirn wissen, desto ähnlicher scheint es einem Steuer- und Regelmechanismus – zumindest, was die Funktion angeht. Wilder Penfield, der Direktor des Montreal Neurological Institute, berichtete auf einem Treffen der National Academy of Sciences, er hätte einen Speichermechanismus entdeckt, der offensichtlich getreulich alles aufzeichnet, was ein Mensch erlebt, beobachtet oder gelernt hat. Während einer Operation am offenen Gehirn, bei der die Patientin bei Bewusstsein war, berührte Penfield einen kleinen Bereich der Großhirnrinde mit einem chirurgischen Instrument. Im selben Moment erzählte die Patientin, sie habe einen Vorfall aus der Kindheit, an den sie sich nicht mehr erinnert hatte, in aller Lebhaftigkeit wieder erlebt. Weitere Experimente brachten ähnliche Resultate. Wenn bestimmte Bereiche der Großhirnrinde berührt wurden, »erinnerten« sich die Patienten nicht nur an vergangene Erfahrungen. Sie »erlebten« die Sinneserfahrungen vielmehr erneut, und zwar ebenso *real* wie ursprünglich. Als wären sie per Video aufgezeichnet worden und würden nun ganz einfach wieder abgespielt. Es ist immer noch ein Rätsel, wie ein Mechanismus, der so klein ist wie das menschliche Gehirn, so unendlich viele Informationen speichern kann.

Der britische Neurophysiologe W. Grey Walter meinte, es würden mindestens zehn Milliarden elektronische Zellen benötigt, um das menschliche Gehirn nachzubauen. Diese Zellen würden einen Raum von etwa 42.345 Kubikmetern einnehmen und allein die Verdrahtungen der »Nervenenden« würden weitere Tausende Kubikmeter Platz beanspruchen. Eine Milliarde Watt wären nötig, um solch eine Maschine mit Strom zu versorgen.[3]

## Der automatische Mechanismus in Aktion

Wir bewundern diese unglaublichen Abfangraketen, die in Sekundenschnelle den Kontaktpunkt mit einer anderen Rakete berechnen und exakt zum richtigen Zeitpunkt erreichen.

Aber ist es nicht genauso wunderbar, wenn ein Center Fielder im Baseball einen fliegenden Ball fängt? Um zu wissen, wohin der Ball fliegt, wo der »Abfangpunkt« ist, muss er die Geschwindigkeit des Balles ebenso berücksichtigen wie seine Flugbahn, seine Richtung, die Windgeschwindigkeit und Windrichtung, die Abwurfgeschwindigkeit und die mit dem Flug abnehmende Geschwindigkeit des Balles. Er muss diese Berechnungen so schnell vornehmen, dass er losrennt, sobald der Ball zu fliegen beginnt. Dann muss er berechnen, wie schnell er laufen muss und in welche Richtung, um zur selben Zeit wie der Ball am Abfangpunkt zu sein. Der Center Fielder führt diese Berechnungen

3 A. d. Ü.: Es handelt sich um den Wissensstand der 1960er-Jahre. Aber trotz der technischen Fortschritte kann auch heute noch kein einziger Computer das menschliche Gehirn ersetzen.

keineswegs bewusst durch. Sein eingebauter Zielmechanismus stellt sie an mithilfe der Daten, die ihm Augen und Ohren liefern. Der Computer in seinem Gehirn nimmt die Information auf und vergleicht sie mit gespeicherten Daten (Erinnerungen an andere erfolgreiche oder nicht erfolgreiche Fangaktionen). All diese nötigen Berechnungen werden in Sekundenbruchteilen ausgeführt und entsprechende Befehle werden an die Beinmuskeln weitergegeben – der Center Fielder »läuft einfach«.

## Die Wissenschaft kann den Computer bauen, aber nicht den Anwender

Professor Wiener meinte, in absehbarer Zukunft werde es der Wissenschaft nicht möglich sein, ein »Elektronengehirn« zu bauen, das auch nur annähernd mit dem menschlichen Gehirn vergleichbar wäre. »Ich glaube, unsere fortschrittsverliebte Öffentlichkeit ist sich nicht klar, welche Vor- und Nachteile solche Elektronengehirne im Vergleich zum Menschen aufweisen«, sagte er. »Die Anzahl der Schalter im menschlichen Gehirn übersteigt die existierender oder in naher Zukunft geplanter Computer um ein Weites.«

Aber selbst wenn es eine solche Maschine eines Tages geben sollte, fehlt ihr doch der Anwender. Ein Computer hat kein Vorderhirn und kein »Ich«. Er kann sich selbst keine Probleme zur Lösung aufgeben. Er hat keine Vorstellungskraft und kann sich keine Ziele setzen. Er kann nicht feststellen, welche Ziele es wert sind, verfolgt zu werden und welche nicht. Er hat keine Gefühle. Er kann nicht »fühlen«. Er arbeitet nur Daten ab, die ihm der Anwender eingibt, und zwar mithilfe von Daten, die er seinen »Sinnesorganen« und seinen Speichern entnimmt.

## Gibt es ein grenzenloses Lager für Ideen, Wissen und Energie?

Viele große Denker aller Epochen glaubten, dass die »gespeicherten Informationen« eines Menschen nicht nur seine eigenen Erinnerungen an vergangene Erlebnisse und erlernte Fakten umfassen. »Es gibt einen Geist, den alle Individuen gemeinsam haben«, sagte der Philosoph

Emerson, der unseren individuellen Geist mit den Tropfen im Ozean des universellen Geistes verglich.

Auch Edison glaubte, seine Ideen flössen ihm von einer Quelle außerhalb seiner selbst zu. Als man ihm ein Kompliment zu seinen kreativen Ideen machte, meinte er nur, Ideen lägen in der Luft und hätte er sie nicht entdeckt, dann hätte es jemand anderer getan.

Tom Hanson, Autor von *Play Big*, interviewte Stan »the Man« Musial, der schon beim ersten Anlauf in die Hall of Fame aufgenommen worden war. Musial meinte: »Wenn ich mich konzentrierte, hat mir irgendetwas zugeflüstert, wo der Typ hinwerfen würde … und das hat immer gestimmt.« Als Hanson diese Fähigkeit als »außersinnlich« bezeichnete, stimmte Musial dem sofort zu.

J. B. Rhine war Leiter der Abteilung für Parapsychologie an der Duke University. Er bewies experimentell, dass der Mensch Zugang zu Wissen, Fakten und Ideen hat, die über sein individuelles Gedächtnis und seine gespeicherten Lernerfahrungen hinausgehen. Telepathie, Hellsehen und Präkognition wurden durch wissenschaftlich abgesicherte Experimente belegt. Rhine kam zu dem Ergebnis, dass der Mensch »außersinnliche Fähigkeiten« besitzt, die er als »PSI« bezeichnete. Seine Resultate werden mittlerweile nicht mehr angezweifelt, wenn man sich intensiv mit seinen Arbeiten auseinandersetzt. Professor R. H. Thouless von der Universität Cambridge, Autor von *Straight and Crooked Thinking*, meint dazu: »Die Realität dieser Phänomene muss als belegt angesehen werden, so sicher, wie man etwas in wissenschaftlicher Hinsicht nur beweisen kann.«

Rhine schreibt: »Wir haben entdeckt, dass es die Fähigkeit gibt, Wissen zu erwerben, das über die bloßen Sinnesfunktionen hinausgeht. Diese außersinnliche Wahrnehmung kann uns gesichertes Wissen über objektive und vermutlich auch subjektive Zustände vermitteln, Wissen über die Materie und vermutlich auch über den Geist.«

Der Komponist Schubert soll einem Freund erzählt haben, sein eigener schöpferischer Prozess sei ein »Erinnern einer Melodie«, die weder er noch jemand anderer je zuvor gehört habe.

Viele Künstler und auch die Psychologen, die den schöpferischen Prozess studieren, zeigten sich beeindruckt von der Ähnlichkeit zwischen kreativer Inspiration, plötzlicher Erkenntnis, Intuition et cetera und der gewöhnlichen menschlichen Erinnerung.

Wer neue Ideen sucht oder die Antwort auf ein Problem, bei dem läuft ein sehr ähnlicher Prozess ab, wie es das Suchen nach einem vergessenen Namen ist. Sie wissen, dass der Name irgendwo gespeichert ist, sonst würden Sie nicht suchen. Der Scanner in Ihrem Gehirn geht alle gespeicherten Daten durch, bis der Name »erkannt« oder »entdeckt« wird.

## Die Antwort ist schon da

Wenn wir also nach einer neuen Idee oder nach der Antwort auf ein Problem suchen, können wir getrost davon ausgehen, dass die Antwort bereits existiert – irgendwo. Wir müssen sie nur finden. Professor Wiener schreibt in seinem Buch *Mensch und Menschmaschine*: »Sobald ein Wissenschaftler weiß, dass es auf ein Problem, das er angreift, eine Antwort gibt, ändert sich seine ganze Position. Er hat damit schon mehr als die Hälfte des Weges zu dieser Antwort hinter sich.«[4] Wenn Sie sich an eine schöpferische Tätigkeit begeben – ob Sie nun verkaufen wollen, ein Unternehmen führen, ein Sonnet schreiben, menschliche Beziehungen verbessern oder was auch immer –, beginnen Sie mit einem Ziel im Kopf, das Sie erreichen wollen, mit einer klar umrissenen Antwort, die vielleicht noch vage ist, aber »erkannt« wird, sobald sie erreicht ist. Wenn Sie mit Ernst bei der Sache sind, einen intensiven Wunsch haben und intensiv über alle Seiten des Problems nachdenken, macht sich Ihr kreativer Mechanismus an die Arbeit. Der »Scanner«, von dem wir gesprochen haben, geht die gespeicherten Informationen durch und tastet sich zur Antwort vor. Er wählt hier eine Idee aus, dort eine Tatsache, eine Reihe früherer Erfahrungen und verknüpft sie – zu einem sinnvollen Ganzen, das die noch offene Stelle des Puzzles »füllt«, Ihre Gleichung vervollständigt und Ihr Problem »löst«. Wenn diese Lösung ins Bewusstsein gehoben wird – häufig in einem unerwarteten Augenblick, wenn man an ganz andere Dinge denkt, oder vielleicht sogar im Traum,

4 Norbert Wiener, *Mensch und Menschmaschine*, Frankfurt a. M. 1952, S. 126.

wenn das Bewusstsein schläft –, dann macht es »klick« und Sie erkennen, dass dies die Antwort ist, nach der Sie gesucht haben.

Hat Ihr kreativer Mechanismus auch Zugang zu gespeicherten Informationen des universellen Geistes? Zahlreiche Experimente lassen dies vermuten. Hier zum Beispiel eine Erfahrung des Naturforschers Louis Agassiz, die uns seine Frau überliefert hat.

*Er bemühte sich schon seit Tagen, die unklaren Umrisse eines fossilen Fisches, dessen Form sich in einem Stein andeutete, herauszuarbeiten. Erschöpft und verärgert legte er den Abdruck beiseite und versuchte, an etwas anderes zu denken. Bald darauf wachte er mitten in der Nacht auf, weil er eben diesen Fisch bis in alle Einzelheiten im Traum gesehen hatte.*

*Er ging früh los in den Jardin des Plantes, weil er meinte, wenn er den Abdruck noch einmal studieren würde, würde er darin etwas sehen, was ihm die Vision zurückbrächte. Leider vergeblich – die Erinnerung blieb verschwommen. In der nächsten Nacht sah er den Fisch wieder, aber als er aufwachte, konnte er sich an die exakte Form nicht mehr erinnern. In der Hoffnung, dass er noch einmal von dem Fisch träumen würde, legte er Papier und Bleistift auf dem Nachttisch zurecht, bevor er schlafen ging.*

*Am Morgen zeigte sich der Fisch wieder im Traum, verschwommen zuerst, aber am Ende mit einer Klarheit, dass Louis nicht mehr an seiner zoologischen Einschätzung zweifelte. Noch halb im Traum griff er zum Bleistift und hielt die Einzelheiten auf Papier fest.*

*Am Morgen bemerkte er dann überrascht, dass seine Zeichnung zoologische Merkmale zeigte, die das Fossil seiner Ansicht nach unmöglich haben konnte. Wieder eilte er in den Jardin des Plantes. Er nahm seine Skizze als Plan und arbeitete die Konturen des Fossils heraus. Als er den Fisch vollkommen freigelegt hatte, entsprach er exakt seinem Traum und seiner Zeichnung. So gelang es ihm, den Fisch einzuordnen.*

## Übung
## Schaffen Sie ein neues mentales Bild Ihrer selbst

Der unglückliche Personentyp, der zum Misserfolg neigt, kann nicht einfach so ein neues Selbstbild hervorbringen, indem er seine Willenskraft bemüht oder das einfach so beschließt. Diese Menschen brauchen einen Grund, eine Rechtfertigung, um zu entscheiden, dass das alte Selbstbild nicht stimmt und ein neues angebracht wäre. Sie können nicht einfach Ihr altes gegen ein neues Selbstbild eintauschen, wenn Sie nicht glauben, dass es wahr ist. Die Erfahrung zeigt: Wenn ein Mensch sein Selbstbild verändert, hat er das Gefühl, dass er aus dem ein oder anderen Grund nun die Wahrheit über sich selbst »sieht« oder erkennt.

Die Wahrheit in diesem Kapitel kann Sie von einem alten, unpassenden Selbstbild befreien, wenn Sie es oft lesen, über die Tragweite dieser Erkenntnisse nachdenken und sich so diese Wahrheit regelrecht »einbläuen«.

---

Die Wissenschaft hat mittlerweile belegt, was Philosophen, Mystiker und andere intuitiv begabte Menschen seit Langem wissen: Jeder Mensch ist von seinem Schöpfer »auf Erfolg programmiert« worden. Jeder Mensch hat Zugang zu einer Macht, die größer ist als er selbst.

Auch *Sie*.

Oder wie Emerson sagte: »Es gibt keine geistig kleinen und großen Menschen.«

Wenn Sie aber auf Erfolg und Glück programmiert wurden, dann ist Ihr altes Bild von sich als Person, die es nicht verdient, glücklich zu sein, und zum Scheitern bestimmt ist, notwendigerweise falsch.

Lesen Sie während der ersten 21 Tage dieses Kapitel mindestens drei Mal pro Woche. Studieren Sie es, verdauen Sie seine Inhalte. Durchkämmen Sie Ihre Erfahrungen und die Ihrer Freunde nach Beispielen, die den kreativen Mechanismus in Aktion zeigen.

Und prägen Sie sich die folgenden Grundprinzipien ein, nach denen Ihr Erfolgsmechanismus arbeitet. Sie müssen kein Ingenieur oder Physiker sein, um Ihren eigenen Steuerungsmechanismus zu bedienen. Genauso wenig wie Sie Autobauer sein müssen, um einen Wagen zu lenken. Oder Elektriker, um das Licht in Ihrem Wohnzimmer einzuschalten. Doch Sie müssen mit den folgenden Grundsätzen vertraut sein, denn wenn Sie sich diese eingeprägt haben, werden Sie die folgenden Kapitel besser verstehen.

1. Ihr eingebauter Erfolgsmechanismus braucht ein Ziel, eine Vorgabe. Dieses Ziel ist bereits verfügbar – jetzt, entweder schon konkret oder potenziell. Der Mechanismus funktioniert

so, dass er Sie 1.) entweder zu einem bereits existierenden Ziel hin navigiert; oder 2.) dieses bereits Existierende »entdeckt«.

2. Der automatische Mechanismus ist zielorientiert, das heißt, er richtet sich auf Endresultate aus oder setzt diese um. Seien Sie nicht enttäuscht, wenn die »Mittel« sich noch nicht zeigen. Der automatische Mechanismus funktioniert so, dass er Ihnen die Mittel liefert, sobald Sie ihm das Ziel eingeben. Richten Sie Ihre Gedanken auf das Endresultat. Die Mittel stellen sich dann ganz von selbst ein.

Die Mittel, mit denen Ihr Erfolgsmechanismus arbeitet, treten meist von selbst und mühelos in Erscheinung, wenn Sie Ihr Gehirn mit Ihrer Zielvorgabe füttern. Was genau getan werden muss, zeigt sich Ihnen ohne Stress, Anspannung oder Sorge, wie Sie das gewünschte Resultat erreichen können. Viele Menschen machen den Fehler, ihren Erfolgsmechanismus bei seiner Arbeit zu stören, indem sie nach dem Wie fragen, bevor das Ziel geklärt ist. Haben Sie erst ein mentales Bild von dem geschaffen, was Sie verwirklichen wollen, dann ergibt sich das Wie von selbst – aber nicht vorher. Bleiben Sie ruhig und entspannt und die Antworten zeigen sich. Jeder Versuch, sie zu erzwingen, wäre vergeblich. Oder wie Brian Tracy schreibt: »In allen mentalen Dingen ist die Anstrengung selbst Ihr größer Feind.«

3. Haben Sie keine Angst vor Fehlern oder kurzfristigen Rückschlägen. Alle Leitsysteme erreichen ihr Ziel durch negatives Feedback: Sie gehen vorwärts, machen Fehler und korrigieren ihren Kurs.

4. Jede Fähigkeit wird durch Versuch und Irrtum erlernt. Nach einem Fehler wird das Ziel korrigiert, bis man auf der Erfolgsstraße ist. Dann lernt man weiter dazu, erzielt Erfolge, indem man frühere Fehler vergisst und sich an die erfolgreiche Reaktion erinnert, damit sie wiederholt werden kann.

5. Sie müssen lernen, darauf zu vertrauen, dass der kreative Mechanismus seine Arbeit erledigt. Sie sollten ihn nicht »behindern«, indem Sie sich zu viele Sorgen machen oder ängstlich darauf schielen, ob er auch wirklich funktioniert. Oder indem Sie ihn durch bewusstes Bemühen weiter anzukurbeln versuchen. Lassen Sie ihn »geschehen«, statt ihn zur Arbeit zu zwingen. Dieses Vertrauen ist nötig, weil Ihr kreativer Mechanismus unterhalb der Bewusstseinsebene arbeitet. Sie können nicht »wissen«, was unter der Oberfläche abläuft. Denn dieser Mechanismus reagiert *spontan* auf *konkrete Erfordernisse.* Es gibt also auch keine Garantien. Der Mechanismus wird aktiv, sobald Sie handeln und ihm durch Ihr Handeln signalisieren, dass er sich »einschalten« muss. Sie müssen sich nicht erst überzeugen, dass er auch bestimmt funktioniert, damit Sie zur Tat schreiten können: Handeln Sie einfach mit der Gewissheit, dass Sie sich auf ihn verlassen können. Dann wird er unweigerlich aktiv. »Packen Sie es an und Sie werden die Kraft dazu haben«, meinte Emerson.

## Wichtige Erkenntnisse

Füllen Sie diese Zeilen bitte aus.

1. ______________________________

2. ______________________________

3. ______________________________

4. ______________________________

5. ______________________________

## Meine eigene Fallgeschichte

Schreiben Sie eine Erfahrung aus Ihrer Vergangenheit auf, für die die hier vorgestellten Prinzipien eine schlüssige Erklärung liefern.

# 3
# IHRE VORSTELLUNGSKRAFT: DER ERSTE SCHLÜSSEL ZU IHREM ERFOLGSMECHANISMUS

Die Vorstellungskraft spielt in unserem Leben eine wichtigere Rolle, als die meisten Menschen vermuten würden.

Dies habe ich in meiner Praxis mehr als einmal erlebt. Besonders eindrücklich im Fall eines Patienten, der von seiner Familie buchstäblich gezwungen wurde, mich aufzusuchen. Der Mann war um die vierzig und unverheiratet. Tagsüber übte er seinen Brotberuf aus, abends sperrte er sich in seinem Zimmer ein. Nie ging er aus, nie unternahm er etwas. Er hatte schon viele ähnliche Jobs gehabt und schien es in keinem lange auszuhalten. Sein Problem: eine vergleichsweise große Nase und Ohren, die ein bisschen stärker abstanden als üblich. In seinen Augen sah er »hässlich« und »komisch« aus. Er glaubte, die Menschen, mit denen er Kontakt hatte, würden sich hinter seinem Rücken über ihn lustig machen, weil er so »merkwürdig« aussah. Diese fixe Idee wurde allmählich so beherrschend, dass er Angst hatte, sich in der Geschäftswelt zu bewegen und mit anderen Menschen auch nur zu reden. Selbst in seinen eigenen vier Wänden fühlte er sich nicht »sicher«. Der arme Mann bildete sich sogar ein, seine Familie würde sich seiner »schämen«, weil er nicht so wie andere aussah und war.

In Wirklichkeit lag aber keinerlei Missbildung vor. Er hatte eine »klassisch römische« Nase und seine Ohren waren zwar ein wenig größer als gewöhnlich, aber nicht auffälliger als bei anderen Leuten. In ihrer Verzweiflung brachten die Angehörigen ihn zu mir und wollten wissen, ob ich ihm helfen könne. Ich sah, dass er keine Operation brauchte ... sondern eher die Einsicht, dass seine Vorstellungskraft sein

Selbstbild so sehr unterminierte, dass er die Realität aus den Augen verloren hatte. Er war nicht hässlich. Die Leute hielten ihn weder für merkwürdig noch lachten sie über sein Aussehen. Tatsächlich war seine fixe Idee die Ursache seines Unglücks. Seine Vorstellungskraft hatte den automatischen Versagensmechanismus aktiviert und dieser lief auf Hochtouren – sehr zu seinem Nachteil. Glücklicherweise genügten wenige Sitzungen mit mir und die Hilfe seiner Familie, um ihm klarzumachen, dass die Macht seiner Vorstellung für sein Elend verantwortlich war. Es gelang ihm, ein stimmiges Selbstbild aufzubauen und sein Selbstvertrauen zu stärken, indem er seine Vorstellungskraft kreativ statt destruktiv einsetzte.

Dr. Maltz zeigt hier, dass wir immer Ziele haben und unsere Vorstellungskraft benutzen, ob wir uns dessen nun bewusst sind oder nicht. Wir setzen sie entweder kreativ oder destruktiv ein. Der entscheidende Punkt ist, sich klarzumachen, wie und wofür Sie Ihre Fantasie einsetzen – und das Tag für Tag zu verbessern.

Die schöpferische Vorstellungskraft ist nicht etwa Dichtern, Philosophen und Erfindern vorbehalten. Sie drückt vielmehr jeder unserer Handlungen den Stempel auf. Denn unsere Vorstellungkraft setzt das »Bild« unseres Ziels, an dessen Verwirklichung der automatische Mechanismus dann arbeitet. Wenn wir handeln oder nicht handeln, dann liegt das nicht am »Willen«, wie man gemeinhin glaubt, sondern an unserer Vorstellungskraft.

Ein Mensch handelt und fühlt immer im Einklang mit dem, was er für die *Wahrheit* über sich selbst *hält.*

Das ist ein grundlegendes Gesetz unseres Geistes. So sind wir programmiert.

Wenn wir bei einem hypnotisierten Menschen dieses simple Gesetz des Geistes in Aktion erleben, denken wir, dass hier übernatürliche Kräfte im Spiel sind. Doch was wir sehen, ist nur die normale Funktionsweise des menschlichen Gehirns und Nervensystems.

Wenn man einem hypnotisierten Menschen suggeriert, er befinde sich am Nordpol, wird er nicht nur zittern, sodass es *aussieht,* als fröre er. Sein Körper zeigt vielmehr genau die gleichen Reaktionen, als wäre er großer Kälte ausgesetzt, wie zum Beispiel Gänsehaut. Der gleiche Effekt ließ sich bei Studenten nachweisen, die bei vollem Bewusstsein waren. Man bat sie, sich *vorzustellen*, dass eine ihrer Hände in Eiswasser liegt. Eine Thermometermessung zeigte, dass in der betroffenen Hand die Temperatur tatsächlich sank. Sagen Sie einem Hypnotisierten, Ihr Finger sei ein glühend heißer Schürhaken, und er wird nicht nur zusammenzucken, wenn Sie ihn damit berühren. Sein kardiovaskuläres und sein lymphatisches System reagieren so, als wäre Ihr Finger tatsächlich ein glühender Schürhaken. Es zeigen sich Entzündungen und Verbrennungen auf der Haut. Bittet man Testpersonen bei vollem Bewusstsein, sich *vorzustellen*, dass eine Stelle an ihrer Stirn heiß wird, dann zeigen Messungen, dass die Hauttemperatur tatsächlich steigt.

Ihr Nervensystem kann zwischen einer *vorgestellten* und einer *realen Erfahrung* nicht unterscheiden. Es reagiert in jedem Fall auf die Information, die ihm das Vorderhirn liefert.

Ihr Nervensystem reagiert angemessen auf das, was Sie für wahr *halten*.

## Das Geheimnis der Hypnose

Theodore Xenophon Barber führte, am Lehrstuhl für Psychologie der American University in Washington und am Laboratory of Social Relations an der Universität Harvard, ausgiebige Forschungsarbeiten zur Hypnose durch. Im *Science Digest* schrieb er:

> *Wir haben festgestellt, dass die hypnotisierten Personen Außerordentliches nur dann vollbringen können, wenn sie davon überzeugt sind, dass die Worte des Hypnotiseurs wahr sind ... Hat der Hypnotiseur den Betroffenen so weit gebracht, dass er die Worte des Hypnotiseurs für wahre Aussagen hält, dann verhält der Betroffene sich anders, weil er anders denkt und glaubt.*
>
> *Das Phänomen der Hypnose schien immer geheimnisvoll, weil es schwer zu verstehen war, wie allein der Glaube ein für den Probanden derart unübliches Verhalten auslösen kann. Es schien immer so, als müsse es da mehr geben, irgendeine unbekannte Kraft, die am Werk war.*

*Doch die simple Wahrheit ist: Wenn ein Mensch überzeugt ist, dass er taub ist, dann verhält er sich so, als wäre er taub. Ist er überzeugt, dass er keinen Schmerz spüren kann, übersteht er Operationen ohne jede Narkose. Die geheimnisvolle Macht oder Kraft gibt es schlicht nicht.*[5]

Wenn wir darüber nachdenken, wird schnell klar, warum es gut ist, dass wir ganz nach dem handeln und empfinden, was wir für wahr halten.

## Die Wahrheit bestimmt Handeln und Verhalten

Gehirn und Nervensystem des Menschen sind so aufgebaut, dass sie automatisch und angemessen auf die Probleme und Herausforderungen der Umwelt reagieren. Wenn ein Mann beim Wandern im Wald einem Bären begegnet, muss er auch nicht erst innehalten und überlegen, dass nur ein flotter Sprint sein Überleben sichern kann. Er muss sich auch nicht erst entscheiden, sich zu fürchten. Beim Angstimpuls handelte es sich um eine automatische, der Situation angemessene Reaktion. Als Erstes regt sich der Impuls zu fliehen. Die Angst löst Mechanismen im Körper aus, die Muskeln unter Strom setzen, sodass der Bedrohte schneller laufen kann als je zuvor. Sein Herzschlag beschleunigt sich. Adrenalin wird ins Blut ausgeschüttet, das die Muskeln stimuliert. Alle nicht unbedingt nötigen Körperfunktionen werden heruntergefahren. Der Magen stellt seine Verdauungsarbeit ein und alles verfügbare Blut wird in die Muskeln gepumpt. Die Atmung wird schneller, sodass die Sauerstoffversorgung angekurbelt wird.

Das alles wissen wir und die meisten von uns haben es schon in der Schule gelernt. Was uns aber nicht so klar ist, ist die Tatsache, dass das Gehirn und das Nervensystem, die automatisch auf die Umwelt reagieren, uns gleichzeitig Informationen über sie zurückliefern. Tatsächlich macht man für die Reaktion des Mannes, der einem Bären begegnet, eher dessen »Gefühle« als seine Gedanken verantwortlich. In Wirklichkeit steht hinter seiner Reaktion eine *Idee* – Information aus der Außenwelt, die vom Vorderhirn bewertet wurde. Diese löst die sogenannten

5 »Could You Be Hypnotized?«, in: *Science Digest* vom Januar 1958.

emotionalen Reaktionen aus. Der eigentliche Auslöser war also die Idee, die *Überzeugung*, und nicht die Emotion – die letztlich das Resultat dieser Vorstellung war. Der Wanderer auf dem Waldweg reagierte auf das, was er über seine Umwelt *dachte*, was er *glaubte* oder sich *vorstellte*. Die »Botschaften«, die wir aus der Umwelt erhalten, bestehen aus Nervenimpulsen der verschiedenen Sinnesorgane. Diese Nervenimpulse werden im Gehirn dekodiert, interpretiert und bewertet. Sie werden uns in Form von Ideen oder Vorstellungen präsentiert. Letztlich reagieren wir also auf diese geistigen Bilder.

Sie handeln und fühlen nicht in Reaktion auf die tatsächlichen Gegebenheiten, sondern in Reaktion auf das Bild, das sich Ihr Geist davon gemacht hat. Sie haben bestimmte geistige Bilder von sich selbst, Ihrer Welt und den Menschen um Sie herum. Und Sie verhalten sich so, als wären diese Bilder die Wahrheit beziehungsweise die Wirklichkeit und nicht eine Repräsentation derselben.

Nehmen wir nur mal beispielsweise an, der Mann auf dem Waldweg begegnet keinem echten Bären, sondern einem Schauspieler im Bärenkostüm. Aber wenn er *glaubt*, der Schauspieler sei ein echter Bär, dann laufen im Nervensystem genau die gleichen Reaktionen ab. Oder nehmen wir an, er begegne einem großen, zottigen Hund, den er in seiner Panik für einen Bären hält. Auch hier würde er *automatisch* auf das reagieren, was er als wahr *ansieht*.

Daraus folgt: Wenn unsere Vorstellungen und geistigen Bilder über uns selbst verzerrt oder unrealistisch sind, dann wird unsere Reaktion auf die Umwelt ebenfalls unangemessen ausfallen.

## Warum wir uns lieber als erfolgreich sehen sollten

Die Erkenntnis, dass unser Handeln, unsere Gefühle und Verhaltensweisen das Ergebnis unserer geistigen Bilder und Überzeugungen sind, gibt uns den nötigen Hebel, den die Psychologie braucht, um eine Persönlichkeit wirklich zu verändern.

Durch diese Erkenntnis wird eine neue Pforte zum Erwerb neuer Fähigkeiten, zu Erfolg und Glück aufgestoßen.

Geistige Bilder verschaffen uns die Möglichkeit, neue Einstellungen zu »üben«, was wir ohne sie nicht könnten. Einmal mehr ist dies möglich, weil unser Nervensystem zwischen tatsächlicher und lebhaft vorgestellter Erfahrung nicht unterscheiden kann.

Wenn wir uns vorstellen, auf eine bestimmte Weise zu agieren, ist das fast, als würden wir wirklich so handeln. Dieses mentale Training hilft uns, unsere Fähigkeiten zu vervollkommnen.

In einem kontrollierten Experiment fand der Psychologe R. A. Vandell heraus, dass ein rein mentales Dart-Training, bei dem der Spieler vor der Zielscheibe sitzt und sich nur vorstellt, Pfeile zu werfen, die Zielgenauigkeit ebenso verbessert, als würde er tatsächlich Pfeile werfen.

*Research Quarterly* stellte ein Experiment vor, das die Effekte einer solchen rein mentalen Praxis auf die Verwandlung von Freiwürfen beim Basketball untersuchte. Eine Gruppe von Studenten, die über einen Zeitraum von 20 Tagen täglich Freiwürfe übte, wurde am ersten und letzten Tag geprüft.

Bei einer zweiten Gruppe wurden die Ergebnisse ebenfalls am ersten und letzten Tag festgehalten, es fand aber kein Training statt.

Eine dritte Gruppe wurde am ersten Tag geprüft. Dann stellten sich die Mitglieder jeden Tag für 20 Minuten vor, dass sie Freiwürfe übten. Wenn sie danebenwarfen, sollten sie sich vorstellen, wie sie ihren Wurf korrigierten.

Die erste Gruppe, die täglich 20 Minuten übte, konnte am letzten Tag eine Verbesserung um 24 Prozent vorweisen.

Die zweite Gruppe, die gar nicht übte, zeigte keinerlei Verbesserung.

Die dritte Gruppe, die nur mental geübt hatte, verbesserte ihr Ergebnis um 23 Prozent!

Randy Sullivan, Coach an einer Schule für Pitcher (Werfer), bat mich für seine Baseballspieler, die in Schul- und Universitätsmannschaften spielten, um Unterstützung bei dieser »mentalen Sache«. Nicht wenige hatten sich vorgenommen, den Ball mit 150 Stundenkilometern zu werfen. Randy meint: »Wenn ein Werfer nur wenige Stundenkilometer drunterliegt, dann ist es mehr eine mentale Angelegenheit, ob er an die gewünschte Marke herankommt.« Ich habe viele Spieler kennengelernt, die mit aller Kraft versuchten, beim Werfen diese 150 Stundenkilometer zu erreichen – und doch scheiterten. Nachdem ich ihnen aber einige Übungen zur Entspannung und kreativen Vorstellung beigebracht hatte, konnten sie ihren Körper tatsächlich vollkommen entspannen und warfen zum ersten Mal so schnelle Bälle. Danach hatte sich ihr Selbstbild auf diese Marke eingestellt, und sie hatten keine Probleme mehr, sie zu erreichen. 18 Monate, nachdem wir die Methoden der Psychokybernetik in Randys Schule eingeführt hatten, stieg die Anzahl der Spieler, die Bälle mit mehr als 150 Stundenkilometern werfen konnten, von 18 auf 98.

## Wie die Vorstellungskraft ein Schachturnier gewinnen half

Der *Reader's Digest* druckte einen Artikel aus *The Rotarian* nach, der von Joseph Phillips verfasst wurde: »Chess: They Call it a Game«. Phillips berichtet darin über den Schachweltmeister Capablanca, der seinen Gegnern so sehr überlegen war, dass Experten eine Niederlage für absolut unmöglich hielten. Und doch verlor er gegen einen vergleichsweise unbekannten Spieler namens Aljechin, den niemand auch nur ansatzweise für einen für Capablanca gefährlichen Gegner gehalten hatte.

Die Schachwelt reagierte verblüfft. Das muss man sich ungefähr so vorstellen, als würde ein Amateurboxer den Schwergewichtsweltmeister besiegen.

Phillips berichtete seinen Lesern, dass sich Aljechin auf das Spiel genauso vorbereitet hatte wie ein Boxer. Er zog sich aufs Land zurück, hörte auf mit Rauchen und Trinken und machte Calisthenics. »Drei Monate lang *spielte er nur im Kopf Schach* und bereitete sich auf den Moment vor, in dem er dem Champion gegenübersitzen würde.«

## Mentale Bilder helfen beim Verkauf

Charles B. Roth ist Autor von *Secrets of Closing Sales* (Das Geheimnis über Verkaufsabschlüsse). In einem seiner Bücher erzählt er, wie Vertreter in Detroit ihre Verkäufe um 100 Prozent steigerten, indem sie eine neue Idee ausprobierten. Eine andere Gruppe in New York steigerte ihre Verkäufe sogar um 150 Prozent. Und einzelne Vertreter erreichten mit dieser Methode sogar eine Steigerung um bis zu 400 Prozent.

Und was ist nun das große Geheimnis dieser Leute?

Eine Art Rollenspiel. Das sollten Sie sich ansehen, denn es kann auch Ihnen helfen, Ihre Verkäufe zu verdoppeln.

Was ist ein Rollenspiel?

Nun, man stellt sich vor, man befinde sich in verschiedenen Verkaufssituationen, die man dann im Geist löst. So lange, bis Sie mit Sicherheit wissen, was Sie sagen oder tun würden, wenn Sie dieser Situation im wirklichen Leben begegneten.

Footballspieler nennen dies »Hirntraining«.

Dass es so effektiv ist, liegt einfach daran, dass Verkaufen eine Frage der Reaktion auf die einzelnen Verkaufssituationen ist.

Wann immer Sie mit einem Kunden reden, ist dies eine solche Verkaufssituation. Er sagt etwas, stellt eine Frage oder erhebt einen Einwand. Wenn Sie stets wissen, wie Sie darauf reagieren können, dann schaukeln Sie Ihren Vertrag nach Hause.

Rollenspiele für Verkaufssituationen lassen sich gut abends üben, wenn man allein ist. Stellen Sie sich ruhig die verrücktesten Einwände vor, die ein Kunde vorbringen kann. Und arbeiten Sie an Ihrer besten Reaktion darauf ...

Ganz egal, um welche Situation es geht, Sie können diese vorab einstudieren, indem Sie sich vorstellen, wie Sie auf die Einwände reagieren, Lösungen finden und auf die bestmögliche Weise mit alldem umgehen.

## Mentale Bilder verhelfen zu einem besseren Job

William Moulton Marston ist Psychologe, Anwalt und Erfinder. (Man kennt ihn vielleicht besser unter dem Namen »Charles Moulton«, der nichts weniger als der Erfinder von Wonder Woman ist.) Er empfahl all seinen Klienten, die einen besseren Job suchten, sogenannte »Generalproben«. Wenn Sie ein Vorstellungsgespräch zu absolvieren hatten, dann lautete sein Rat: Planen Sie das Gespräch im Voraus. Gehen Sie im Kopf alle Fragen durch, die Ihnen möglicherweise gestellt werden. Denken Sie über die Antworten nach, die Sie geben müssen. Und dann machen Sie im Geist die »Generalprobe«. Selbst wenn keine der Fragen, auf die Sie sich vorbereitet haben, tatsächlich gestellt wird, wirkt die Generalprobe Wunder. Sie gibt Ihnen nämlich Selbstvertrauen. Obwohl es im wirklichen Leben keinen Text gibt, den Sie üben könnten, wird die Generalprobe Ihnen helfen, spontan zu reagieren, welche Situation sich auch immer ergeben mag – denn Sie haben es schließlich *eingeübt*, spontan zu sein.

»Spielen Sie nicht den Schmierenkomödianten«, meinte Marston und erklärte, dass wir im Leben schließlich immer *irgendeine* Rolle spielen. Warum sich also nicht für die richtige Rolle, die eines erfolgreichen Menschen, entscheiden – und sie einüben?

In *Your Life* schreibt Marston: »Häufig beruht der nächste Karriereschritt einfach darauf, dass Sie in Ihrem Beruf Erfahrung sammeln, damit Sie diesen auch wirklich gut erledigen können. Ein Bluff kann Ihnen die Tür zu einem Job öffnen, von dem Sie keine Ahnung haben, doch in neun von zehn Fällen fliegen Sie raus, wenn sich zeigt, dass Sie keinerlei Erfahrung haben. Es gibt nur einen Weg, praktisches Wissen zu erlangen, das über Ihre aktuelle Stellung hinausgeht: Üben Sie die Rolle immer wieder ein.«

## Ein Konzertpianist übt »im Kopf«

Artur Schnabel, weltweit bekannter Konzertpianist, lernte nur etwa sieben Jahre lang Klavier. Er hasste das Üben und setzte sich nur selten zu dem Zweck ans Klavier. Als man ihn fragte, weshalb er so gut spiele, obwohl er im Vergleich zu anderen Pianisten nur selten übte, antwortete er: »Ich übe im Kopf.«

C. G. Kop, ein bekannter Klavierlehrer aus Holland, empfiehlt allen Pianisten, »im Geist zu üben«. Ein neues Stück sollte man zuerst im Kopf durchgehen, bis man es vollständig verinnerlicht hat. Erst dann sollte der Pianist sich tatsächlich ans Klavier setzen.

Clayton, ein Geigenvirtuose, war überzeugt, dass er sich von der Bühne zurückziehen sollte. Der Hauptgrund dafür war eine Verletzung am Handgelenk. Es fiel ihm schwerer zu üben, und das belastete Clayton sehr. Wie sollte er weiterhin gut bleiben, wenn er nicht mehr üben konnte? In einer Coachingsitzung schlug ich ihm vor, Geige zu üben ohne seine Geige. Was er tat. Eine Woche später gab er das beste Konzert seines Lebens. Er war so begeistert von seiner Vorstellung, dass er den Plan, sich von der Bühne zu verabschieden, fallen ließ.

## Kreative Vorstellung verbessert Ihr Golfspiel

Das *Time-Magazin* berichtete, dass der Golfchampion Ben Hogan bei jedem Turnier den anstehenden Schlag im Geist durchspielte, bevor er den Schläger hob. Er stellte sich den perfekten Schlag vor: Er »fühlte«, wie der Schläger den Ball genau richtig traf, »fühlte«, wie die Bewegung perfekt durch seinen Körper ging. Dann trat er an den Ball heran und verließ sich auf das, was er selbst »Muskelgedächtnis« nannte, damit dieses den Schlag genauso ausführte, wie er ihn sich vorgestellt hatte.

Alex Morrison, zu jener Zeit wahrscheinlich der bekannteste Golflehrer weltweit, hat ein System zur mentalen Golfpraxis entwickelt. Es versetzt Sie in die Lage, Ihr Golfspiel zu verbessern, indem Sie sich gemütlich in einem Sessel niederlassen und im Geist üben, was er selbst die »Seven Morrison Keys« nannte. Seiner Ansicht nach ist beim Golf die mentale Seite für 90 Prozent des Spielerfolgs verantwortlich, die körperliche nur für 8 Prozent und die mechanische für ganze 2 Prozent. In seinem (mittlerweile vergriffenen) Buch *Better Golf Without Practice* erzählt Morrison, wie er den Comedian Lew Lehr dazu brachte, einen Platz mit nur 90 Schlägen zu spielen, ohne auch nur einmal mit ihm auf den Golfplatz gegangen zu sein.

Morrison ließ Lehr in einem bequemen Sessel in seinem Wohnzimmer Platz nehmen. Er bat ihn, sich zu entspannen, während er ihm den korrekten Schwung vorführte und ihm eine kurze Einführung in die Morrison Keys gab. Dann stellte er Lehr die eigentliche Aufgabe: Er sollte nicht auf dem Platz trainieren, sondern sich jeden Tag fünf Minuten in seinem Sessel entspannen und sich bildhaft vorstellen, wie er die Keys korrekt ausführte.

Einige Tage später – Lehr hatte nicht auf dem Platz geübt – ging er mit seinen vier Freunden Golf spielen und erstaunte sie, weil er neun Löcher par spielte.

Das Herzstück des Morrison-Systems ist: Du brauchst ein klares mentales Bild der korrekten Ausführung, bevor du diese tatsächlich zustande bringst. Mit seiner Methode brachte Morrison Paul Whiteman und vielen anderen berühmten Golfern bei, wie sie ihren Score um 10 bis 12 Schläge verringern konnten.

Johnny Bulla, ebenfalls ein bekannter Profi-Golfer, schrieb in einem Zeitschriftenartikel, ein klares Bild zu haben, wo der Ball hingehen und wie er sich genau verhalten soll, sei im Golf wichtiger als der *Bewegungsablauf*. Die meisten Profigolfer, meint Bulla, hätten in ihrem Bewegungsablauf den ein oder anderen Fehler. Und doch spielen sie gutes Golf. Bullas Theorie war: Wenn Sie sich das Endresultat vorstellen können – also *sehen*, wie sich der Ball genau dorthin bewegt, wo Sie ihn haben wollen – und die sichere Gewissheit besitzen, dass der Ball Ihrer Vorstellung »gehorchen« wird, dann würde das Unbewusste übernehmen und die Muskeln korrekt steuern. Selbst wenn Ihr Griff und Ihre Haltung nicht optimal wären, würde Ihr Unbewusstes trotzdem dafür sorgen, dass die Muskeln diese Fehler im Bewegungsablauf ausglichen.

## Das eigentliche Geheimnis geistiger Bilder

Erfolgreiche Männer und Frauen nutzen seit Anbeginn der Zeit »mentale Bilder« und »Übungen im Geist« für ihren Erfolg. Napoleon spielte Kampfhandlungen jahrelang im Kopf durch, bevor er zum ersten Mal tatsächlich in die Schlacht zog. Webb und Morgan schreiben in ihrem Buch *Making the Most of Your Life*: »Die Notizen, die Napoleon sich in diesen Jahren zu seiner Lektüre machte, umfassten gedruckt mehr als 400 Seiten. Er stellte sich selbst als Kommandeur vor, zeichnete Karten von der Insel Korsika, die zeigten, wie er die Insel verteidigen würde. Und seine Berechnungen führte er mit mathematischer Präzision aus.«

Conrad Hilton stellte sich vor, wie er ein Hotel führen würde, bevor er dann tatsächlich eines erwarb. Schon als Junge spielte er Hotelmanager.

Auch Henry John Kaiser meint, dass er seine geschäftlichen Erfolge stets geistig vorwegnahm, bevor er sie tatsächlich erreichte.

Kein Wunder also, dass die Kunst der *kreativen Vorstellung* in früheren Zeiten für »Magie« gehalten wurde.

Die neue Wissenschaft der Kybernetik zeigt uns, weshalb die kreative Vorstellung so erstaunliche Resultate hervorbringt, die keineswegs auf »Magie« zurückgehen. Vielmehr gründen sie auf der natürlichen, normalen Funktion unseres Gehirns und Geistes.

Die Kybernetik betrachtet das menschliche Gehirn, Nerven- und Muskelsystem als hochkomplexen Servomechanismus: eine automatisch ihr Ziel ansteuernde Maschine, die dazu Feedbackdaten und gespeicherte Informationen auswertet und, wenn nötig, ihren Kurs korrigiert.

Wie bereits gesagt: Das soll nun nicht heißen, dass Sie eine Maschine sind. Sondern dass Ihr Gehirn und Ihre Körperfunktionen Maschinen sind, die Sie bedienen.

Der automatische kreative Mechanismus in Ihnen kann nur auf eine Weise funktionieren. Er muss ein Ziel haben, das er ansteuern kann. Und wie Alex Morrison sagt: Wenn Sie Ihr Ziel klar im Geist vor sich sehen, übernimmt der kreative Erfolgsmechanismus in Ihnen und erledigt diese Aufgabe besser, als Sie dies mit bewusster Anstrengung und Willenskraft zustande bringen würden.

Statt sich mit eiserner Willenskraft bewusst zu mühen und sich gleichzeitig sorgenvoll auszumalen, was alles schiefgehen könnte, entspannen Sie sich, geben alles angestrengte *Tun* auf, stellen sich Ihr Ziel exakt vor und überlassen Ihrem kreativen Erfolgsmechanismus die Arbeit. Wenn Sie das gewünschte Endergebnis klar vor sich sehen, müssen Sie »positiv denken«. Und Sie müssen auch weiterhin Energie investieren, um Ihr Ziel zu erreichen, aber diese Anstrengung trägt Sie jetzt auf Ihr Ziel zu, statt wirkungslos zu verpuffen, weil Sie auf der einen Seite etwas *wollen* und *versuchen*, sich aber auf der anderen Seite genau das Gegenteil vorstellen.

## Entdecken Sie Ihr bestes Selbst

Derselbe kreative Mechanismus hilft Ihnen, Ihr bestmögliches Selbst zu sein, wenn Sie sich ausmalen, wie Sie sein möchten, und sich selbst in dieser neuen Rolle sehen. Das ist eine notwendige Voraussetzung für jeden persönlichen Wandel, ganz egal, welche therapeutische Methode angewandt wird. Bevor ein Mensch sich ändern kann, muss er sich in seiner neuen Rolle *sehen*.

Edward McGoldrick, der in den 1940ern das New York's Alcoholic Therapy Bureau gründete, setzte diese Technik ein, um Alkoholiker von ihrem Trinkerselbst zu einem neuen Ich zu führen. Seine Patienten sollten einmal täglich die Augen schließen, ihren Körper weitgehend entspannen und einen »geistigen Film« ablaufen lassen, in dem sie sich als die Menschen sahen, die sie sein wollten – nüchterne, verantwortungsbewusste Menschen. Sie sahen sich buchstäblich zu, wie sie ihr Leben ohne Alkohol genossen.

Ich meinerseits wurde Zeuge von wahren Wundern, sobald Patienten ihr Selbstbild veränderten. Dabei entdecken wir gerade erst das kreative Potenzial der menschlichen Vorstellungskraft, vor allem, was das Selbstbild angeht. Zum Beispiel in diesem Artikel, der bei *Associated Press* erschien.

### Stellen Sie sich vor, Sie wären geistig vollkommen gesund

*SAN FRANCISCO. Zwei Psychologen der Veterans Administration in Los Angeles behaupten, dass Menschen, die unter psychischen Problemen leiden, ihr Los verbessern und ihren Krankenhausaufenthalt deutlich verkürzen können, wenn sie sich vorstellen, normal zu sein.*

*Harry M. Grayson und Leonard B. Olinger stellten bei einem Vortrag vor der American Psychological Association ihre Resultate vor: Sie hatten mit 45 Männern gearbeitet, die aufgrund neuro-psychiatrischer Störungen in die Klinik eingewiesen wurden.*

*Zunächst absolvierten die Patienten den üblichen Persönlichkeitstest. Dann sollten sie den Test ein weiteres Mal machen, nur dieses Mal mit der Vorstellung, sie seien »ein durchschnittlicher, äußerlich gut angepasster Mensch«.*

*Drei Viertel der Männer erzielten hierbei bessere Testergebnisse. Einige der Veränderungen zum Besseren waren absolut erstaunlich, wie die beiden Psychologen feststellten.*

*Damit die Patienten die Fragen so beantworten konnten, als wären sie »ein durchschnittlicher, äußerlich gut angepasster Mensch«, mussten sie sich erst einmal vorstellen, wie eine solche Person agieren und reagieren würde. Und sie mussten sich selbst in der Rolle des gut Ange-*

*passten sehen. Das allein war schon genug, dass die Befragten anfingen, sich wie ein solcher Mensch zu verhalten und zu fühlen.*

Vor diesem Hintergrund ist es nur zu verständlich, dass Albert Edward Wiggam, Autor von *Marks of a Clear Mind* und anderer Bücher, das Selbstbild als »die stärkste Kraft in Ihnen« bezeichnet.

## Entdecken Sie die Wahrheit über sich selbst

Das Ziel der Selbstbild-Psychologie ist nicht, ein fiktives Selbst zu entwerfen, das allmächtig, arrogant, egoistisch und aufgeblasen ist. Dieses Bild wäre genauso unangemessen und unrealistisch wie das Bild eines ständig scheiternden Selbst. Unser Ziel ist es, das *wahre Selbst* zu finden und unser mentales Selbstbild in Einklang zu bringen mit unseren Zielen. Unter Psychologen ist es wohlbekannt, dass die meisten Menschen sich unterschätzen, sich zu billig und weit unter Wert verkaufen. Tatsächlich gibt es keinen »Überlegenheitskomplex«.[6] Menschen, die ihn zu haben scheinen, sehen sich in Wirklichkeit als unterlegen an. Ihr »überlegenes Selbst« ist eine Fiktion, mit der sie, sich selbst und anderen gegenüber, ihre tiefsitzenden Gefühle der Unsicherheit kaschieren wollen.

Wie aber entdecken Sie nun die Wahrheit über sich selbst? Wie finden Sie zu einer richtigen Selbsteinschätzung? Meiner Ansicht nach sollte die Psychologie sich hier von der Religion inspirieren lassen. In der Heiligen Schrift heißt es, Gott habe den Menschen »nur ein wenig geringer als Gott« geschaffen und ihn »als Herrscher eingesetzt über das Werk« seiner Hände. Gott hat den Menschen also nach seinem Bild geschaffen. Wenn wir an einen allwissenden, allmächtigen und liebenden Schöpfer glauben, dann sollten wir daraus auch ableiten, als was er uns Menschen geschaffen hat. Solch ein allwissender und allmächtiger Gott würde kein minderwertiges Geschöpf erschaffen, genauso wenig wie ein meisterhafter Maler schlechte Bilder malen würde. Solch ein Schöpfer würde sein Geschöpf nicht für Misserfolg und Scheitern erschaffen, genauso wenig wie ein Autobauer ein fehlerhaftes Fahrzeug

6 A. d. Ü.: Der Begriff wurde von Alfred Adler geprägt und bildet den Gegensatz zum »Minderwertigkeitskomplex«.

auf die Straße schicken würde. Tiefgläubige Menschen sagen uns, des Menschen Lebenssinn sei es, »Gott zu preisen«. Die Humanisten halten dagegen, dass es seine vornehmste Aufgabe ist, »sich selbst voll und ganz auszudrücken«.

Wenn wir jedoch von der Prämisse ausgehen, dass Gott ein liebender Schöpfer ist und an seiner Schöpfung den gleichen Anteil nimmt wie ein irdischer Vater an seinen Kindern, dann sagen Gläubige und Humanisten letztlich dasselbe. Denn was würde einem Vater mehr Stolz und Befriedigung verschaffen, als wenn seine Nachkommen Erfolg hätten, weil sie ihren Talenten Ausdruck verleihen? Haben Sie je mit dem Vater eines Footballstars ein Match im Fernsehen angesehen? Im Evangelium heißt es auch, wir sollten unser Licht nicht unter einen Scheffel stellen, sondern: »So soll euer Licht vor den Menschen leuchten, damit sie eure guten Werke sehen und euren Vater im Himmel preisen.« (Matthäus 5,16) Ich glaube nicht, dass es Gott zur Ehre gereichen würde, wenn seine Kinder betrübt und elend herumschleichen und Angst haben, ihr Haupt zu erheben und »jemand zu sein«.

Oder wie der bekannte Theologe Leslie D. Weatherhead, Autor von *The Will of God* in *Prescription for Anxiety* schreibt:

> *Wenn [...] wir im Kopf ein Bild von uns als angstgetriebene Kreatur, als Niemand und Verlierer haben, dann müssen wir dieses Bild auf der Stelle loswerden und stattdessen unser Haupt erheben. Das ist ein falsches Bild, und das Falsche muss verschwinden. Gott sieht uns als Männer und Frauen, durch die er große Werke vollbringen kann. Er sieht uns als gelassen, voller Selbstvertrauen und Fröhlichkeit. Er betrachtet uns nicht als armselige Opfer des Lebens, sondern als Meister der Lebenskunst. Nicht als Menschen, die Mitleid brauchen, sondern als Personen, die anderen helfen und daher immer weniger an sich denken. Er sieht uns voll Liebe und Lachen und dem Wunsch zu dienen, nicht voller Sorge über uns selbst ... Richten wir unseren Blick doch auf unser wahres Selbst, das sich einstellt, sobald wir an seine Existenz glauben. Wir müssen die Möglichkeit des Wandels erkennen und an das Selbst glauben, das wir werden können. Das alte Gefühl der Wertlosigkeit und des Versagens muss verschwinden. Es ist falsch, und wir sollen nicht glauben, was falsch ist.*

## Übung

»Halten Sie lange und stetig ein Bild von sich selbst vor Ihrem geistigen Auge und Sie werden sich in die Richtung dieses Bildes entwickeln«, sagt Harry Emerson Fosdick, ein bekannter Geistlicher. »Stellen Sie sich lebhaft vor, dass Sie scheitern werden, und dies allein wird Ihren Sieg unmöglich machen. Malen Sie sich lebhaft als Gewinner aus, und dies allein wird zu Ihrem Erfolg unendlich viel beitragen. Ein wunderbares Leben beginnt mit einem Bild, das Sie in Ihrer Vorstellung lebendig halten, dem Bild dessen, was Sie zu sein oder zu tun wünschen.«

Ihr aktuelles Selbstbild beruht auf Vorstellungen aus Ihrer Vergangenheit, auf Interpretationen und Einschätzungen Ihrer Erfahrungen. Mithilfe der gleichen Methode, mit der Sie ein unpassendes Selbstbild aufgebaut haben, werden Sie nun ein stimmiges Selbstbild aufbauen.

Nehmen Sie sich jeden Tag ein halbe Stunde Zeit, in der Sie allein und ungestört üben können. Entspannen Sie sich. Machen Sie es sich so bequem wie möglich. Schließen Sie die Augen und lassen Sie Ihrer Vorstellungskraft freien Raum.

Manche Menschen erzielen bessere Resultate, wenn sie sich vorstellen, vor einer Leinwand zu sitzen, auf der ein Film über sie selbst abläuft. Das Wichtigste ist, dass diese Bilder so lebendig und detailliert sind wie nur möglich. Ihre geistigen Bilder sollen sich der tatsächlichen Erfahrung so weit annähern wie nur irgend möglich. Achten Sie auf jedes kleine Detail, auf das, was Sie in Ihrer Vorstellung sehen und hören können, auf die Gegenstände, die sich zeigen. Eine meiner Patientinnen überwand mit dieser Übung ihre Angst vor dem Zahnarzt. Erst hatte sie keinen Erfolg, bis sie in ihr Vorstellungsbild jede noch so kleine Einzelheit einfügte – den Geruch nach Antiseptikum in der Praxis, das Gefühl des Leders auf der Armlehne, das Bild, wie die manikürten Hände des Zahnarztes sich ihrem Mund näherten et cetera. Die Details der imaginierten Umgebung sind bei dieser Übung wichtig, denn Sie wollen ja eine praktische Erfahrung schaffen. Nur wenn die Vorstellung lebendig und detailliert genug ist, entspricht sie einer aktuellen Erfahrung – zumindest soweit es Ihr Nervensystem angeht.

Der nächste Punkt ist, dass Sie während dieser 30 Minuten sich selbst sehen, wie Sie auf optimale Weise erfolgreich agieren und reagieren. Es ist nicht wichtig, wie Sie sich gestern verhalten haben. Sie müssen nicht versuchen zu glauben, dass Sie morgen auf optimale Weise handeln werden. Ihr Nervensystem schafft das ganz allein, wenn es an der Zeit ist – wenn Sie nur regelmäßig üben.

Sehen Sie sich zu und erleben Sie, wie es ist, so zu handeln, zu fühlen und zu »sein«, wie Sie das wollen. Sagen Sie sich nicht: »Ich werde morgen so handeln.« Machen Sie sich vielmehr klar: »Ich stelle mir vor, wie ich jetzt so handeln werde – heute für 30 Minuten.« Stellen Sie sich vor, wie Sie sich fühlen würden, wenn Sie schon die Persönlichkeit wären, die Sie werden wollen. Wenn Sie schüchtern und gehemmt waren, sehen Sie sich zu, wie Sie locker mit anderen Menschen umgehen und sich dabei gut fühlen. Wenn Sie in bestimmten Situationen ängstlich sind, dann sehen Sie sich zu, wie Sie gelassen und ruhig agieren, voller Selbstvertrauen und Mut – und wie Sie sich dabei sicher fühlen.

Diese Übung schafft neue »Erinnerungen«, neue Daten, die in Ihrem Mittelhirn und Nervensystem gespeichert werden. So entsteht Ihr neues Selbstbild. Nachdem Sie das eine Weile geübt haben, werden Sie selbst überrascht feststellen, dass Sie beinahe automatisch und spontan »anders auftreten« – ohne sich darum bemühen zu müssen. So soll es auch sein. Sie müssen es nicht versuchen, Sie müssen sich nicht anstrengen, wobei Sie sich nur als Versager fühlen würden. Ihr Gefühl des Versagens ist eine automatische, spontane Reaktion, die auf realen und imaginierten Erinnerungen beruht, die zur Entstehung dieses automatischen Mechanismus geführt haben. Aber Sie werden feststellen, dass dieser Mechanismus genauso zuverlässig funktioniert, wenn Sie negative durch positive Gedanken und Erfahrungen ersetzen.

---

Manche Menschen, die mit den Prinzipien der Psychokybernetik arbeiten, zweifelten anfangs daran, dass sie sich jeden Tag 30 Minuten lang ausmalen könnten, wer sie sein wollten. Sie hatten auch Schwierigkeiten damit, ein Ziel klar vorzustellen. Und wenn sie endlich ein geistiges Bild erzeugt hatten, fing ihr Geist an abzuschweifen, wofür sie sich verurteilten.

Aber wie alles andere erfordert auch die Selbstbild-Vorstellung einiges an Übung. Oder wie der Olympiasieger und Coach Dan Gable meinte: »Die einzige Tätigkeit, bei der du ganz oben anfangen kannst, ist beim Graben eines Loches.«[7] Nur weil das geistige Bild anfangs

7 A. d. Red.: »The only job where you start at the top is digging a hole« ist ein beliebter Geschäftswitz, der mindestens seit den 1920er-Jahren in gedruckter Form zitiert wird. Die Urheberschaft ist nicht bekannt.

noch nicht klar ist, heißt das nicht, dass es nicht mit jeder Übung klarer, lebendiger, detailgenauer und machtvoller wird.

Zu Anfang sollten Sie Ihren Körper auf Verspannungen »scannen«. Entspannen Sie bewusst Ihren Kopf, Ihren Rumpf, Ihre Mitte, Ihre Beine und so weiter. Auch wenn sich das komisch anhört: Erlauben Sie sich, Ihrem Körper und Ihrem Geist »zuzulächeln«, denn das hilft bei der Entspannung. Sobald die muskulären Spannungen sich lösen, konzentrieren Sie sich auf den Atem. Folgen Sie geistig dem ein- und ausströmenden Atem. Atmen Sie negative Energie aus, lassen Sie sich von positiver Energie erfüllen.

Danach richten Sie Ihre Aufmerksamkeit auf die Vergangenheit. Suchen Sie eine »erfolgreiche« Erinnerung auf, eine Gelegenheit, bei der Sie etwas gut gemacht haben. Das können einfache Dinge sein, zum Beispiel, wie Sie als Kind zum ersten Mal Ihre Schnürsenkel binden oder Ihren Namen schreiben konnten. Wann das war, ist nicht wichtig. Auch nicht, ob es ein »großer« Erfolg war. Es geht einzig darum, dass diese Erinnerung jetzt in Ihnen ein positives, glückliches Wohlgefühl auslöst. Spielen Sie die Erinnerung wieder und wieder ab, tauchen Sie ganz darin ein. Dann lenken Sie Ihre Aufmerksamkeit auf die Zukunft und stellen sich vor, dass Sie auch da dieses angenehme Gefühl erleben. Gehen Sie emotional auf das zu, was Sie vor Ihrem geistigen Auge sehen. Wenn Ihr Geist anfängt abzuschweifen, nehmen Sie sich das nicht übel. Entspannen Sie sich und kehren Sie zu Ihrem lebendigen Bild zurück. Das machen Sie jedes Mal, wenn Ihr Geist herumzuschweifen beginnt. Kein Problem.

Und was die 30 Minuten angeht: Sie können vielleicht mit 5 oder 10 Minuten anfangen. Auch Visualisierungen, die »nur« 10 bis 15 Minuten dauern, erzielen erstaunliche Erfolge.

Der entscheidende Punkt ist, täglich zu üben. Sobald Sie diese Übung verinnerlicht haben und die Resultate sehen und fühlen können, wird es Ihnen leichtfallen, auch länger zu üben.

## Wichtige Erkenntnisse

Füllen Sie diese Zeilen bitte aus.

1. ____________________

2. ____________________

3. ____________________

4. ____________________

5. ____________________

## Meine eigene Fallgeschichte

Schreiben Sie eine Erfahrung aus Ihrer Vergangenheit auf, für die die hier vorgestellten Prinzipien eine schlüssige Erklärung liefern.

# 4

# ENTHYPNOTISIEREN SIE SICH VON IHREN FALSCHEN VORSTELLUNGEN

Der Psychotherapeut Alfred Adler war der Begründer der Individualpsychologie. Schon als Kind erfuhr er, wie stark sich der eigene Glaube auf Verhalten und Fähigkeiten auswirkt. Er war anfangs nicht besonders gut in Mathematik. Seine Lehrerin war überzeugt, dass er »in mathematischen Dingen unfähig« war. Dies sagte sie auch den Eltern und meinte, sie sollten keine allzu großen Erwartungen an ihren Sohn stellen. Die Eltern waren also ebenfalls von seinem mangelnden mathematischen Talent überzeugt. Adler nahm dieses Urteil widerspruchslos hin. Und seine Noten bewiesen, dass alle damit recht hatten. Eines Tages aber hatte er eine Eingebung: Er sah, wie sich die Aufgabe vorne an der Tafel lösen ließe – und wie kein anderer Schüler das begriff. Adler meldete sich und sagte, er wisse die Lösung. Die Lehrerin und die ganze Klasse lachten ihn aus. Darauf marschierte er wütend zur Tafel und löste zum Erstaunen aller die Aufgabe. Dabei erkannte er, dass er Mathematik sehr wohl verstand. Er lernte, auf diese Fähigkeit zu vertrauen, und wurde ein guter Matheschüler.

Adlers Erfahrung ähnelt der, die einer meiner Patienten machte. Er war Geschäftsmann und wollte lernen, wie er frei vor Publikum sprechen konnte, denn er glaubte, einigen Fachleuten von seinen Erfolgen auf einem schwierigen Gebiet berichten zu müssen. Er hatte eine gute Stimme und ein wichtiges Thema, aber er war unfähig, vor Fremde hinzutreten und seine Botschaft zu vermitteln. Was ihn blockierte, war sein Glaube, er könne keine gute Rede halten und sein Publikum nicht beeindrucken, weil er keine eindrucksvolle Persönlichkeit habe. Er »sah nicht aus wie ein erfolgreicher Manager«. Dieser Glaube war so tief in ihm verankert, dass er ihn jedes Mal hemmte, wenn er irgendwo das Wort ergriff. Fälschlicherweise nahm er an, dass er, wenn er durch eine Operation sein Aussehen verbesserte, das nötige Selbstvertrauen bekommen würde. Tatsächlich könnte eine Operation funktionieren, aber eben auch nicht ... Meine Erfahrung mit anderen Patienten hatte gezeigt, dass die körperliche Veränderung nicht zwingend die persönliche nach sich zog. Bei diesem Mann löste sich das Problem, als er einsah, dass nur seine negative Überzeugung ihn daran hinderte, die wichtigen Informationen weiterzugeben, über die er verfügte. Er ersetzte diese negative Auffassung durch den Gedanken, dass er eine extrem wichtige Botschaft zu verkünden hatte, die außer ihm niemand kannte, ganz egal, wie er aussah. Bald war er einer der beliebtesten Vortragsredner in der Kunst der Unternehmensführung. Und die einzige notwendige Veränderung betraf seine Überzeugungen und sein Selbstbild.

Was ich damit sagen möchte: Adler war von seiner falschen Auffassung über sich selbst *hypnotisiert.* Nicht im übertragenen Sinne, sondern wortwörtlich und ganz real hypnotisiert. Erinnern Sie sich noch, was wir im letzten Kapitel sagten: Die Macht der Hypnose ist die Macht des Glaubens. Daher möchte ich hier noch einmal die Worte von Barber wiederholen: »Wir haben festgestellt, dass die hypnotisierten Personen Außerordentliches nur dann vollbringen können, wenn sie davon überzeugt sind, dass die Worte des Hypnotiseurs wahr sind ... Hat der Hypnotiseur den Betroffenen so weit gebracht, dass er die Worte des Hypnotiseurs für *wahre Aussagen* hält, dann verhält der Betroffene sich anders, weil er anders *denkt* und *glaubt.*«

Vor allem eines sollten Sie sich gut einprägen: Es ist nicht wichtig, wie Sie auf diese Vorstellung gekommen sind beziehungsweise woher sie stammt. Vermutlich sind Sie nie einem professionellen Hypnotiseur begegnet oder wurden je wirklich hypnotisiert. Aber wenn Sie eine Vorstellung übernommen haben – von sich selbst, Ihren Lehrern, Eltern, Freunden oder aus der Werbung beziehungsweise aus anderen Quellen – und fürderhin von der *Wahrheit* dieser Idee *überzeugt* sind, dann hat diese über Sie die gleiche Macht, wie ein Hypnotiseur sie über den Hypnotisierten ausübt.

Die Wissenschaft hat bewiesen, dass Adlers Erfahrung keineswegs eine Ausnahme war, sondern typisch ist für Kinder, die schlechte Noten bekommen. In Kapitel 1 haben wir erfahren, wie Prescott Lecky die Leistungen von Schülern geradezu wunderbar steigerte, indem er ihnen zeigte, wie sie ihr Selbstbild verbessern konnten. Nach Tausenden von Experimenten und vielen Jahren der Forschung kam Lecky zu dem Schluss, dass schlechte Schulnoten in beinahe jedem Fall auf das »Selbstkonzept« und die »Selbstdefinition« der Schüler zurückgingen. Diese Schüler waren buchstäblich hypnotisiert von Vorstellungen wie »Ich bin dumm«, »Ich habe eine schwache Persönlichkeit«, »Ich bin mies in Mathe« oder »Ich bin schlecht in Rechtschreibung«, »Ich bin hässlich« und »Ich habe zwei linke Hände«. Mit einem solchen Selbstbild muss der Schüler ja schlechte Noten bekommen, um sich selbst treu zu bleiben. Unbewusst werden die schlechten Noten so eine »Frage der Moral«. Aus seiner Sicht wäre es genauso falsch, gute Noten zu bekommen, wie es falsch wäre zu stehlen, wenn er sich als ehrlichen Menschen sieht.

## Der Fall des hypnotisierten Vertreters

In seinem Buch *Secrets of Successful Selling* erzählt John D. Murphy, wie »America's Greatest Salesman« Elmer Wheeler Leckys Theorie anwandte, um das Einkommen eines Vertreters zu steigern.

*Elmer Wheeler wurde als Berater in ein Unternehmen gerufen. Der Verkaufsdirektor stellte ihm einen besonderen Fall vor. Ein bestimmter Vertreter schaffte es, Jahr für Jahr genau 5000 Dollar an Einkünften zu erzielen, ganz egal, welchen Bereich man ihm zuwies oder wie hoch seine Kommission ausfiel.*

*Da der Mann in einem relativ kleinen Gebiet gute Verkäufe erzielt hatte, wies man ihm einen größeren und besseren Bereich zu. Aber im nächsten Jahr belief seine Kommission sich wieder auf den gleichen Betrag, den er schon mit dem kleineren Gebiet erzielt hatte – genau 5000 Dollar. Im Folgejahr hob das Unternehmen die Kommission für alle Vertreter an, aber dieser Mann erzielte wieder genau 5000 Dollar. Dann schickte man ihn in ein wesentlich weniger wohlhabendes Gebiet – und wieder kam er auf genau 5000 Dollar.*

*Wheeler redete mit dem Vertreter und kam dahinter, dass es nicht am zugewiesenen Gebiet lag, sondern an der Meinung, die der Mann von sich selbst hatte. Er dachte, er sei ein 5000-Dollar-pro-Jahr-Mann.*

*Und solange er dieser Überzeugung war, schienen die äußeren Umstände wenig zu seinem Erfolg beizutragen.*

*Als man ihm das schlechteste Gebiet gab, arbeitete er hart, um diese 5000 Dollar zu erzielen. Hatte er jedoch einen guten Bezirk, erfand er alle möglichen Ausflüchte, sobald die 5000-Dollar-Marke in greifbare Nähe rückte. Sobald das Ziel erreicht war, wurde er krank und war für den Rest des Jahres arbeitsunfähig, obwohl die Ärzte keinerlei Befund stellen konnten. Und am 1. Januar gesundete er wie durch ein Wunder.*

## Wie eine falsche Überzeugung einen Mann 20 Jahre altern liess

In einem früheren Buch von mir – *Adventures in Staying Young* – habe ich die Geschichte von Mr Russell (nicht sein wahrer Name) erzählt, der aufgrund einer falschen Vorstellung plötzlich um 20 Jahre alterte und genauso schnell wieder jünger wurde, als er die Wahrheit erfuhr. Kurz und gut: Ich nahm an Mr Russells etwas zu groß geratener Unterlippe gegen ein geringes Honorar eine Korrektur vor – unter einer Bedingung: Ich verlangte von ihm, er solle seiner Freundin sagen, dass er dafür die Ersparnisse seines ganzen Lebens ausgegeben hätte. Seine Freundin hatte nichts dagegen, dass er für sie Geld ausgab. Sie sagte immer, sie liebe ihn zwar, aber aufgrund seiner überdimensionierten Unterlippe könne sie ihn keinesfalls heiraten. Als er ihr erzählte, er sei mittellos, aber habe nun diese schöne neue Unterlippe, reagierte sie genauso, wie ich es erwartet hatte – jedoch nicht unser Mr Russell. Die Frau wurde vor Wut hysterisch, nannte ihn einen Esel, weil er sein Geld verschwendet hätte, und machte ihm unmissverständlich klar, dass sie nie ihn geliebt hätte und nie lieben würde. Sie hätte ihn nur zum Narren gehalten, solange er sie finanziell aushielt. Aber sie ging noch einen Schritt weiter, als ich gedacht hatte. In ihrer Wut behauptete sie, ihn mit einem Voodoo-Fluch belegt zu haben. Sowohl Mr Russell als auch seine Freundin stammten von den Westindischen Inseln, wo immer noch viele abergläubische Menschen Voodoo praktizierten. Mr Russells Familie aber war ziemlich wohlhabend. Er selbst war kultiviert und hatte einen Universitätsabschluss.

Als seine Freundin ihn in ihrem Zorn verfluchte, spürte er nichts und dachte auch nicht groß über die ganze Sache nach.

Kurze Zeit später aber spürte er, wie sich in seiner Unterlippe ein harter Knoten bildete. Ein angeblicher Freund, der von dem Fluch wusste, meinte, er solle einen gewissen Smith aufsuchen. Dieser versicherte ihm prompt, dass der Knoten in der Unterlippe auf den gefürchteten »Afrikanischen Käfer« zurückzuführen sei, der ihm nun Schritt für Schritt seine Lebenskraft aussaugen würde. Mr Russell fing an, sich Sorgen zu machen und nach Anzeichen seiner schwindenden Kräfte Ausschau zu halten. Es dauerte nicht lange, bis er sie gefunden hatte. Er verlor seinen Appetit und konnte nicht mehr schlafen.

All dies erfuhr ich von Mr Russell, als er mich einige Wochen nach unserem letzten Treffen wieder in meiner Praxis aufsuchte. Meine Sprechstundenhilfe hätte ihn fast nicht wiedererkannt. Mr Russell war einst ein kräftiger, imposanter Mann mit einer zu großen Unterlippe gewesen. Er war 1,90 Meter groß und athletisch gebaut. Seine Haltung drückte innere Würde aus und eine geradezu magnetische Anziehungskraft. Er verströmte geradezu Vitalität durch jede Pore.

Der Mr Russell, der mir nun gegenübersaß, war um mindestens 20 Jahre gealtert. Seine Hände zitterten, als sei er ein alter Mann. Augen und Wangen wirkten eingesunken. Er hatte gut 30 Pfund verloren. Die Veränderungen in seinem Aussehen entsprachen dem, was die Medizin, in Ermangelung einer besseren Erklärung, als Anzeichen »hohen Alters« betrachtet.

Nach einer kurzen Untersuchung seines Mundes versicherte ich Mr Russell, dass ich ihn in weniger als 30 Minuten von dem »Afrikanischen Käfer« befreien konnte. Denn der Knoten, der die ganze Aufregung verursacht hatte, war nur ein bisschen Narbengewebe von der Operation. Ich entfernte es, hielt es in der Hand und zeigte es ihm. Das Wichtigste war, dass er die Wahrheit buchstäblich vor sich sah und sie glaubte. Er stieß einen Seufzer der Erleichterung aus. Seine ganze Haltung schien sich auf der Stelle zu verändern.

Einige Wochen später erhielt ich von Mr Russell einen netten Brief mit einer Fotografie, die ihn mit seiner neuen Braut zeigte. Er war zurück in seine Heimat gegangen und hatte dort seine Jugendliebe geheiratet. Der Mann auf dem Bild war der *erste* Mr Russell. Er war über Nacht wieder jung geworden. Eine falsche Überzeugung hatte ihn 20 Jahre altern lassen. Die Wahrheit machte ihn frei – nicht nur von Furcht. Sie gab ihm sein Selbstvertrauen zurück und kehrte den »Alterungsprozess« um.

Wenn Sie Mr Russell hätten sehen können wie ich, also sein Vorher und Nachher, dann würden Sie nie wieder an der Macht des Glaubens zweifeln. Oder daran, dass das, was wir für wahr halten, genauso stark wirkt wie eine Hypnose.

## Sind wir alle hypnotisiert?

Es ist keine Übertreibung zu sagen, dass jeder Mensch bis zu einem gewissen Grad hypnotisiert ist, entweder durch Ideen anderer, die er unkritisch einfach akzeptiert hat, oder durch Vorstellungen, die er sich selbst immer wieder vorbetet, bis er davon vollkommen überzeugt ist. Solche negativen Ideen haben genau die gleiche Wirkung auf unser Verhalten wie die negativen Vorstellungen, die ein professioneller Hypnotiseur einem Hypnotisierten einpflanzt. Haben Sie je einer solchen Hypnosedemonstration beigewohnt? Wenn nicht, möchte ich Ihnen hier ein paar Beispiele nennen.

Der Hypnotiseur suggeriert einem Footballspieler, dass seine Hand am Tisch festgeklebt sei. Und er kann sie tatsächlich *nicht* bewegen. Dabei versucht er es ja. Aber es *gelingt ihm nicht*. Er strengt sich an, bis sich die Armmuskeln als dicke Stränge abzeichnen. Seine Hand bleibt trotzdem auf der Tischplatte und bewegt sich kein bisschen.

Oder er suggeriert einem Profi-Gewichtheber, er könne einen Bleistift nicht vom Boden aufheben. Wohlgemerkt, der Mann stemmt gewöhnlich 400 Pfund Gewicht über den Kopf. Jetzt aber *ist er nicht in der Lage*, einen einfachen Bleistift aufzuheben.

Merkwürdigerweise schwächt in den oben genannten Fällen die Hypnose die Betroffenen nicht. Sie sind so stark wie eh und je. Aber *ohne sich dessen bewusst zu werden*, arbeiten sie gegen sich selbst. Einerseits »versuchen« sie willentlich, die Hand oder den Bleistift zu heben. Sie spannen die dafür nötigen Muskeln an. Aber die Idee »Du kannst das nicht« bewirkt, dass ihre Muskulatur anders reagiert, als der willentliche Befehl es verlangt. Die negative Vorstellung sorgt dafür, dass sie sich selbst besiegen – sie können ihre tatsächlich vorhandene Stärke nicht ausdrücken, sie nicht ins Spiel bringen.

Bei einem dritten Sportler maß man die Kraft seiner Hände mit einem Dynamometer, das einen Wert von 100 Pfund anzeigte. So sehr er sich auch mühen mochte, er kam nicht über diesen Wert hinaus. Dann suggerierte man ihm: »Du bist unglaublich stark. Stärker, als du je in deinem Leben warst. Viel, viel stärker. Du bist selbst erstaunt über deine Kraft.« Wieder wurde die Handkraft getestet und dieses Mal erreichte der Mann 125 Pfund.

Auch hier hat die Hypnose keineswegs seine tatsächliche Kraft verändert. Die Suggestion half ihm nur, die negative Vorstellung zu überwinden, die ihn vorher blockiert hatte, sodass er seine tatsächliche Kraft nicht anwenden konnte. Anders formuliert: Im normalen Wachzustand hatte der Sportler seine Handkraft durch den Glauben blockiert, er könne nur 100 Pfund schaffen. Der Hypnotiseur setzte diese mentale Blockade außer Kraft und ermöglichte ihm so, seine wahre Kraft zu zeigen. Die hypnotische Suggestion »enthypnotisierte« ihn also kurzfristig von der negativen, einschränkenden Überzeugung im Hinblick auf seine Kraft.

Wie Theodore Barber meint, ist es nur zu verständlich, dass viele Menschen annehmen, der Hypnotiseur habe magische Kräfte, wenn man bei solch einer Sitzung all diese ans Wunderbare grenzenden Begebenheiten miterlebt. Ein Stotterer spricht flüssig. Aus dem schüchternen und scheuen Kasper Hasenfuß wird plötzlich ein faszinierender junger Mann, der eine mitreißende Rede hält. Ein Mann, der es kaum schafft, mit Papier und Bleistift Zahlen zu addieren, führt plötzlich Multiplikationen mit dreistelligen Zahlen aus. Und all das nur, weil der Hypnotiseur den Leuten erzählt, dass sie das können, und sie anweist, es unter Beweis zu stellen. Für den unbedarften Zuschauer entfaltet das »Wort« des Hypnotiseurs magische Kräfte. Doch das ist nicht der Fall. Die Kraft, die grundlegende Fähigkeit, das zu tun, war in den Menschen schon immer angelegt – noch bevor sie dem Hypnotiseur begegneten. Doch die Menschen konnten diese Kraft nicht *einsetzen*, weil sie nicht wussten, dass sie sie besaßen. Sie unterdrückten, ja erstickten sie aufgrund ihrer negativen Überzeugungen. Ohne es zu merken, haben diese Menschen sich selbst hypnotisiert, sodass sie glaubten, diese Dinge nicht tun zu können. Daher ist es richtiger zu sagen, dass der Hypnotiseur sie »enthypnotisiert« hat.

Wer auch immer Sie sind: Sie verfügen in Ihrem Inneren über die Fähigkeit und die Kraft, all das zu tun, was nötig ist, damit Sie glücklich und erfolgreich sind – selbst wenn Sie sich für einen völligen Versager halten. Sie tragen in sich die Kraft, Dinge zu tun, die Sie niemals zu träumen gewagt hätten. Diese Kraft wird für Sie verfügbar, sobald Sie Ihre Überzeugungen ändern können. Je eher Sie sich von Vorstellungen enthypnotisieren wie: »Ich kann nicht …«, »Ich bin es nicht wert.«, »Ich verdiene es nicht.«. Oder sich von anderen Überzeugungen befreien, mit denen Sie sich selbst behindern.

## Sie können Ihren Minderwertigkeitskomplex ablegen

Wenigstens 95 Prozent der Menschheit leidet auf die ein oder andere Weise unter Minderwertigkeitsgefühlen. Für Millionen Menschen werden diese Gefühle zum ernsthaften Hindernis auf ihrem Weg zu Erfolg und Glück.

In gewissem Sinne ist jeder Mensch auf dieser Erde einem anderen in irgendeiner Hinsicht unterlegen. Ich *weiß*, dass ich nicht so viel Gewicht stemmen kann wie Paul Anderson. Ich kann keine 16-Pfund-Kugel so weit stoßen wie Parry O'Brien oder tanzen wie Arthur Murray. Ich *weiß* es, aber das *löst in mir kein Minderwertigkeitsgefühl aus* oder belastet mein Leben. Einfach weil ich mich nicht zu meinem Nachteil mit diesen Menschen vergleiche und das Gefühl entwickle, ich tauge zu nichts, nur weil ich bestimmte Dinge nicht genauso gut kann wie sie. Ich *weiß* auch, dass jeder Mensch, dem ich begegne, vom Zeitungsjungen an der Ecke bis zum Geschäftsführer meiner Bank, mir auf dem ein oder anderen Gebiet überlegen ist. Dafür können diese Leute kein vernarbtes Gesicht in Ordnung bringen oder andere Dinge so gut wie ich erledigen. Und ich glaube nicht, dass sie sich deshalb minderwertig vorkommen.

Minderwertigkeitsgefühle entstehen nicht aus Fakten oder Erfahrungen, sondern aus den Schlussfolgerungen, die wir aus den Fakten ziehen, und aus der persönlichen Einschätzung unserer Erfahrungen. Es ist eine Tatsache, dass ich ein schlechter Gewichtheber beziehungsweise Tänzer bin. Aber das macht mich noch nicht zu einem »schlechten Menschen«. Dass Paul Anderson und Arthur Murray keine Operationen durchführen können, macht sie im Vergleich mit mir zu »schlechten Chirurgen«, aber nicht zu »schlechten Menschen«. Letztlich hängt alles davon ab, an welchen und wessen Maßstäben wir uns messen.

Es ist also nicht das *Wissen* um eine etwaige »Minderwertigkeit«, das einen Minderwertigkeitskomplex erzeugt und unser Leben negativ beeinflusst. Es ist vielmehr das *Gefühl* der Minderwertigkeit, das dahintersteht.

Und dieses Gefühl der Minderwertigkeit hat nur einen Grund: Wir verurteilen uns, wir messen uns nicht an unseren eigenen Maßstäben, sondern an den »Normen« anderer Menschen. Und dabei werden wir maximal Zweitbester. Aber weil wir *glauben* und *denken* und *annehmen*, dass wir der »Norm« anderer Menschen genügen sollten, fühlen wir uns elend und zweitklassig und schließen daraus, dass mit uns etwas nicht stimmt. Der nächste Schluss in dieser windschiefen Logik ist, dass wir uns »minderwertig« fühlen, meinen, dass wir Erfolg und Glück nicht verdienen und dass es unangebracht ist, wenn wir unsere Fähigkeiten und Talente zum Ausdruck bringen, ohne uns deswegen zu rechtfertigen oder schuldig zu fühlen.

All dies nur, weil wir zugelassen haben, dass wir hypnotisch an der fehlgeleiteten Vorstellung festhalten: »Ich sollte sein wie Soundso.« Oder: »Ich sollte sein wie alle anderen.« Dass gerade Letzteres ein Fehlschluss ist, sollte uns eigentlich klar sein, denn es gibt keine festgelegten Normen für »alle anderen«. »Alle anderen« – das sind Individuen, von denen nicht zwei einander gleichen.

Menschen mit einem Minderwertigkeitskomplex begehen meist den Fehler, dass sie nach Überlegenheit streben. Ihre Gefühle entstehen aus der falschen Annahme, sie seien unterlegen. Auf dieser falschen Vorstellung wird ein Riesengebäude aus »logischen Ideen« und Gefühlen errichtet. Wenn jemand sich mies fühlt, weil er sich für unterlegen hält, will er so gut sein wie alle anderen. Und das funktioniert nur, wenn er allen anderen überlegen ist. Das Streben nach Überlegenheit schafft aber noch mehr Probleme, weil es unweigerlich Frustrationen nach sich zieht und am Ende vielleicht gar eine Neurose, die vorher so nicht existierte. Der Betroffene ist unglücklicher als je zuvor. Je »mehr er sich abmüht«, umso unglücklicher wird er.

Unterlegenheit und Überlegenheit sind die beiden Seiten einer Medaille. Heilung lässt sich nur dann finden, wenn wir merken, dass diese Medaille nicht echt ist.

Die Wahrheit ist:

Sie sind nicht »unterlegen«.
Sie sind nicht »überlegen.«
Sie sind ganz einfach Sie selbst.

»Sie« als Persönlichkeit stehen nicht im Wettbewerb mit anderen Persönlichkeiten, aus dem einfachen Grund, weil es auf der ganzen Welt keinen Menschen gibt, der ist wie Sie. Sie sind ein Individuum. Sie sind einzigartig. Sie sind nicht »wie« andere Menschen und können nie »wie« andere Menschen werden. Sie »sollten« auch nicht sein wie jemand anderer. Genauso wenig wie jemand anderer sein »sollte« wie Sie.

Gott hat nicht ein Modell erschaffen, dem der gesamte Rest der Menschheit sich angleichen soll. Er hat jeden Menschen individuell und einzigartig geschaffen. So wie er jede einzelne Schneeflocke einzigartig machte.

Gott schuf große und kleine Menschen, dicke Menschen und dünne, magere und mollige, Menschen verschiedenster Hautfarben. Und er hat nie eine Vorliebe für die ein oder andere Größe, Form oder Farbe erkennen lassen. Abraham Lincoln sagte einmal: »Gott muss eine Vorliebe für ganz gewöhnliche Menschen haben, denn er hat so viele von ihnen geschaffen.« Mit dieser Behauptung lag Lincoln aber falsch. Es gibt keinen »gewöhnlichen Menschen« – kein standardisiertes Muster, das auf alle passt. Lincoln wäre der Wahrheit nähergekommen, hätte er gesagt: »Gott muss ungewöhnliche Menschen lieben, weil er so viele von ihnen geschaffen hat.«

Ein Minderwertigkeitskomplex und die damit einhergehende Minderleistung kann sogar im Labor der Experimentalpsychologie erzeugt werden. Sie brauchen nur eine *Norm* oder einen *Durchschnitt*. Dann müssen Sie die Testperson davon überzeugen, dass ihre Ergebnisse unterdurchschnittlich sind. Im *Science Digest* berichtet ein Psychologe über ein entsprechendes Experiment. Er versuchte herauszufinden, inwiefern Minderwertigkeitsgefühle die Fähigkeit zur Problemlösung beeinträchtigten. Er gab den Studenten eine Reihe von Routineaufgaben, verkündete aber lang und breit, der *Durchschnittsbürger* würde so und so viel Zeit zur Lösung brauchen. Der genannte Wert betrug aber nur ein Fünftel der real zur Lösung benötigten Zeit. Dann ließ er nach diesem Fünftel der Zeit einen Gong anschlagen als Signal, dass der »Durchschnittsbürger« jetzt fertig wäre. Das machte sogar die klügsten Studenten nervös mit dem Effekt, dass sie sich unfähig fühlten.

Also hören Sie auf, sich an den Normen der »anderen« zu messen. Sie sind nicht diese Menschen und werden nie so sein wie sie. Genauso wenig wie diese Leute Ihre Maßstäbe erreichen würden – oder sollten. Sobald Sie diese simple und offensichtliche Wahrheit erkannt haben, akzeptieren Sie sie – und Ihre Minderwertigkeitsgefühle verschwinden von selbst.

Der Psychiater Norton L. Williams sagte bei einer Rede auf einer medizinischen Fachtagung, dass die Ängste und Unsicherheiten des modernen Menschen letztlich auf einen Mangel an Selbsterkenntnis zurückgingen. Innere Sicherheit aber könne man nur erlangen, »wenn man in sich die Individualität, Einzigartigkeit und Einmaligkeit entdeckt, die es bedeutet, als Gottes Ebenbild geschaffen worden zu sein«. Selbsterkenntnis entstand seiner Ansicht nach »aus dem einfachen Glauben an die eigene Einmaligkeit als menschliches Wesen, aus einem tiefen Gewahrsein aller Menschen beziehungsweise Dinge sowie aus dem Gefühl, andere durch die eigene Persönlichkeit beeinflussen zu können«.

## Wie Sie sich mit Entspannung enthypnotisieren können

Körperliche Entspannung spielt beim Prozess des Enthypnotisierens eine ganz entscheidende Rolle. Unsere aktuellen Überzeugungen, seien sie nun förderlich oder schädlich, wahr oder falsch, sind *ohne Anstrengung* entstanden, mühelos und ohne den Einsatz von »Willenskraft«. Unsere Gewohnheiten haben sich auf die gleiche Weise herausgebildet. Daraus folgt, dass wir neue Überzeugungen und Gewohnheiten auf dieselbe Weise einüben müssen – also im Zustand der Entspannung.

Es wurde mehrfach bewiesen, dass die Veränderung von Glaubenssätzen oder Gewohnheiten mit Willenskraft nicht funktioniert, sondern eher einen gegenteiligen Effekt hat. Der französische Apotheker Émile Coué setzte die Welt in den 1920ern in Erstaunen mit den Resultaten, die er mit der »Macht der Suggestion« erzielte. Seiner Ansicht nach war Anstrengung einer der Hauptgründe, warum die meisten Menschen keinen Zugriff auf ihre inneren Kräfte bekamen. »Eure Suggestionen (Ideale und Ziele) müssen mühelos erfolgen, wenn sie verwirklicht werden sollen«, sagte er. Eine andere berühmte Erkenntnis von Coué ist das Gesetz der umgekehrten Anstrengung: »Wenn Wille und Vorstellungskraft einander widersprechen, dann wird die Vorstellungskraft gewinnen.«

Der Psychologe Knight Dunlap, einstiger Präsident der American Psychological Association, widmete sein Leben dem Studium von Gewohnheiten und Lernprozessen. Er führte auf diesem Gebiet vermutlich mehr Experimente durch als jeder andere Psychologe. Mit seinen Methoden heilte er die Patienten vom Nägelkauen, Daumenlutschen, Grimassenschneiden und anderen Gewohnheiten, denen nur schwer beizukommen war. Im Zentrum seiner Bemühungen stand die Erkenntnis, dass Anstrengung uns hindert, schlechte Gewohnheiten abzulegen oder uns neue anzutrainieren. Er fand heraus, dass es schlechte Gewohnheiten nur verstärkte, wenn man sie mit Willenskraft loswerden wollte. Dunlaps Experimente zeigten, dass der beste Weg, eine schlechte Gewohnheit abzulegen, darin bestand, sich das gewünschte Endergebnis plastisch und in aller Deutlichkeit vor Augen zu führen und ohne jede willentliche Anstrengung darauf zuzusteuern. Dunlap fand des Weiteren heraus, dass eine »positive Übung« (die Gewohnheit nicht mehr zu pflegen) ebenso gute Wirkung hatte wie eine »negative Übung« (bei der man die schlechte Gewohnheit bewusst übertreibt), wenn man nur das erwünschte Endergebnis klar und dauerhaft im Geist behält.

»Wenn eine neue Gewohnheit erlernt werden oder eine erwünschte Reaktion zur Gewohnheit werden soll«, schrieb Dunlap in *Personal Adjustment*, »dann ist es wichtig, dass der Lernende entweder eine klare Vorstellung von der Reaktion hat, die erreicht werden soll, oder eine klare Idee von der Änderung, die diese Reaktion in seiner Umwelt hervorrufen soll [...] Der wichtigste Faktor beim Lernen ist, kurz gesagt, die gedankliche Vorwegnahme des Ziels, das erreicht werden soll – entweder in Gestalt eines bestimmten Verhaltensmusters oder des Resultats dieses Verhaltens. Beides gepaart mit dem Wunsch, dieses Ziel zu erreichen.«

In vielen Fällen reicht es schon aus, jede bewusste Willensanstrengung und jedes Sich-Mühen zu unterlassen, um negative Verhaltensmuster aufzulösen. James S. Greene, Begründer des National Hospitals for Speech Disorders in New York, hatte ein Motto: »Wenn Sie sich entspannen können, können Sie auch sprechen.« Der Psychologe Matthew

N. Chappell wies in seinem Buch *How to Control Worry* darauf hin, dass die Mühe und »Willensanstrengung«, die wir aufwenden, um gegen unsere Sorgen anzukämpfen, eben diese Sorgen fortschreiben.

Körperliche Entspannung führt, wird sie täglich geübt, dazu, dass sich auch *geistige Entspannung* einstellt und sich unsere innere Haltung entkrampft. So können wir unseren automatischen Mechanismus besser unter Kontrolle bringen. Körperliche Entspannung kann allein schon zur Enthypnotisierung beitragen, die uns von negativen Haltungen und Reaktionsmustern befreit.

## Übung
## Wie man sich mit mentalen Bildern entspannt

***Üben Sie mindestens 30 Minuten täglich.***

Setzen Sie sich in einen bequemen Sessel oder legen Sie sich hin. Lassen Sie bewusst die einzelnen Muskelgruppen los, ohne sie willentlich lockern zu wollen. Richten Sie einfach Ihre Aufmerksamkeit auf die verschiedenen Körperteile und lassen Sie ein wenig los. Sie werden feststellen, dass Sie sich immer ein bisschen entspannen können. Entspannen Sie die Stirn, indem Sie aufhören, sie in Sorgenfalten zu legen. Lassen Sie die Spannung im Kiefergelenk los. Hände, Arme, Schultern und Beine sind nun ein klein wenig lockerer als vorher. Machen Sie das fünf Minuten lang, dann ziehen Sie die Aufmerksamkeit von Ihrer Muskulatur ab. Mehr bewusste Kontrolle üben Sie nicht aus. Von nun an werden Sie sich mehr und mehr entspannen, indem Sie Ihren kreativen Mechanismus arbeiten lassen, der automatisch Entspannung bringt. Sie werden nun Ihre »Zielvorstellungen« betrachten, Sie im Geiste halten und Ihren kreativen Mechanismus aktivieren.

### Mentales Bild Nr. 1

Sie sehen vor Ihrem geistigen Auge, wie Sie auf dem Bett liegen. Ihre Beine sind schwer wie Blei. Sehen Sie zu, wie Sie da liegen mit Ihren schweren Bleibeinen. Diese sinken tief in die Matratze ein, so schwer sind sie. Nun stellen Sie sich vor, dass auch Arme und Hände aus Blei sind. Sie sind ebenso schwer und sinken tief in die Matratze ein. Was für ein Druck auf das Bett! Vor Ihrem geistigen Auge sehen Sie, wie ein Freund Ihr Zimmer betritt und versucht, Ihre schweren Beine zu heben. Er packt Ihre Füße und versucht, sie hochzuheben. Sie sind zu schwer für ihn. Er kann es nicht. Wiederholen Sie dieses Bild für Arme, Nacken et cetera.

## Mentales Bild Nr. 2

Ihr Körper ist eine Marionette. Die Hände sind mit Fäden mit dem Handgelenk verbunden, der Unterarm hängt lose mit einem Faden am Oberarm. Ihr Oberarm ist durch einen Faden mit der Schulter verbunden. Ihre Füße, Unterschenkel, Oberschenkel – alles ist durch einfache Fäden verbunden. Ihr Nacken ist ein einziger lockerer Faden. Die Fäden, die Ihren Kiefer und Ihre Lippen kontrollieren, haben sich gelockert. So sehr, dass Ihr Kinn Richtung Brust sinkt. Alle Fäden, die Ihre Glieder verbinden, sind locker und lose. Ihr Körper liegt wie hingeworfen auf dem Bett.

## Mentales Bild Nr. 3

Ihr Körper besteht aus einer Reihe aufgeblasener Luftballons. In jedem Ihrer Füße gibt es ein Ventil, aus dem die Luft entweicht: zuerst aus den Beinen, die zusammenfallen, bis sie nur noch zwei Gummischläuche sind, die flach auf dem Bett liegen. Dann öffnen Sie ein Ventil in der Brust: Die Luft entweicht und Ihr ganzer Rumpf sinkt auf dem Bett zusammen. Machen Sie weiter mit Armen, Kopf und Nacken.

## Mentales Bild Nr. 4

Viele Menschen empfinden diese Übung als am stärksten entspannend. Gehen Sie in Gedanken zurück zu einem angenehmen, entspannenden Erlebnis der Vergangenheit. Es gibt im Leben jedes Menschen einen Augenblick, in dem er locker, entspannt und im Frieden mit sich und der Welt war. Wählen Sie ein solches Entspannungsbild aus und vertiefen Sie sich bis in alle seine Einzelheiten: Sie beim Fischen am Bergsee. Wie sah damals die Umgebung aus? Die kleinen Wellen auf dem Wasser. Was haben Sie gehört? Spielte der Wind mit den Blättern? Oder Sie saßen schläfrig am Kamin, in dem ein Feuer prasselte. Knackten die Scheite? Was haben Sie gesehen? Was gehört? Oder Sie erinnern sich, wie Sie entspannt am Strand lagen. Wie fühlte sich der Sand an? Haben Sie die Wärme der Sonnenstrahlen verspürt, die Ihren Körper streichelten? Erhob sich etwa eine leichte Brise? Segelten die Möwen über Ihnen dahin? An je mehr dieser Einzelheiten Sie sich erinnern, desto intensiver wird die Entspannung ausfallen.

Üben Sie täglich, damit diese mentalen Bilder oder Erinnerungen immer klarer werden. Der Lerneffekt schleift sich umso besser ein, je mehr Sie üben. Die Übung verstärkt das Band zwischen dem mentalen Bild und der körperlichen Erfahrung. Sie werden sich immer besser entspannen können. Und können sich dann in späteren Sitzungen auch daran »erinnern«.

Viele Übende schlafen ein, wenn sie sich zum Üben hinlegen. Wenn Sie einschlafen, entgehen Ihnen die Vorteile der Übung weitgehend. Ich selbst habe eine Ausbildung in Tai-Chi und Qigong erhalten, daher fällt es mir leicht, im Sitzen oder Stehen zu üben. Auch in dieser Stellung können Sie Beine und Arme, ja den ganzen Körper schwer werden lassen. Und Sie können die Luft aus den Ventilen entweichen lassen, bis Ihre Körperteile so schlaff sind wie leere Luftballons.

Spricht das gegen eine Übung im Liegen? Nein, kein bisschen. Sobald Sie diese Techniken verinnerlicht haben, können Sie in jeder Position üben. Fühlen Sie sich nicht wohl, dann ist die Praxis im Liegen ohnehin ideal.

Und Sie werden sehr schnell positive Ergebnisse spüren – dafür genügen schon zehn Minuten, vor allem, wenn Sie ganz loslassen und sich entspannen können. Sobald Sie dies zur täglichen Gewohnheit gemacht haben, fällt es Ihnen auch leicht, 30 Minuten lang zu üben, wenn Sie das wollen.

Viele Menschen üben anfangs nur am Morgen. Mit zunehmender Übung stellt sich eine zweiteilige Praxis bei vielen quasi von selbst ein.

Die Praktizierenden empfinden es meist so, dass die beste Zeit zum Üben am Morgen nach dem Aufwachen beziehungsweise am Abend vor dem Einschlafen ist. Dann sind Gehirn und Nervensystem am empfänglichsten für neue Ideen. Wenn Sie aber nur während der Mittagspause oder zu einer anderen Zeit tagsüber Raum für diese Übung finden, dann ist es besser, Sie üben zu diesen Zeiten, bevor Sie ganz darauf verzichten, weil Sie zu müde sind.

Tägliches Üben ist der Schlüssel zu guten Resultaten. Achten Sie darauf, dass Sie sich beim Üben nicht selbst verurteilen. Ganz egal, bei welchem Punkt Sie anfangen: Sie werden sich verbessern, je mehr Sie üben.

## Wichtige Erkenntnisse

Füllen Sie diese Zeilen bitte aus.

1. ________________________________

2. ________________________________

3. ________________________________

4. ________________________________

5. ________________________________

## Meine eigene Fallgeschichte

Schreiben Sie eine Erfahrung aus Ihrer Vergangenheit auf, für die die hier vorgestellten Prinzipien eine schlüssige Erklärung liefern.

# 5
# WIE SIE DIE KRAFT DES RATIONALEN DENKENS NUTZEN

Viele meiner Patienten sind enttäuscht, wenn ich ihnen etwas so Simples verschreibe wie die gottgegebene Kraft des rationalen Denkens, um negative Denk- und Verhaltensweisen abzulegen. Das scheint ihnen naiv oder gar unwissenschaftlich. Aber es hat nun mal einen großen Vorteil – es funktioniert. Und wie wir später noch sehen werden, beruht diese Methode durchaus auf belastbaren wissenschaftlichen Erkenntnissen.

Die Auffassung, dass rationales, logisches, bewusstes Denken keine Macht über unbewusste Prozesse oder Mechanismen hat und dass wir daher tief ins »Unbewusste« eintauchen müssen, wenn wir negative Überzeugungen oder Verhaltensweisen ändern wollen, ist leider ein verbreiteter Fehlschluss.

Ihr automatischer Mechanismus oder das, was ein Freudianer das »Unbewusste« nennen würde, ist absolut unpersönlich. Er funktioniert wie eine Maschine und hat keinen »Eigenwillen«. Er versucht stets, auf Ihre aktuellen Überzeugungen und Interpretationen der Umwelt angemessen zu reagieren. Er versucht weiter, in Ihnen die zur Situation passenden Gefühle auszulösen und die Ziele zu verwirklichen, die Sie sich bewusst gesetzt haben. Das funktioniert einzig auf der Grundlage der Daten, die Sie ihm eingegeben haben – in Form von Ideen, Glaubenssätzen, Interpretationen, Meinungen.

Das bewusste Denken ist der »Schalthebel« dieser unbewussten Maschine. Durch bewusstes, wenn auch irrationales und unrealistisches Denken hat die unbewusste Maschine ihre negativen, nicht zweckdienlichen Reaktionsmuster entwickelt. Und durch bewusstes, rationales Denken können wir diese automatische Reaktion verändern.

John A. Schindler, Autor von *Die Heilkraft des seelischen Gleichgewichts*, prägte den Begriff der »seelisch bedingten Krankheit«.[8] Er verhalf unzähligen unglücklichen und neurotischen Menschen zu einem erfolgreichen Dasein und zu neuer Lebensfreude. Seine Erfolgsquote übersteigt die der Psychoanalyse bei Weitem. Der Schlüssel zu seiner Methode war die »bewusste Gedankenkontrolle«[9], die er so beschrieb: »Ganz egal, welche Fehler und Irrtümer in der Vergangenheit begangen wurden, so muss der Mensch doch in der Gegenwart damit anfangen, jene Reife zu erlangen, die seine Zukunft besser macht als die Vergangenheit. Gegenwart und Zukunft hängen davon ab, ob wir neue Gewohnheiten und eine neue Sicht auf die Vergangenheit ausbilden können. Es liegt einfach keine Zukunft im Herumwühlen in der Vergangenheit [...] Das zugrunde liegende Problem hat bei jedem Patienten die gleiche Ursache. Und die ist: Der Patient hat vergessen oder vielleicht nie gelernt, wie er sein *aktuelles Denken* kontrollieren kann, um auf diese Weise Freude zu finden.«

## Schlafende Hunde nicht wecken

Dass da tief im Unbewussten Erinnerungen an vergangene Fehler und unangenehme, schmerzliche Erfahrungen verborgen sind, heißt nicht, dass wir diese ausbuddeln und ans Licht holen müssen, um unsere Persönlichkeit zu verändern. Wie bereits gesagt, geschieht Lernen durch Versuch und Irrtum. Sie packen etwas an, verfehlen Ihr Ziel, speichern ab, wo sich der Fehler eingeschlichen hat, und korrigieren das beim nächsten Versuch – bis Sie schließlich Ihr Ziel erreichen. Dieses erfolgreiche Muster speichern Sie dann ab, damit Sie es später *nachahmen* können. Ob Sie nun das Hufeisenwerfen lernen wollen, das Dartspielen, das Singen oder Autofahren, das Golfspiel oder Geschicklichkeit im Umgang mit anderen Menschen et cetera. Das gilt auch für Ratten, die ihren Weg durch ein Labyrinth suchen müssen. Alle Regelungs- und

---

8 Schindler, John A., *Die Heilkraft des seelischen Gleichgewichts*, München 1978, S. 25.

9 Ebda., S. 89.

Steuermechanismen speichern ganz selbstverständlich die »Erinnerungen« an vergangene Fehlleistungen und Irrtümer ab. Negative Erfahrungen behindern den Lernprozess nicht, sie *fördern* ihn vielmehr. Allerdings nur, wenn sie als »negative Feedbackdaten« verwendet werden, um herauszufinden, inwiefern sie vom erwünschten Ziel abweichen.

Doch sobald der Irrtum als solcher erkannt und korrigiert wurde, ist es wichtig, dass Sie den Irrtum *bewusst vergessen* und sich nur noch an die erfolgreiche Ausführung erinnern.

Sich an vergangene Fehler zu erinnern, schadet nicht, solange unser bewusstes Denken und unsere Aufmerksamkeit auf das positive Ziel gerichtet bleiben, das wir erreichen wollen. Am besten ist es, schlafende Hunde weiterschlafen zu lassen.

Unsere Irrtümer, Fehler und Misserfolge, ja selbst unsere Demütigungen, sind notwendige Schritte im Lernprozess. Aber sie sind Mittel zum Zweck – nicht der Zweck selbst. Wenn sie ihre Schuldigkeit getan haben, *sollte man sie vergessen*. Wenn wir Fehler wiederkäuen oder deshalb Schuldgefühle entwickeln und uns mit Vorwürfen überhäufen, dann machen wir Fehlschläge unbewusst zum »Ziel«, um das wir mit unserer Vorstellungskraft und unserer Erinnerung kreisen. Der unglücklichste Mensch auf Erden ist jener, der die Vergangenheit wieder und wieder durchlebt – und sich ständig wegen früherer Fehler kritisiert oder wegen vergangener Sünden verurteilt.

Ich werde nie eine meiner Patientinnen vergessen, die sich ständig wegen ihrer unglückseligen Vergangenheit quälte, so sehr, dass sie jede Chance auf eine glückliche Gegenwart zunichtemachte. Sie lebte jahrelang in Bitterkeit und Frustration, weil sie eine auffällige Hasenscharte hatte, deretwegen sie sich nicht unter Menschen wagte. So entwickelte sie eine Persönlichkeit, die unleidlich war und sich gegen die Welt und alles darin wandte. Sie hatte keine Freunde, weil sie annahm, dass niemand mit einer so »schrecklich« aussehenden Person Freundschaft schließen wollte. Sie ging den Menschen aus dem Weg oder stieß sie mit ihrer sauertöpfischen Haltung vor den Kopf. Die Operation heilte ihr körperliches Problem. Danach versuchte sie zwar, sich an die veränderten Umstände anzupassen und freundlich auf die Menschen zuzugehen, doch ihre früheren Erfahrungen blockierten sie. Sie hatte das Gefühl, dass sie trotz ihres neuen Äußeren keine Freunde finden würde, weil ihr niemand ihr früheres Verhalten verzeihen würde. Schließlich machte sie die gleichen Fehler wie vor der Operation und war so unglücklich wie zuvor. Sie konnte nicht anfangen zu leben, bevor sie nicht aufhörte, sich für das, was sie in der Vergangenheit gewesen war, zu verurteilen, und die Erinnerungen an all die schlimmen Erfahrungen ablegte, die sie in meine Praxis geführt hatten.

Sich ständig für frühere Fehler zu kritisieren, bringt gar nichts. Es verstärkt vielmehr das Verhalten, das Sie eigentlich ändern wollen. Das gedankliche Verweilen bei früheren Fehlern kann unsere Leistung in der Gegenwart schmälern, wenn wir darauf herumreiten und falsche Schlussfolgerungen ziehen wie diese: »Ich bin gestern gescheitert. Daraus folgt, dass ich auch heute scheitern werde.« Das *beweist* nun keineswegs, dass unbewusste Reaktionsmuster sich automatisch wiederholen werden oder verborgene Erinnerungen an Fehlleistungen erst *gelöscht* werden müssen, bevor unser Verhalten sich ändern kann. Wenn wir scheitern oder Unglück erleben, dann liegt das einzig an unserem bewussten Denken, nicht am »Unbewussten«. Denn die dafür verantwortlichen Schlussfolgerungen zieht unser bewusstes Denken. Es wählt die »Zielbilder« aus, auf die wir uns konzentrieren. In dem Moment, in dem wir *unseren Geist ändern* und aufhören, der Vergangenheit Macht über uns zu geben, verliert sie diese Macht automatisch.

## Ignorieren Sie vergangene Fehler und blicken Sie nach vorn

Auch hier liefert uns die Hypnose überzeugende Beweise. Wenn ein schüchternes Mauerblümchen in der Hypnose gesagt bekommt beziehungsweise *denkt*, dass es ein furchtloser, selbstsicherer Redner ist, dann ändern sich seine Reaktionsmuster *auf der Stelle*. Es verhält sich so, wie es seiner Überzeugung entspricht. Seine Aufmerksamkeit richtet sich auf das positive Ziel – und die Fehler der Vergangenheit bleiben außen vor.

Dorothea Brande schildert in ihrem beeindruckenden Buch *Wake Up and Live*, wie diese Erkenntnis ihr half, Schriftstellerin zu werden und Talente zu entdecken, die ihr bis dato nicht bewusst waren. Sie hatte einer Hypnosevorführung beigewohnt und wurde neugierig. Dann stieß sie auf einen Satz des Psychologen Frederick M. H. Myers, der ihr ganzes Leben veränderte. Myers erklärte, dass die außergewöhnlichen Fähigkeiten, die hypnotisierte Menschen plötzlich zeigen, darauf zurückgehen, dass während der Hypnose »die Erinnerung an frühere Fehler gelöscht« werde. Und so fragte Brande sich: Wenn ganz normale Leute Talente und Fähigkeiten in sich trugen, von denen sie nur deswegen keinen Gebrauch machten, weil sie die Erinnerung an frühere Fehler abgespeichert hatten, warum sollten dann Menschen im Wachzustand nicht ebenfalls diese Stärken nutzen können, wenn sie frühere Fehler ignorierten und »so taten, als könnten sie nicht scheitern«? Brande beschloss, das auszuprobieren. Sie würde von der Annahme ausgehen, dass diese Talente vorhanden waren und sie darauf zugreifen konnte, wenn sie »so tat, als ob«, statt es wie bisher bei halbherzigen Versuchen zu belassen. Innerhalb eines Jahres stiegen nicht nur ihre schriftstellerische Produktivität, sondern auch ihre Verkaufszahlen. Überraschenderweise fand sie auch heraus, dass sie Talent als Vortragsrednerin hatte. Auch in dieser Funktion war sie bald höchst begehrt und genoss diese Arbeit, obwohl sie das Reden vor Publikum früher verabscheut hatte.

## Die Methode von Bertrand Russell

In seinem Buch *Eroberung des Glücks* schreibt Bertrand Russell: »Ich wurde nicht als ein glücklicher Mensch geboren. Als Kind hatte ich ein Lieblingslied, das so anfing: ›Müde der Welt und mit meiner Sünde beladen …‹ […] Während meiner Jugendzeit war mir das Leben verhasst, und ich spielte ständig mit dem Gedanken an Selbstmord, vor dem mich indessen der Wunsch bewahrte, mich weiter in der Mathematik zu vervollkommnen. Jetzt hingegen habe ich Freude am Leben; ja, ich könnte fast sagen, dass ich von Jahr zu Jahr mehr Freude daran gewinne […] Zum allergrößten Teil aber ist meine heutige Gemütsverfassung einer immer geringeren Beschäftigung mit mir selbst zu verdanken. Gleich vielen anderen, die wie ich auf eine puritanische Erziehung zurückblicken, war es mir Gewohnheit, über meine Sünden, Torheiten und Mängel nachzugrübeln. Ich erschien mir selbst – gewiss mit völligem Recht – als ein jammervolles Wesen. Allmählich lernte ich dann, mir und meinen Unzulänglichkeiten gegenüber gleichmütig zu bleiben. Ich gelangte dahin, meine Aufmerksamkeit in wachsendem Maße äußeren Dingen zuzuwenden: den Zuständen in der Welt, verschiedenen Wissenszweigen, Menschen, für die ich Zuneigung empfand.«[10]

Im gleichen Buch beschreibt Russell seine Methode, mit deren Hilfe er automatische, auf falschen Überzeugungen beruhende Reaktionsmuster überwinden lernte:

> *Es ist durchaus möglich, infantile Rückfälle des Unterbewussten zu überwinden und sogar dessen Inhalte zu beeinflussen, wenn man die richtige Technik anwendet. Man braucht dazu nur, sobald man anfängt, Gewissensbisse über eine Tat zu empfinden, die der Vernunft nicht als verwerflich erscheint, die Ursachen solcher Schuldgefühle zu ergründen und sich bis in jede Einzelheit von ihrer Sinnlosigkeit zu überzeugen und gleichzeitig den bewussten Gedanken solche Lebhaftigkeit und solchen Nachdruck zu geben, dass der Eindruck, den sie auf das Unbewusste machen, es mit den alten Kindheitseindrücken aufnehmen kann. Damit, dass Augenblicke der Vernunft und der Unvernunft miteinander abwechseln, darf man sich nicht zufriedengeben. Man muss der Unvernunft ins Gesicht sehen, entschlossen, sie nicht zu dulden und zur Oberherrschaft kommen zu lassen. Törichte Gedanken oder Gefühle, die sie ins Bewusstsein mengt, sollten sogleich an der Wurzel ergriffen, betrachtet und verworfen werden. Man darf sich nicht zum schwankenden, zwischen Vernunft und infantiler Torheit hin- und her gerissenen Geschöpf machen lassen. [...]*
>
> *Soll aber die Auflehnung den Erfolg haben, dass sie den Einzelnen glücklicher macht und dem Menschen ermöglicht, sich konsequent nach einem Lebensmaßstab zu richten, statt dauernd zwischen zweien zu schwanken, dann ist es nötig, dass er gründlich über das nachdenkt, was die Vernunft ihm sagt. Die meisten meinen, es sei schon alles geleistet, wenn sie die abergläubischen Vorstellungen ihrer Kindheit oberflächlich abgestreift haben; sie machen sich nicht klar, dass diese Vorstellungen unter der Oberfläche noch auf der Lauer liegen. Wenn man zu einer rationalen Überzeugung gelangt ist, muss man hartnäckig bei ihr verweilen, ihre Folgen ergründen, im eigenen Innern allen damit unvereinbaren Ideen, die vielleicht nicht von selbst verschwänden, zu Leibe gehen [...] Ich rate nur, dass man sich klar und unzweideutig darüber Rechenschaft gibt, was man seiner Vernunft folgend glaubt*

10 Bertrand Russell, *Eroberung des Glücks*, Berlin 2019, S. 13ff.

*und niemals einen entgegengesetzten vernunftwidrigen Gedanken unbekämpft durchgehen oder, wenn auch nur ganz vorübergehend, Macht gewinnen lässt. Hier kommt es nur darauf an, in Augenblicken, wo die Versuchung, in infantile Überzeugungen zurückzufallen sich erhebt, sofort die Vernunft zur Hilfe zu rufen.*[11]

## Unsere Vorstellungen werden nicht vom Willen, sondern nur durch andere Vorstellungen verändert

Hier zeigt sich, dass Bertrand Russells Methode, Ideen zu entdecken, die nicht zu tief empfundenen Überzeugungen passen, letztlich die gleiche ist, die Prescott Lecky mit solchem Erfolg ausprobiert hat: Der Betroffene soll *erkennen*, dass ein negativer Glaubenssatz *nicht im Einklang* steht mit seiner tiefsten Überzeugung. Lecky zufolge setzt die Natur des Geistes voraus, dass Ideen und Vorstellungen, die unsere »Persönlichkeit« ausmachen, miteinander im Einklang *scheinen* müssen. Wird einem bewusst, dass eine bestimmte Idee nicht mit dem Rest in Einklang steht, muss diese *verworfen* werden.

Einer meiner Patienten war ein Vertreter, der »sich zu Tode ängstigte«, wenn er ein »hohes Tier« aufsuchen musste. Wir konnten seiner Nervosität in einer einzigen Sitzung den Boden entziehen, als ich ihn fragte: »Würden Sie sich vor dieser Person niederwerfen und auf allen Vieren in ihr Büro kriechen?«

»Sicher nicht!«, rief er empört.

»Warum kriechen Sie dann im Geiste?«

Die nächste Frage meinerseits: »Würden Sie mit eingezogenem Kopf vor diese Person treten und die Hand ausstrecken, als wollten Sie ein paar Münzen für einen Kaffee erbetteln?«

»Auf keinen Fall.«

»Aber sehen Sie denn nicht, dass Sie genau das tun, wenn Sie ängstlich vor diese Menschen hintreten und sich ständig Gedanken machen, wie Sie wohl wirken? Dass Sie buchstäblich die Hand aufhalten und um Anerkennung betteln?«

11 Ebda., S. 71, 73 und 75.

Lecky entdeckte, dass es zwei starke »Hebel« gibt, um schädliche Überzeugungen und Vorstellungen zu ändern. Das sind sozusagen die »Standard«-Überzeugungen, die fast jeder hat: 1.) das Gefühl beziehungsweise die Überzeugung, dass man seinen Teil zum großen Ganzen beitragen kann und dabei eine gewisse Unabhängigkeit zu behalten; 2.) der Glaube, dass es »etwas« in uns gibt, das nicht entwürdigt werden darf.

## Wie Sie Ihren Überzeugungen auf die Spur kommen und sie neu bewerten können

Einer der Gründe dafür, dass wir uns der Macht des rationalen Denkens nicht bewusst werden, ist die Tatsache, dass wir so selten Gebrauch davon machen.

Spüren Sie den Gedanken nach, die Sie über sich selbst, die Welt oder andere Menschen hegen und die Ihre negativen Verhaltensweisen prägen. »Gibt es immer irgendwas«, wenn für Sie der Erfolg in greifbare Nähe gerückt wäre, sodass Sie ihn doch nicht einfahren können? Vielleicht fühlen Sie sich insgeheim »unwürdig«, Erfolg zu haben? Glauben Sie, dass Sie ihn nicht verdienen? Fühlen Sie sich in Gesellschaft anderer Menschen unwohl? Vielleicht halten Sie sich für unterlegen oder Ihr Gegenüber für feindselig? Werden Sie ohne Grund nervös und ängstlich, auch wenn Ihre Sicherheit durch nichts bedroht ist? Vielleicht halten Sie ja Ihre Welt für einen ungastlichen Ort, ablehnend und gefährlich? Oder glauben Sie gar, dass Sie »Strafe verdient« hätten?

Vergessen Sie nicht: Verhalten und Gefühle entstehen aus Ihrem Glauben. Um die Überzeugungen zu löschen, die für Ihr Gefühl und Verhalten verantwortlich sind, fragen Sie schlicht: »Warum glaube ich das?« Gibt es da etwas, was Sie gerne tun würden, ein Medium, in dem Sie sich gerne ausdrücken würden, aber Sie trauen sich einfach nicht? Fragen Sie sich: »Warum?«

»Warum glaube ich, dass ich das nicht kann?«

Dann kommt die zweite Frage: »Beruht diese Überzeugung auf Fakten oder auf falschen Schlussfolgerungen?«

Daraufhin stellen Sie sich folgende Fragen:

1. Gibt es eine rationale Begründung für diese Überzeugung?

2. Kann es sein, dass ich mich hier täusche?

3. Würde ich in der gleichen Situation zu einem anderen Schluss kommen, wenn es um eine andere Person ginge?

4. Warum sollte ich weiterhin so handeln, als wäre meine Überzeugung wahr, wenn es doch keinen triftigen Grund dafür gibt?

Übergehen Sie diese Fragen nicht. Setzen Sie sich vielmehr gründlich damit auseinander. Überlegen Sie *eingehend*, wie Ihre Antwort ausfällt. Überprüfen Sie Ihre diesbezüglichen Gefühle. Erkennen Sie, dass Sie sich selbst belogen und zu billig verkauft haben? Nicht aufgrund einer »Tatsache«, sondern aufgrund einer dummen Ansicht? Wenn ja, spüren Sie dem Ärger nach, der deswegen in Ihnen aufsteigt. Entrüstung und Ärger sind gut geeignet, uns von falschen Vorstellungen zu befreien. Alfred Adler wurde »wütend« auf seinen Lehrer und sich selbst. So wurde er sein negatives Selbstbild los. Diese Erfahrung ist durchaus üblich.

Ein Bauer beschloss, mit dem Rauchen aufzuhören, als er feststellte, dass er den Tabak zu Hause vergessen und schon kehrtgemacht hatte, um die 3 Kilometer zurück nach Hause zu laufen. Er erkannte urplötzlich, dass diese Gewohnheit sein Handeln bestimmte. Er wurde wütend, drehte um und machte sich wieder an seine Feldarbeit. Er rührte nie wieder Tabak an.

Clarence Darrow, der berühmte Anwalt, sagt, sein Erfolg begann an dem Tag, als er sich Geld für einen Hauskauf borgen wollte und dann »wütend« wurde. Er wollte gerade den Vertrag unterschreiben, als die Frau des Geldverleihers meinte: »Sei doch nicht verrückt. Der verdient doch nie genug, um dir das zurückzuzahlen.« Darrow hatte selbst gezweifelt, aber als er diese Bemerkung hörte, *geschah etwas* in ihm. Er war empört, sowohl über die Frau als auch über sich selbst. An diesem Tag beschloss er, Erfolg zu haben.

Ein Freund von mir ist Unternehmer. Er machte eine sehr ähnliche Erfahrung. Mit 40 Jahren sah er sich noch als Versager. Er machte sich ständig Sorgen, »wie alles laufen würde« und ob er es je schaffen würde, ein eigenes Geschäft aufzubauen. Nervös und ängstlich versuchte er, Maschinen auf Kredit zu kaufen. Da legte die Frau des Verkäufers Einspruch ein. Sie glaubte nicht, dass er die Maschinen je würde bezahlen können. Anfangs verlor mein Freund alle Hoffnung. Dann aber meldete sich der Zorn. Wer war er, dass er sich herumschubsen lassen musste? Warum sollte er ständig mit gesenktem Kopf durch die Gegend schleichen, voller Angst vor dem Versagen? Diese Erfahrung ließ »irgendetwas« in ihm erwachen: ein »neues Selbst«. Dann erkannte er, dass die Bemerkung der Frau und sein Selbstbild gegen dieses »etwas« gerichtet waren. Er hatte kein Geld, keine Kreditlinie und keine Möglichkeit, das zu schaffen, was er wollte. Am Ende fand er einen Weg – und innerhalb von drei Jahren war er erfolgreicher, als er es sich je hatte träumen lassen – nicht nur mit einem Unternehmen, sondern gleich mit drei.

## Die Kraft inniger Wünsche

Wenn das rationale Denken Überzeugungen und Verhalten ändern soll, muss es von intensiven Gefühlen und innigen Wünschen begleitet sein.

Stellen Sie sich bildhaft vor, wer Sie gerne wären und was Sie gerne hätten. Dann nehmen Sie für den Moment an, dass diese Dinge möglich wären. Lassen Sie in sich den tiefen Wunsch nach dem Gewünschten entstehen. Lassen Sie sich davon begeistern. Verweilen Sie geistig bei diesem Wunsch und vergegenwärtigen Sie sich diesen immer wieder. Ihre momentanen negativen Überzeugungen sind aus Gedanken plus Gefühlen entstanden. Lassen Sie nun rund um Ihre Wünsche innige Gefühle entstehen und Ihre neuen Gedanken und Vorstellungen werden alles Alte verdrängen.

Wenn Sie genau hinschauen, werden Sie feststellen, dass Sie sich hier einen Prozess zunutze machen, dessen Sie sich schon oft bedient haben – die Sorge! Der einzige Unterschied ist, dass Sie Ihre Aufmerksamkeit nicht mehr auf negative, sondern auf positive Dinge richten. Wenn Sie sich Sorgen machen, malen Sie sich zuerst ein unerwünschtes Ergebnis aus, und das unglaublich lebhaft. Auch hier strengen Sie sich nicht an. Aber Sie behalten das »Endergebnis« im Hinterkopf. Sie denken ständig darüber nach – verweilen dabei – und stellen sich vor, dass diese Dinge absolut »möglich« wären. Sie spielen mit der Idee, dass sie ja durchaus »eintreten könnten«.

Diese dauernde Wiederholung, das Denken in »Möglichkeiten«, lässt Ihnen das Endergebnis immer »realer« erscheinen. Mit der Zeit stellen sich die dazu passenden Gefühle von selbst ein – Angst, Nervosität, Entmutigung. Alles, was zu dem unerwünschten Resultat passt. Wenn Sie nun das »Zielbild« ändern, können Sie genauso gut »gute Gefühle« erzeugen. Wenn Sie sich ein erwünschtes Ergebnis lebhaft bildlich vorstellen und dies immer wieder tun, dann wird es Ihnen ebenfalls realer vorkommen – und automatisch die dazu passenden Gefühle auslösen wie Begeisterung, Fröhlichkeit, Mut und Glück. »Wenn wir gute emotionale Gewohnheiten ausbilden und schlechte ablegen wollen«, so Knight Dunlap, »müssen wir uns zuerst mit unseren Gedanken und gedanklichen Gewohnheiten auseinandersetzen. Denn ein Mensch ist, was er im Herzen denkt.«

## Was das rationale Denken vermag und was nicht

Vergessen Sie nicht, dass Ihr automatischer Mechanismus ebenso gut als Versagensmechanismus wie als Erfolgsmechanismus wirken kann, je nachdem, welche Daten Sie ihm füttern und welche Ziele Sie ihm setzen. Letztlich ist es ein zielorientierter Mechanismus. Die Ziele, an denen er arbeitet, definieren Sie. Viele von uns setzen sich unbewusst Ziele, die nur im Versagen enden können, weil sie sich negative Bilder ihres Scheiterns vorstellen.

Erinnern Sie sich: Ihr automatischer Mechanismus stellt die Daten, die Sie ihm füttern, nicht infrage. Er verarbeitet sie nur und reagiert, wie es Ihren Vorgaben angemessen ist.

Deswegen ist es so wichtig, dass der automatische Mechanismus korrekte Daten über seine Umwelt erhält. Das ist die Aufgabe des bewussten, rationalen Denkens: *die Wahrheit zu erkennen*, korrekte Einschätzungen und Ansichten zu bilden. In diesem Zusammenhang neigen die meisten Menschen dazu, sich selbst zu unterschätzen und die Schwierigkeiten, die vor ihnen liegen, zu überschätzen. »Stellen Sie sich vor, Ihre Aufgabe sei leicht, und sie ist leicht«, sagt Émile Coué, Psychologe und Apotheker, der die Kunst der Autosuggestion lehrte.

Der Psychologe Daniel W. Josselyn äußert sich in seinem Buch *Why Be Tired?* ähnlich:

*Ich habe umfangreiche Experimente angestellt, um herauszufinden, wieso bewusste Anstrengung manchmal den Geist in Schockstarre versetzt. Es hängt fast immer damit zusammen, dass man die Schwierigkeiten und die Bedeutung geistiger Bemühungen maßlos überschätzt. Man nimmt sie viel zu ernst und hat Angst, sie nicht zu bewältigen. Menschen, die in der lockeren Unterhaltung mit anderen glänzen, werden zu babbelnden Idioten, sobald sie am Rednerpult stehen. Aber wenn Sie mit Ihren Nachbarn ein interessantes Gespräch führen können, dann müssen Sie auch nicht vor einer Menschenmenge zur Salzsäule erstarren.*

Ein Mensch, der Angst vor der Rednertribüne hat, unterhält sich mit Freunden gewöhnlich ganz ungezwungen. Aber die Tatsache, dass Sie mit Freunden offen reden können, heißt doch, dass Sie die Fähigkeit zum Reden in der Öffentlichkeit durchaus besitzen. Alles, was Sie tun müssen, ist: Bringen Sie die Person, die sich locker mit Freunden unterhält, in den Raum, in dem sich eine große Menschenmenge versammelt hat – lauter Freunde. Stellen Sie sich vor, wie Sie mit Freunden locker plaudern – und dehnen Sie dann Ihr Konzept von den Freunden auf den ganzen Raum aus. Und schon wird Ihnen das Reden in der Öffentlichkeit ein Leichtes sein.

## Sie werden die Wahrheit nie erfahren, wenn Sie es nicht versuchen

Die Aufgabe des rationalen, bewussten Denkens ist es, einkommende Signale zu untersuchen und zu bewerten, jene zu akzeptieren, die wahr sind, und den Rest zurückzuweisen. Viele Menschen lassen sich von zufälligen Bemerkungen aus der Bahn werfen, zum Beispiel »Du siehst aber heute Morgen gar nicht gut aus.« Wenn Sie von einer anderen Person abgelehnt werden, schlucken Sie deren Meinung einfach und bilden sich ein, ein »minderwertiger« Mensch zu sein. Wenn aber Ihr bewusstes Denken funktioniert und aufmerksam ist, dann akzeptieren wir nicht blind, was andere sagen. »Muss ja nicht stimmen!« ist daher ein gutes Motto.

Es ist die Aufgabe des bewussten, rationalen Denkens, logische und korrekte Schlussfolgerungen zu bilden. »Ich bin früher gescheitert, also werde ich auch in Zukunft scheitern«, ist weder logisch noch rational. Ebenso wenig ist es rational, sich von vornherein zu sagen »Ich kann das nicht!«, ohne es auch nur zu versuchen und ohne jeden Beweis für die Unvermeidlichkeit des Scheiterns. Wir sollten uns angewöhnen, so zu reagieren wie der Mann, den man fragte, ob er Klavier spielen könne. »Ich weiß es nicht«, lautete die Antwort. »Wieso wissen Sie das nicht?«, die Gegenfrage. »Ich habe es nie versucht.«

## Entscheiden Sie, was Sie wollen – nicht, was Sie nicht wollen

Es gehört auch zu den Aufgaben des bewussten, rationalen Denkens zu entscheiden, was Sie wollen, und die Ziele auszuwählen, die Sie erreichen möchten – und sich auf diese zu konzentrieren, statt auf das, was Sie nicht wollen. Zeit und Mühe auf das zu verschwenden, was Sie nicht wollen, ist nicht rational. Als Präsident Eisenhower noch der Zweite-Weltkriegs-General Eisenhower war, fragte man ihn, wie es sich auf die Kräfte der Alliierten ausgewirkt hätte, wenn man sie von den Küsten Italiens zurück ins Meer getrieben hätte. »Es wäre ziemlich übel geworden«, antwortete er. »Aber ich erlaube meinem Geist nie, in solch eine Richtung zu denken.«

## Richten Sie Ihr Augenmerk auf den Ball

Ihr bewusster Geist muss sich auf die vor ihm liegende Aufgabe *konzentrieren,* auf das, was Sie tun und was um Sie herum vorgeht, damit Ihr automatischer Mechanismus die eintreffenden Signale verarbeiten und spontan darauf reagieren kann. Im Baseball nennt man das: »Behalt den Ball im Blick.«

Doch es ist nicht die Aufgabe des rationalen, bewussten Denkens, die gestellte Aufgabe auszuführen. Wir geraten in schweres Fahrwasser, wann immer wir unser bewusstes Denken entweder nicht so einsetzen, wie es der Aufgabe angemessen wäre, oder es zu Zwecken gebrauchen, für die es nicht vorgesehen ist. Auch wenn wir uns noch so sehr anstrengen, können wir dem kreativen Mechanismus keinen kreativen Gedanken abquetschen. Wir können das, was vor uns liegt, nicht durch bewusste Anstrengung erreichen. Aber weil wir es trotzdem probieren und prompt nicht schaffen, werden wir nervös, frustriert und besorgt. Der automatische Mechanismus läuft unbewusst ab. Wir können ihm nicht beim Arbeiten zuschauen. Wir wissen nicht, was unter der »Motorhaube« abläuft. Und weil er spontan auf unsere augenblicklichen Bedürfnisse reagiert, haben wir weder einen Anhaltspunkt noch eine Garantie, dass er uns eine Antwort liefern wird. Wir müssen ihm gezwungenermaßen vertrauen. Und nur wenn wir vertrauensvoll trotzdem handeln, geschehen Zeichen und Wunder. Kurz zusammengefasst: Das bewusste, rationale Denken wählt die Ziele aus, sammelt Informationen, zieht Schlussfolgerungen, bewertet, schätzt ein und setzt die Rädchen in Bewegung. *Es ist jedoch nicht verantwortlich für die Resultate.* Wir müssen lernen, unseren Teil der Arbeit zu tun, entsprechend unseren Schlussfolgerungen, die wir nach bestem Ermessen gezogen haben, zu handeln und uns *um die Endergebnisse weiter nicht zu kümmern.*

## Wichtige Erkenntnisse

Füllen Sie diese Zeilen bitte aus.

1. ____________________

____________________

____________________

____________________

2. ____________________

____________________

____________________

____________________

3. ____________________

____________________

____________________

____________________

4. ____________________

____________________

____________________

____________________

5. ____________________

____________________

____________________

____________________

## Meine eigene Fallgeschichte

Schreiben Sie eine Erfahrung aus Ihrer Vergangenheit auf, für die die hier vorgestellten Prinzipien eine schlüssige Erklärung liefern.

# 6
# WIE SIE SICH ENTSPANNEN UND DEN ERFOLGSMECHANISMUS FÜR SICH ARBEITEN LASSEN

*Stress* ist mittlerweile ein allseits bekannter Begriff. Wir sprechen ja auch vom »Zeitalter des Stresses«. Sorge, Nervosität, Schlaflosigkeit, Magengeschwüre sind die allseits akzeptierten Folgen der Welt, in der wir leben.

Und doch bin ich davon überzeugt, dass das nicht so sein müsste.

Wir könnten uns von einer schweren Last befreien, von Sorge, Nervosität und Angst, wenn wir die schlichte Wahrheit akzeptieren würden, dass unser Schöpfer dafür gesorgt hat, dass wir in diesem – und in jedem anderen – Zeitalter erfolgreich leben können, indem er uns einen eingebauten kreativen Mechanismus mitgegeben hat.

Unser Problem ist, dass wir den automatischen kreativen Mechanismus meist ignorieren und versuchen, allen Schwierigkeiten mit dem bewussten Denken beizukommen, also mit unserem »Vorderhirn«.

Das Vorderhirn ist der »Anwender« eines Computers oder des Steuermechanismus. Mit dem Vorderhirn denken wir »ich« und spüren unsere Identität. Mit dem Vorderhirn malen wir uns Dinge aus oder setzen uns Ziele. Wir bedienen uns seiner, um Informationen zu sammeln, Beobachtungen anzustellen und die hereinkommenden Sinnesdaten zu bewerten, um daraus Schlussfolgerungen zu ziehen.

Aber unser Vorderhirn ist nicht kreativ. Es kann die Aufgaben nicht »erledigen«, die anstehen. Genauso wenig wie jemand, der einen Computer benutzt, die Berechnungen anstellen kann, die im Gerät ablaufen.

Es ist die Aufgabe des Vorderhirns, Probleme zu stellen oder zu erkennen – aber seine ganze Anlage zeigt, dass es nicht dafür eingerichtet ist, sie auch zu lösen.

## Seien Sie nicht zu vorsichtig

Und doch versucht der moderne Mensch eben das: all seine Probleme mit dem Vorderhirn zu lösen.

Jesus sagte: »Wer von euch kann mit all seiner Sorge sein Leben auch nur um eine kleine Zeitspanne verlängern?« (Matthäus 6, 27) Der Kybernetiker Norbert Wiener meint, ein Mensch könne nicht einmal so eine simple Aufgabe wie das Aufheben eines Stiftes vom Schreibtisch mit bewusster Anstrengung oder »Willenskraft« erledigen.

Da der Mensch sich fast ausschließlich auf sein Vorderhirn verlässt, wird er übervorsichtig, allzu ängstlich, dass die »Resultate« nicht befriedigend sein könnten. Er vernachlässigt Jesu Rat »Sorgt euch also nicht um morgen.«. Und die Aufforderung des heiligen Paulus »Sorgt euch um nichts.« wird als praxisferner Unsinn angesehen.

Und auch William James, der Begründer der Psychologie in den USA, rät uns dies, und zwar schon vor Jahren. Aber wir haben nicht auf ihn gehört. In seinem Aufsatz »The Gospel of Relaxation« (der in seinem Buch *On Vital Reserves* veröffentlicht wurde) schreibt er, dass der moderne Mensch viel zu angespannt sei, sich zu sehr um die Ergebnisse sorge, zu nervös sei (Und das im Jahr 1899!). Dabei gebe es einen viel einfacheren, leichteren Weg:

> *Wenn wir möchten, dass unsere Vorstellungs- und Willenskraft fruchtbare Ergebnisse liefert, müssen wir uns angewöhnen, sie vom hinderlichen Einfluss des Nachdenkens zu befreien, von der ichbezogenen Sorge um die Resultate. Diese Gewohnheit können wir uns, wie so viele andere, aneignen. Vorsicht und Pflicht und Selbstachtung sowie Gefühle wie Ehrgeiz beziehungsweise Angst spielen in unserem Leben natürlich eine Rolle. Aber Sie sollten diese so weit als möglich auf jene Anlässe beschränken, bei denen Sie allgemeine Entscheidungen treffen und Pläne für Ihr Handeln schmieden. Lassen Sie sie weg, wenn es um die Details geht. Sobald Sie eine Entscheidung getroffen haben und diese nun ausführen müssen, sollten Sie wirklich jede Sorge und jede*

*Verantwortung für das Ergebnis verwerfen. Mit einem Wort: Befreien Sie Ihre intellektuelle und praxisorientierte Maschinerie. Lassen Sie sie laufen, und sie wird Ihnen doppelt so gute Dienste erweisen.*

## Sieg durch Hingabe

In den berühmten Gifford Lectures (die unter dem Titel *Die Vielfalt religiöser Erfahrung* veröffentlicht wurden) nennt James ein Beispiel nach dem anderen von Menschen, die jahrelang erfolglos versucht hatten, sich durch bewusste Anstrengung von Sorgen, Schuld- und Minderwertigkeitsgefühlen zu befreien. Der Erfolg stellte sich erst ein, als sie aufhörten, ihre Probleme bewusst lösen zu wollen. »Unter diesen Umständen«, meint James, »führt der Weg zum Erfolg wie unzählige persönliche Berichte bezeugen [...] über die »Selbstaufgabe« [...]. Passivität, nicht Aktivität; Entspannung, nicht Anspannung sollte jetzt die Regel sein. Gib dein Verantwortungsgefühl auf, lass deinen Halt los, überlass die Sorge über dein Geschick höheren Mächten, sei wahrhaft gleichgültig gegenüber allem, was kommen mag. [...] Es geht allein darum, das eigene, kleine, private, verkrampfte Selbst zur Ruhe kommen zu lassen und festzustellen, dass ein größeres Selbst da ist. Die Erfolge dieser Kombination von Optimismus und Erwartung – ob sie nun langsam oder plötzlich auftreten, groß oder klein sind –, die Erneuerungsphänomene, die mit dem Leistungsverzicht einhergehen, bleiben gesicherte Tatsachen der menschlichen Natur.«[12]

## Das Geheimnis schöpferischen Denkens und Handelns

Den Beleg dafür, dass das bisher Gesagte wahr ist, finden wir in der Erfahrung von Schriftstellern, Erfindern und anderen schöpferisch tätigen Menschen. Sie berichten übereinstimmend, dass schöpferische Ideen nicht bewusst gefasst werden können. Meist kommen sie automatisch, spontan und wie ein Blitz aus heiterem Himmel, wenn das Bewusstsein die Beschäftigung mit dem fraglichen Gegenstand aufgegeben und sich

12 William James, *Die Vielfalt religiöser Erfahrung*, Berlin 2014, S. 139 und 141.

anderen Dingen zugewandt hat. Sie stellen sich allerdings auch nicht zufällig ein, ohne dass der bewusste Geist über das Problem nachgedacht hätte. Alles deutet darauf hin, dass die Stimme der »Inspiration« sich vor allem dann vernehmen lässt, wenn man ein leidenschaftliches Interesse an der Lösung eines bestimmten Problems zeigt. Der Betreffende muss darüber nachgedacht haben, alle einschlägigen Informationen gesammelt und sich mit allen bekannten Lösungswegen gedanklich auseinandergesetzt haben. Vor allem aber muss er den brennenden Wunsch verspüren, auf diese Frage eine Antwort zu finden. Aber nachdem er das Problem umrissen hat, sich das erwünschte Resultat in seiner Vorstellung ausgemalt und alle verfügbaren Informationen zusammengetragen hat, ist jedes weitere Bemühen und Sorgen nicht mehr zielführend. Ganz im Gegenteil, es scheint die Lösung vielmehr zu blockieren.

Der Schweizer Mathematiker Henri Fehr sagte, dass er seine innovativen Ideen meist erst dann hatte, wenn er gerade nicht an einem Problem arbeitete. Und dass die Entdeckungen seiner Zeitgenossen sich auch erst dann einstellten, wenn sie nicht am Schreibtisch saßen.

Wenn Thomas Alva Edison ein Problem nicht lösen konnte, legte er sich erst mal ein Weilchen hin.

Charles Darwin berichtet, wie ein Gedankenblitz ihm nach Monaten des bewussten Nachdenkens die entscheidende Idee eingab, auf der *Die Entstehung der Arten* beruht: »Ich kann mich noch genau erinnern, an welcher Stelle der Straße wir angelangt waren, als ich in der Kutsche saß und sich zu meiner Freude die Lösung zeigte.«

Lenox Riley Lohr, ehemaliger Präsident der National Broadcasting Company, schrieb im *American Magazine*, wie es zu den Ideen kam, die ihm im Geschäftsleben weiterhalfen: »Meiner Ansicht nach stellen sich Ideen immer dann ein, wenn Sie etwas tun, was den Geist wach hält, ohne ihn zu sehr zu fordern, zum Beispiel Rasieren, Autofahren, Sägen, Fischen oder Jagen. Oder bei einem anregenden Gespräch mit Freunden. Einige meiner besten Ideen entstanden aus Informationen, auf die ich zufällig stieß und die absolut nichts mit meiner Arbeit zu tun hatten.«

C. G. Suits, Leiter der Abteilung für Forschung und Entwicklung bei General Electrics, meinte einmal, dass fast alle Entdeckungen in den Forschungswerkstätten auf Eingebungen beruhten, die immer dann aufblitzten, wenn man lange über etwas nachgedacht hatte und sich eine Pause gönnte.

Bertrand Russell schrieb in seinem Buch *Eroberung des Glücks*: »So habe ich zum Beispiel herausgefunden, dass die beste Methode, wenn ich über ein besonders schwieriges Thema zu schreiben habe, darin besteht, dass ich zunächst ein paar Stunden oder auch Tage lang intensiv – so intensiv ich überhaupt kann – darüber nachdenke und nach Ablauf dieser Zeit sozusagen dem Unterbewusstsein den Befehl gebe, die Arbeit im Stillen fortzusetzen. Nach einigen Monaten kehre ich bewusst zu meinem Gegenstand zurück und kann dann feststellen, dass die Arbeit geleistet ist. Bevor ich diese Technik heraushatte, quälte ich mich in der Zwischenzeit unsinnig ab, weil ich nicht vorankam; doch durch Grübeln rückte ich der Lösung um nichts näher, und die dazwischenliegenden Monate waren vergeudet, während ich sie jetzt anderen Aufgaben widmen kann.«[13]

Viele schöpferisch tätige Menschen berichten, dass sie ihre besten Ideen unter der Dusche haben, beim Strandspaziergang oder wenn sie in anderer Form mit Wasser in Kontakt sind. Vielleicht setzt ja das Fließen des Wassers den Fluss der Ideen in Gang.

Eine weitere »Aktivität«, die häufig zu kreativen Einsichten führt, ist der Schlaf. Wenn Sie eine Frage haben, auf die Sie eine Antwort suchen, oder ein Projekt, an dem Sie arbeiten, können Sie, bevor Sie schlafen gehen, Ihren Geist anweisen, offen zu bleiben für nützliche Informationen und sich nach dem Aufwachen daran zu erinnern. Legen Sie Papier und Stift auf dem Nachttisch bereit, damit Sie Ihre Ideen festhalten können. Mit diesem Ansatz werden Sie feststellen, dass Sie sehr schnell neue Ideen finden, die weitaus besser sind als alles, was Sie sich im Wachzustand ausdenken.

## Sie sind ein »schöpferisch tätiger« Mensch

Meist machen wir den Fehler, dass wir diese »unbewusste Hirnleistung« für etwas halten, was nur Schriftsteller, Erfinder und andere »Kreative« brauchen. Aber wir sind letztlich alle Kreative, ob wir uns nun zu Hause um die Kinder kümmern oder als Lehrer, Vertreter, Stu-

13 Bertrand Russell, *Eroberung des Glücks*, Belin 2019, S. 54f.

denten oder Unternehmer tätig sind. Wir alle tragen den gleichen Erfolgsmechanismus in uns und müssen persönliche, geschäftliche oder schriftstellerische beziehungsweise technische Probleme lösen. Bertrand Russell empfahl seine Methode auch seinen Lesern, um ihre Alltagsprobleme zu lösen. J. B. Rhine, Botaniker und Autor von *Parapsychologie, Grenzwissenschaft der Psyche* und *Die Reichweite des menschlichen Geistes,* sah das, was wir »Genie« nennen, als Prozess, als den natürlichen Weg, auf dem der menschliche Geist Probleme löst. Wir aber würden den Begriff »Genie« fälschlicherweise nur verwenden, wenn jemand ein Buch schreibt oder ein Bild malt.

## Das Geheimnis »natürlichen« Verhaltens und Könnens

Der Ihnen eigene Erfolgsmechanismus funktioniert immer gleich, ob er sich nun als »kreatives Handeln« oder »schöpferische Idee« ausdrückt. Können – ob im Sport, am Klavier, im Gespräch oder beim Verkauf – entsteht nicht aus angestrengter Kontrolle jeder einzelnen Phase des jeweiligen Ablaufs, sondern aus der Entspannung heraus, wenn wir die Aufgabe sich selbst erledigen lassen. Kreatives Handeln geschieht spontan und »natürlich«, während wir uns blockieren, halten wir am Einstudierten fest. Der beste Pianist auf der Welt könnte nicht die einfachste Komposition spielen, wenn er ständig darüber nachdächte, welchen Finger er wie auf welche Taste legen soll – *während er spielt.* Natürlich hat er sich damit bewusst auseinandergesetzt, während er das Stück einstudierte. Er hat so lange geübt, bis alles, was er tut, selbstverständlich und automatisch wurde. Doch ein guter Klavierspieler wurde er erst dann, als er aufhören konnte, sich bewusst zu bemühen und das Spiel seinem unbewussten Gewohnheitsmechanismus überließ, der zum Erfolgsmechanismus gehört.

## Blockieren Sie Ihren kreativen Mechanismus nicht

Bewusstes Bemühen hemmt und blockiert Ihren kreativen Mechanismus. Der Grund, warum manche Menschen in Gesellschaft gehemmt sind, ist einfach, dass sie zu angestrengt versuchen, das Richtige zu tun.

Sie sind sich schmerzlich jeder einzelnen Bewegung bewusst. Jede Handlung wird gründlich »überlegt«. Jedes Wort auf eine bestimmte Wirkung hin ausgewählt. Wir nennen solche Menschen »gehemmt«, und das mit gutem Grund. Richtiger wäre es zu sagen, dass nicht der *Mensch* gehemmt ist, sondern dass er seinen kreativen Mechanismus *hemmt.* Könnte er loslassen, aufhören, es krampfhaft zu versuchen, könnte er sich locker machen und nicht ständig über sein Verhalten nachdenken, dann könnte er kreativ und spontan handeln. Er könnte ganz er selbst sein.

Wenn Sie sich ein Ziel setzen, sollten Sie im Hinterkopf behalten, dass Sie die meiste Zeit im »Weg-Modus« sind. Das heißt: Sie konzentrieren sich auf den Prozess und auf die Aktivitäten, die Sie an Ihr Ziel bringen – die meiste Zeit jedenfalls. Wenn es Ihr Ziel ist, den Mount Everest zu ersteigen, und Sie nur an den Gipfel denken, »blockieren« Sie Ihren kreativen Mechanismus. Sie müssen an jeden einzelnen Schritt auf dem Weg dorthin denken. Bleiben Sie den Großteil der Zeit auf den Weg konzentriert – und denken Sie nur hin und wieder an das Ziel (ein bis zwei Mal am Tag während Sie es sich bildlich vorstellen). Dann schalten Sie zurück in den Weg-Modus und übergeben das Ziel Ihrem Unbewussten, Ihrem Erfolgsmechanismus, der Sie mühelos ans Ziel Ihrer Wünsche führt.

Menschen, die ihre finanzielle Situation verbessern wollen, sollten den gleichen Ratschlag beherzigen. Wenn Sie sich ständig Gedanken darüber machen, wo Sie finanziell gerade stehen beziehungsweise wohin Sie möchten, dann sinkt die Wahrscheinlichkeit, dass Sie Ihr Ziel erreichen. Programmieren Sie das Ziel in Ihr »Navi« ein – und setzen Sie sich dann mit dem Weg dorthin auseinander. Falls Sie sich noch nicht schlüssig sein sollten, welchen Weg Sie überhaupt einschlagen sollen, geben Sie dieser Frage genug Raum, damit sich das »Wie« zeigen kann. Es wird sich finden, wenn Sie entspannt sind – und nicht, wenn Sie gedanklich um jeden einzelnen Schritt angestrengt ringen.

## Fünf Regeln, die Ihnen helfen, den kreativen Mechanismus anzukurbeln

### 1. Machen Sie sich Sorgen, bevor Sie Ihre Wette abschließen, und nicht, wenn sich das Rad schon dreht

Diese Formulierung verdanke ich einem Manager, dessen große Schwäche das Roulette war. Ihm half dieser Satz, seine Sorgen abzulegen und kreativer und erfolgreicher zu sein. Ich habe ihm den Rat von William James vorgelesen, der sagt, dass Ängste und Nervosität bei der Planung durchaus ihren Platz haben. Aber wenn die Entscheidung gefallen ist und man an die Ausführung geht, dann sollte man jede Verantwortung und Sorge um das Resultat loslassen. Mit einem Wort, die intellektuelle und praktische Maschinerie »entkrampfen«, sodass sie frei laufen kann.

Einige Wochen später kam dieser Mann wieder in meine Praxis und berichtete so begeistert über seine »Erkenntnisse« wie ein Schuljunge über seine erste Liebe. »Es fiel mir wie Schuppen von den Augen, als ich in Las Vegas war. Ich habe es ausprobiert, und es hat funktioniert.«

»Was ist Ihnen wie Schuppen von den Augen gefallen? Und was hat funktioniert?«, wollte ich wissen.

> *Der Rat von William James. Als Sie mir das vorgelesen haben, hat es auf mich erst keinen großen Eindruck gemacht. Aber während ich am Roulettetisch stand, fiel mir dieser Satz wieder ein. Ich habe viele Spieler beobachtet, die sich vor dem Platzieren des Einsatzes keine Sorgen zu machen schienen. Aber sobald sich das Rad zu drehen begann, wurden sie starr vor Angst und Sorge, ob ihre Zahl auch gewinnen würde. »Das ist doch Quatsch«, dachte ich. Wenn sie sich Sorgen machen oder ihre Chancen kalkulieren, dann sollten sie das doch tun, bevor sie setzen. Da lässt sich noch etwas machen. Sie können überlegen, wo die besten Chancen liegen und ob es sich überhaupt lohnt, das Risiko einzugehen. Aber wenn die Chips auf dem Tisch liegen und das Rad sich in Bewegung setzt – dann können Sie sich auch entspannen und das Ganze genießen. Denn wenn Sie da noch lange überlegen, hilft Ihnen das kein bisschen. Es ist nur verschwendete Energie.*
>
> *Dann ging mir auf, dass ich es ja genauso mache, sowohl im Geschäfts- als auch im Privatleben. Ich habe häufig Entscheidungen getroffen und mich auf Dinge eingelassen, ohne mich darauf vorzuberei-*

*ten. Ohne die Risiken zu kalkulieren und den bestmöglichen Weg zu suchen. Aber kaum setzte sich das Rad in Bewegung, fing ich an, mir darüber Gedanken zu machen, ob ich auch alles richtig gemacht hatte. Und so beschloss ich, dass ich künftig alle Sorgen, all mein Vorderhirndenken vor der Entscheidung ablaufen lassen würde. Und sobald das Rad anfinge, sich zu drehen, würde ich absolut jedes Verantwortungsgefühl, jeden Gedanken ans Ergebnis aufgeben. Ob Sie es nun glauben oder nicht, es hat funktioniert. Ich fühle mich nicht nur besser, schlafe und arbeite besser, mein Unternehmen läuft auch viel besser.*

*Und ich habe entdeckt, dass das gleiche Prinzip auch in hunderterlei persönlichen Situationen funktioniert. So belastete es mich zum Beispiel ständig, wenn ich zum Zahnarzt musste oder andere unangenehme Dinge zu erledigen hatte. Also sagte ich mir: »Das ist doch Unsinn. Du weißt ja, dass es unangenehm wird, und zwar schon bevor du die Entscheidung triffst, es zu tun. Wenn dir das unangenehme Gefühl so wichtig ist, dann kannst du ja immer noch beschließen, nicht hinzugehen. Aber wenn du entscheidest, dass der Besuch beim Zahnarzt die Unannehmlichkeiten wert ist und du daher hingehen willst – dann vergiss das unangenehme Gefühl einfach. Überlege dir, wie das Risiko aussieht, bevor das Rad sich in Bewegung setzt.« Ich machte mir auch immer endlos Sorgen, wenn ich bei der Vorstandssitzung eine Rede halten musste. Also sagte ich zu mir: »Entweder halte ich die Rede oder eben nicht. Wenn ich mich dafür entscheide, brauche ich nicht mehr lang zu überlegen, ob ich es doch lieber lasse, oder versuchen, gedanklich zu fliehen.« Dabei habe ich herausgefunden, dass ein Großteil der Nervosität und Angst entsteht, weil wir versuchen, geistig vor etwas wegzulaufen, was wir bewusst beschlossen haben. Wenn Sie sich aber entschieden haben, etwas zu tun – was hat es dann für einen Sinn, sich geistig mit der Möglichkeit der Flucht zu beschäftigen oder zu hoffen, dass sich am Ende doch noch ein Ausweg findet? Ich zum Beispiel habe jedes gesellige Beisammensein immer gehasst. Ich habe es nur wegen meiner Frau oder wegen meines Berufes über mich ergehen lassen. Ich war zwar dort, wehrte mich aber geistig dagegen und war daher meist griesgrämig und nicht gerade kommunikativ. Dann entschied ich: Wenn ich körperlich anwesend bin, dann will ich auch geistig dort sein – und lasse jeden Widerstand los. Gestern Abend ging ich also zu der Party, die ich vorher sicher als »bescheuertes Beisammensein« bezeichnet hätte. Und ich stellte überrascht fest, dass ich durchweg Spaß hatte.*

## 2. Gewöhnen Sie sich an, bewusst auf den gegenwärtigen Moment zu reagieren

Üben Sie bewusst die Gewohnheit ein, »keinen ängstlichen Gedanken auf das Morgen zu verwenden«, indem Sie Ihre ganze Aufmerksamkeit auf den gegenwärtigen Augenblick richten. Ihr kreativer Mechanismus hat »morgen« keine Wirkung. Er funktioniert nur heute – in der Gegenwart. Machen Sie ruhig Pläne für das Morgen, aber versuchen Sie nicht, morgen oder in der Vergangenheit zu *leben*. Kreativ leben heißt, auf Ihr Umfeld spontan zu antworten und zu reagieren. Ihr kreativer Mechanismus kann sich nur auf die Gegenwart angemessen und erfolgreich beziehen – und das funktioniert nur, wenn Sie Ihre ganze Aufmerksamkeit auf das Jetzt richten und ihn mit Informationen dazu versorgen. Für die Zukunft planen dürfen Sie, so viel Sie wollen. Treffen Sie ruhig Ihre Vorkehrungen. Aber machen Sie sich keine Gedanken darüber, wie Sie morgen *reagieren werden* oder selbst in fünf Minuten. Ihr kreativer Mechanismus kann nur im Jetzt angemessen reagieren, wenn Sie mit Ihrer Achtsamkeit bei dem sind, was im Moment passiert. Und genau dasselbe wird er es auch morgen tun. Er kann nicht verarbeiten, was passieren *könnte* – nur das, was *tatsächlich* geschieht.

### Leben Sie ganz in jedem Tag

Der berühmte kanadische Arzt Sir William Osler, Autor von *A Way of Life*, meinte, sein ganzes Glück und sein Erfolg beruhten auf einer Gewohnheit, die man ebenso einfach einüben könnte wie jede andere. Man solle das Leben immer nur tageweise anpacken, jeden einzelnen Tag für sich. Blicken Sie nicht weiter zurück oder vorwärts als 24 Stunden. Leben Sie das Heute, so gut Sie können. Wenn Sie im Heute gut leben, dann wird Ihr Morgen noch besser werden.

William James bezeichnet diese Philosophie als wirksamstes Mittel der Psychologie und der Religion, um uns von aller Sorgsucht zu heilen. Er schreibt: »Von der heiligen Katharina von Genua heißt es, dass ›sie die Dinge stets eins nach dem anderen zur Kenntnis genommen hat, *von Augenblick zu Augenblick*.‹ Für ihre heilige Seele ›war der gegenwärtige Augenblick göttlich … Und erst wenn der gegenwärtige Augenblick in sich selbst und in seinen Beziehungen gewürdigt worden war und wenn die mit ihm verbundenen Pflichten erfüllt waren, wurde ihm erlaubt vorbeizugehen, als wäre er nie gewesen, um den Tatsachen und Pflichten des nach ihm kommenden Augenblicks Platz zu machen.«[14]

Auch die Anonymen Alkoholiker haben sich dieses Prinzip zu eigen gemacht. Sie raten ihren Mitgliedern: »Versuche nicht, das Trinken für immer aufzugeben. Sag dir nur, dass du heute nicht trinken wirst.«

### Halte inne, schau und horche!

Üben Sie sich darin, sich Ihr Umfeld bewusst zu machen. Was sehen, hören, riechen, schmecken Sie in diesem Moment? Worauf haben Sie nicht geachtet?

Das Schauen und Horchen sollten Sie ganz bewusst üben. Spüren Sie, wie einzelne Dinge sich anfühlen. Wie lange ist es her, dass Sie das Pflaster unter Ihren Füßen gefühlt haben? Die Indianer Nordamerikas, aber auch die ersten Siedler mussten ständig wachsam sein, um zu überleben. Das gilt auch für den modernen Menschen, aber aus einem anderen Grund: Nicht wegen der möglichen Gefahren für Leib und Leben, sondern wegen des Risikos einer »nervösen Störung«, verursacht durch das sich ständig drehende Gedankenkarussell, durch fehlende Spontaneität und Frische des Lebens, durch Unempfänglichkeit für den gegenwärtigen Moment.

Sich der Gegenwart bewusst zu werden und zu versuchen, nur auf den gegenwärtigen Moment zu reagieren, wirkt Wunder, was die Lösung von Anspannung angeht. Wenn Sie beim nächsten Mal spüren, dass Sie sich verkrampfen, halten Sie inne und sagen Sie sich: »Was ist *hier und jetzt* da? Worauf sollte ich reagieren? Was *kann* ich tun?« Ein großer Teil unserer Nervosität rührt daher, dass wir »versuchen«, etwas zu vollbringen, was im Augenblick nicht getan werden kann. Dann dreht der Motor zwar auf vollen Touren, läuft aber leer.

Behalten Sie immer im Hinterkopf, dass Ihr kreativer Mechanismus auf die *gegenwärtige Umgebung* reagiert – auf das Hier und Jetzt. Häufig reagieren wir, wenn wir uns das nicht bewusst machen, automatisch auf irgendwelche Situationen der Vergangenheit. Nicht auf den momentanen Augenblick, nicht auf die aktuelle Situation, sondern auf irgendein ähnliches Ereignis von früher. Kurz gesagt reagieren wir nicht auf die Wirklichkeit – sondern auf eine Fiktion. Wenn Ihnen das vollkommen

14 William James, *Die Vielfalt religiöser Erfahrung*, Berlin 2014, S. 299.

bewusst wird, wenn Sie merken, was Sie tun, dann findet dieser Zustand mitunter überraschend schnell ein Ende.

### Kämpfen Sie nicht gegen die Windmühlen der Vergangenheit

Einer meiner Patienten wurde beispielsweise immer dann nervös, wenn er mit vielen Menschen konfrontiert war, ob nun im Beruf, in der Kirche oder bei anderen formellen Anlässen. »Menschengruppen«, das war der gemeinsame Nenner dieser Gefühle. Ohne es zu merken, reagierte er auf eine frühere Erfahrung, bei der »Menschengruppen« eine Rolle gespielt hatten. Bald erinnerte er sich, dass er sich als Kind in der Schule einmal in die Hose gemacht hatte. Ein grausamer Lehrer hatte ihn darauf vor die Klasse treten lassen, um ihn zu demütigen. Der Junge hatte sich zutiefst geschämt. Nun erlebte er Menschengruppen genauso, als stünde er wieder als dieses Kind vor der Klasse. Als er erkannte, dass er »so reagierte, als ob« er immer noch ein Schuljunge von zehn Jahren wäre, als bestünde jede Menschengruppe aus seinen Mitschülern und jeder Gruppenleiter wäre ein grausamer Lehrer, war seine Anspannung mit einem Schlag verschwunden.

Andere klassische Beispiele: die Frau, die jedem Mann so begegnet, »als wäre er ein bestimmter Typ aus ihrer Vergangenheit«; oder der Mann, der in der Gegenwart auf jede Autoritätsfigur so reagiert, als wäre sie eine bestimmte Respektsperson aus seiner Jugend.

### 3. Erledigen Sie immer eins nach dem anderen

Eine häufige Ursache für Nervosität und Anspannung ist die unsinnige Angewohnheit, alle möglichen Dinge zugleich zu machen. Der Student lernt und sieht gleichzeitig fern. Der Geschäftsmann kann sich nicht auf den Brief konzentrieren, den er gerade diktiert, weil er im Kopf alles durchgeht, was er heute oder diese Woche *erledigen sollte*, was heißt, dass er unbewusst versucht, im Kopf alles auf einmal zu erledigen. Diese Gewohnheit ist besonders heimtückisch, weil sie selten erkannt wird. Wenn die Arbeitsbelastung, die noch vor uns liegt, uns ängstlich und nervös werden lässt, dann liegt das nicht an der Arbeitsbelastung, sondern an unserer mentalen Einstellung dazu: »Ich sollte das alles auf einmal bewältigen.« Wir werden nervös, weil wir versuchen, das Unmögliche zu tun, was unvermeidlich Frustration zur Folge hat. Die Wahrheit ist: Wir können nur immer eine Sache auf einmal machen. Wenn wir das begriffen haben, wenn wir uns von dieser ebenso simplen wie offenkundigen Wahrheit überzeugt haben, dann können wir aufhören, mental alles, was noch ansteht, auf einmal erledigen zu wollen. Und wir können unsere Aufmerksamkeit, unsere Reaktionsfähigkeit ganz auf das konzentrieren, was wir im Moment tun. Wenn wir in dieser Haltung ans Werk gehen, sind wir entspannt. Wir fühlen uns nicht gehetzt und unter Druck. Wir können uns vielmehr *konzentrieren* und auch gedanklich unsere Bestleistung erbringen.

### Die Lektion vom Stundenglas

James Gordon Gilkey, Dozent am Amherst College, hielt 1944 eine Predigt mit dem Titel »Wie man emotionale Gelassenheit erwirbt«, die später im *Reader's Digest* abgedruckt wurde und enormen Erfolg hatte. Er war in jahrelanger Beobachtung zu dem Schluss gelangt, dass einer der Hauptgründe für alle möglichen persönlichen Probleme die schlechte geistige Angewohnheit war, alles zugleich erledigen zu wollen. Als sein Blick einmal auf die Sanduhr auf seinem Schreibtisch fiel, kam ihm eine Eingebung: So wie auch hier immer nur ein Körnchen Sand nach unten rieselte, so sollten auch wir immer nur eine Sache auf einmal angehen. Probleme bereitet nicht die vor uns liegende Aufgabe, sondern die Einstellung, die wir zu ihr haben.

Viele von uns fühlen sich gehetzt und genervt, meinte Gilkey, weil wir ein falsches geistiges Bild von unseren Verpflichtungen und Verantwortlichkeiten hätten. Es scheint so, als hätten wir immer ein Dutzend verschiedene Dinge zu tun, ein Dutzend Probleme zu lösen, ein Dutzend Belastungen zu tragen. Ganz egal, wie viel wir tatsächlich zu tun hätten, so Gilkey, diese Vorstellung sei grundsätzlich falsch. Selbst an hektischen Tagen kommen die einzelnen Aufgaben doch eine nach der anderen auf uns zu. Ganz egal, wie viele Probleme wir zu lösen haben, sie stellen sich stets *im Gänsemarsch* ein. Etwas anderes ist gar nicht möglich. Um uns ein korrektes Bild von der Wirklichkeit zu machen, so Gilkey, sollten wir uns ein Stundenglas vorstellen: so viele Sandkörner, und doch rinnt *immer nur eines auf einmal* nach unten. Dieses mentale Bild wird uns emotionale Gelassenheit schenken, so wie das falsche Bild von den Aufgaben, die alle zugleich auf uns einstürmen, emotionalen Aufruhr verursacht.

Ein anderer mentaler Trick, der meinen Patienten sehr geholfen hat, ist dieser: Ihr Erfolgsmechanismus kann Ihnen helfen, buchstäblich jede Arbeit und jede Aufgabe zu erledigen und jede Problemlösung zu finden. Stellen Sie sich vor, wie Sie diese Aufgaben und Probleme Ihrem Erfolgsmechanismus *eingeben*. Sie sind der Wissenschaftler, der den Computer füttert. Und der Fülltrichter für Ihren Erfolgsmechanismus kann immer nur eine Aufgabe auf einmal aufnehmen. So wie der Computer eine korrekte Antwort nur geben kann, wenn sich nicht drei verschiedene Aufgaben bei der Eingabe überlagern. Dasselbe gilt für Ihren Erfolgsmechanismus. Nehmen Sie den Druck raus. Hören Sie auf, die Maschine mit mehr zu füttern, als sie verarbeiten kann.

> Sie können viele verschiedene Ziele haben, aber wenn Sie sich immer nur auf eines konzentrieren, werden Sie mehr schaffen, als wenn Sie sich ständig mit allen auf einmal befassen. Lassen Sie die Flamme Ihrer Wünsche zunächst an einem Ziel hochlecken und Sie werden sehen, dass die Flammen ganz von selbst auf alle anderen Vorhaben übergreifen.

**4. Schlafen Sie drüber**

Wenn Sie den lieben, langen Tag mit einem Problem gekämpft haben, ohne einen sichtbaren Fortschritt zu erzielen, versuchen Sie, das Ganze zu vergessen. Verschieben Sie Ihre Entscheidung, bis Sie Gelegenheit hatten, »darüber zu schlafen«. Vergessen Sie nicht: Ihr kreativer Mechanismus funktioniert am besten, wenn ihm das bewusste Ich nicht ins Handwerk pfuscht. Im Schlaf kann er ungestört durch das Wachbewusstsein arbeiten, wenn Sie das Rad vorher in Gang gesetzt haben.

Erinnern Sie sich noch an das Märchen vom Schuster und den Wichtelmännern? Der brave Schuster legte am Abend das fertig zugeschnittene Leder auf den Werktisch und fand am nächsten Tag die fertigen Schuhe, die die Wichtelmänner für ihn gemacht hatten.

Viele kreativ tätige Menschen wenden eine ganz ähnliche Technik an. Die Frau von Thomas Alva Edison erzählte, dass ihr Mann am Abend immer noch einmal durchging, was er am nächsten Tag anpacken wollte. Manchmal machte er auch eine Liste aller Dinge, die zu erledigen waren, und aller Probleme, die er zu lösen hoffte.

Vom Romancier Sir Walter Scott heißt es, wenn seine Ideen abends noch immer nicht befriedigend Gestalt angenommen hatten, sagte er sich: »Was soll's? Morgen um sieben Uhr abends weiß ich, wie es weitergeht.«

Wladimir Bechterew, russischer Neurologe und Begründer der objektiven Psychologie, sagte einmal: »Mir ist es mehrmals passiert, dass ich, wenn ich mich abends auf ein Thema konzentrierte und dafür poetische Worte gefunden hatte, am nächsten Morgen nur noch zum Stift greifen musste und die Worte anfingen zu fließen. Ich musste den Aufsatz später nur noch minimal verbessern.«

Edisons bekannte »Nickerchen« dienten nicht nur der Erholung. In *The Psychology of the Inventor* schrieb Joseph Rossman: »Wenn Edison nicht weiterkam, dann legte er sich in der Werkstatt in Menlo hin und döste, bis sein Traumgeist ihm eine Idee eingab, die ihm half, die Schwierigkeit zu überwinden.«

Der Schriftsteller J. B. Priestley träumte drei Essays, komplett mit Punkt und Komma: »The Berkshire Beast«, »The Strange Outfitter« und »The Dream«.

Fredrick Temple, Erzbischof in Canterbury, sagte einmal: »Das ganze entscheidende Denken findet hinter der Bühne statt. Ich weiß kaum je, wann es passiert ... vermutlich meist im Schlaf.«

Der Prediger Henry Ward Beecher predigte 18 Monate lang jeden Tag. Seine Methode? Er »hätschelte« eine ganze Reihe von Ideen und entschied sich am Abend, welche davon in den »Inkubator« kommen solle, damit er sie »aufwirbeln« konnte, indem er intensiv darüber nachdachte. Am nächsten Morgen hatte die Idee sich zu einer fertigen Predigt gewandelt.

Dem Chemiker August Kekulé offenbarte sich das Geheimnis der Benzolringstruktur im Schlaf. Wie Otto Loewi die Entdeckung, die ihm den Nobelpreis für Chemie eintrug (dass Nervenimpulse auf chemischem Wege übertragen werden). Und auch Robert Louis Stevensons »Heinzelmännchen« (Brownies), die ihm, wie er sagte, alle Ideen für seine Geschichten eingaben, agierten des Nachts. Weniger bekannt ist die Tatsache, dass auch Geschäftsleute die gleiche Technik nutzen. Henry Cobbs, der sein Unternehmen in den 1930ern mit einer Zehn-Dollar-Note begann und daraus ein Multimillionen-Dollar-Unternehmen machte, das Obst in Körben verschickte. Er hatte immer ein Notizbuch auf dem Nachttisch liegen, damit er seine kreativen Ideen unmittelbar nach dem Aufwachen festhalten konnte.

Vic Pocker war aus Ungarn nach Amerika gekommen. Er konnte kein Wort Englisch und besaß keinen Cent. Doch er erhielt eine Stelle als Schweißer und ging auf die Abendschule, um Englisch zu lernen. Er sparte auch einiges, doch die Weltwirtschaftskrise vernichtete all seine Ersparnisse. 1932 fing er von vorn an – mit einer Schweißerei, die er Steel Fabricators nannte. Auch diese Werkstatt wurde zu einem profitablen Millionenunternehmen. »Ich habe festgestellt, dass man seine eigenen Denkpausen machen muss«, meinte er. »Manchmal habe ich im Traum eine Idee gehabt, die sich um ein bestimmtes Problem drehte. Dann bin ich mitten in der Nacht, und sei es um zwei Uhr morgens, aufgestanden, und habe probiert, ob es funktionieren würde.«

### 5. Entspannen Sie sich bei der Arbeit

#### Übung

In Kapitel 4 haben Sie gelernt, wie Sie in Ruhe körperliche und geistige Entspannung erfahren können. Üben Sie weiterhin täglich und Sie werden sich immer besser entspannen können. In der Zwischenzeit können Sie das entspannte Gefühl, diese gelassene Haltung, auch auf Ihren Alltag ausdehnen. Gewöhnen Sie sich einfach an, sich tagsüber immer wieder an dieses angenehme Gefühl zu erinnern. Halten Sie inne, und sei es nur für einen Moment, und gehen Sie geistig die Merkmale durch, welche den Entspannungszustand kennzeichnen. Rufen Sie sich ins Gedächtnis, wie Ihre Arme sich angefühlt haben, Ihre Beine, der Rücken, der Nacken, das Gesicht. Oder Sie stellen sich vor, wie Sie im Bett liegen oder locker in einem Sessel sitzen. Das macht die Erinnerung lebendig. Sagen Sie sich vor: »Ich fühle mich immer entspannter und entspannter.« Üben Sie das mehrmals am Tag. Sie werden erstaunt sein, wie sehr es Ihre Müdigkeit reduziert und wie viel besser Sie danach mit allen möglichen Situationen umgehen können. Denn indem Sie sich entspannen und diese entspannte Haltung beibehalten, lassen Sie von außen kommende Zustände wie Sorge, Anspannung und Angst los, die die Arbeit Ihres kreativen Mechanismus beeinträchtigen. Mit der Zeit wird Ihnen die entspannte Haltung zur Gewohnheit und Sie müssen sie nicht mehr bewusst üben.

## Wichtige Erkenntnisse

Füllen Sie diese Zeilen bitte aus.

1. ______________________________

2. ______________________________

3. ______________________________

4. ______________________________

5. ______________________________

## Meine eigene Fallgeschichte

Schreiben Sie eine Erfahrung aus Ihrer Vergangenheit auf, für die die hier vorgestellten Prinzipien eine schlüssige Erklärung liefern.

# 7
# GEWÖHNEN SIE SICH AN, GLÜCKLICH ZU SEIN

In diesem Kapitel geht es mir um das Glück, und zwar nicht vom philosophischen Standpunkt aus, sondern vom medizinischen. John A. Schindler definiert Glück als »Geisteszustand, in dem wir gewohnheitsmäßig angenehme Gedanken haben«. Vom medizinischen und ethischen Standpunkt aus betrachtet lässt sich diese einfache Definition meiner Ansicht nach nicht verbessern.

## Glück ist die beste Medizin

Glück gehört zum menschlichen Geist und seinem körperlichen Träger. Wir denken besser, handeln besser, fühlen uns besser und sind gesünder, wenn wir glücklich sind. Der russische Psychologe K. Kekcheyev testete Menschen, während sie angenehme und unangenehme Gedanken hegten. Er fand heraus, dass sie, wenn sie an angenehme Dinge dachten, besser sehen, riechen, schmecken und hören konnten und dass sich auch ihr Tastsinn verbesserte. Der Augenarzt William Bates wies nach, dass sich das Sehvermögen auf der Stelle verbesserte, wenn die betreffende Person angenehme Gedanken hegte oder sich angenehme Szenen vorstellte. Margaret Corbett wandte Bates' Methode zur Verbesserung des Sehvermögens an und stellte ebenfalls fest, dass auch Erinnerungsvermögen und geistige Entspannung sich verbesserten, wenn die Versuchsperson sich mit angenehmen Dingen beschäftigte. Ärzte, die sich mit psychosomatischer Medizin befassen, wiesen nach, dass Magen, Leber, Herz und alle inneren Organe besser funktionieren, wenn wir glücklich sind. Vor Tausenden von Jahren verkündete König

Salomo: »Ein fröhliches Herz tut dem Leib wohl«. (Sprüche 17,22) Sowohl das Judentum als auch das Christentum betrachten Freude, Dankbarkeit und Fröhlichkeit als rechten Weg zur Rechtschaffenheit und zum guten Leben.

Psychologen der Universität Harvard untersuchten den Zusammenhang zwischen Glück und Kriminalität. Sie gelangten zu dem Schluss, dass das alte holländische Sprichwort, demzufolge glückliche Menschen niemals böse sind, sich tatsächlich wissenschaftlich bestätigen ließ. Ein Großteil der Straftäter kam aus einem unglücklichen Elternhaus oder hatte in anderen Beziehungen schlechte Erfahrungen gemacht. Eine über zehn Jahre laufende Studie der Universität Yale ergab, dass unmoralisches und feindseliges Verhalten gegenüber anderen Menschen meist im eigenen Unglück wurzelt. John Schindler ging gar davon aus, dass sich unglücklich zu fühlen die einzige Ursache für alle psychosomatischen Störungen ist und Glück das einzig wirksame Gegenmittel darstellt. Schon das Wort »Unwohlsein« signalisiert, dass der Mensch unglücklich ist. Eine jüngst durchgeführte Studie zeigt, dass optimistische, heitere Unternehmer, die eher die positiven Seiten des Lebens betonten, mehr Erfolg hatten als der pessimistische Typ.

Offensichtlich spannt unsere landläufige Auffassung vom Glück den Karren vor das Pferd. Wir denken: »Sei gut und du wirst glücklich sein.« Und wir sagen uns selbst: »Ich wäre ja glücklich, wenn ich nur erfolgreich und gesund wäre.« Oder: »Sei nett zu anderen Menschen, und du wirst glücklich sein.« Tatsächlich ist es genau andersherum: »Sei glücklich, und du wirst gut, erfolgreich und gesund sein. Sei glücklich, und du wirst dich wohlfühlen und anderen Menschen eher helfen.«

## Verbreitete Missverständnisse über das Glück

Glück ist nichts, was man sich verdienen muss. Glück ist auch keine Frage der Moral, genauso wenig wie ein funktionierender Blutkreislauf. Beides ist nötig, damit wir gesund sein und uns wohlfühlen können. Glück ist einfach »ein Geisteszustand, in dem wir gewohnheitsmäßig angenehme Gedanken haben«. Wenn Sie warten, bis Sie *verdient* haben, angenehme Gefühle zu haben, dann ist die Wahrscheinlichkeit groß, dass Sie sich tatsächlich in unangenehmen Gedanken über Ihre Unwürdigkeit ergehen. Baruch de Spinoza schreibt in seiner *Ethik*, dass Glück nicht der Lohn der Tugend ist, sondern die Tugend selbst. Und er erläutert weiter, dass wir nicht glücklich sind, weil wir unsere Lüste zügeln, sondern ganz im Gegenteil: Weil wir sie genießen, sind wir fähig, sie im Zaum zu halten.

### Das Streben nach Glück hat nichts mit Selbstsucht zu tun

Viele rechtschaffene Menschen versagen sich, nach Glück zu streben, weil sie das für »selbstsüchtig« oder »falsch« halten. Selbstlosigkeit ist eine der Grundzutaten des Glücks, weil sie unser Augenmerk nach außen richtet, weg von uns und der ständigen Nabelschau, die sich mit unseren Fehlern, Sünden, Problemen (unangenehme Gedanken) beschäftigt oder umgekehrt mit dem Stolz auf unser »Gutsein«. Sie unterstützt zudem unseren kreativen Selbstausdruck und lässt uns Erfüllung im Dienst am anderen finden. Einer der für uns Menschen schönsten Gedanken ist die Vorstellung, gebraucht zu werden, kompetent und wichtig genug zu sein, um zu helfen und dadurch zum Glück eines anderen beizutragen. Wenn wir das Glück aber zu einer Frage der Moral machen und es als Belohnung für selbstlosen Einsatz sehen, dann werden wir bald Schuldgefühle entwickeln, weil wir glücklich sein möchten. Das Glück entsteht aus selbstlosem Sein und Verhalten – als natürlicher Begleitumstand des Seins und Tuns, nicht als »Belohnung«. Wenn wir für Selbstlosigkeit belohnt werden, ist der nächste logische Schritt die Annahme, dass wir umso glücklicher sein werden, je mehr wir uns selbst verleugnen. Dieser Gedanke führt zu dem absurden Fehlschluss, dass wir nur dann glücklich sein können, wenn wir unglücklich sind.

Wenn es um Fragen der Moral geht, dann haben diese mit Glück zu tun. »Die Haltung des Unglücklichseins ist nicht nur schmerzhaft, sie ist gemein und eklig. Was kann erniedrigender und entwürdigender sein als Selbstvorwürfe, Selbstmitleid und Gram, egal, welche äußeren Übel einen in diese Stimmung gebracht haben? Welche Befindlichkeit ist anderen gegenüber ungerechter? Welche könnte einem weniger aus den Schwierigkeiten heraushelfen? Sie fördert und verstärkt nur das auslösende Problem und vergrößert das Gesamtübel der Situation.«[15]

15 William James, *Die Vielfalt religiöser Erfahrung*, Berlin 2014, S. 121.

### Glück liegt nicht in der Zukunft, sondern in der Gegenwart

»Wir leben nie, aber wir hoffen zu leben und da wir uns immer einrichten, glücklich zu sein, so ist es keinem Zweifel unterworfen, dass wir es nie sein werden«, schreibt Blaise Pascal, Mathematiker und Philosoph des 17. Jahrhunderts in seinen *Gedanken*.[16]

Meinen Beobachtungen zufolge ist eine der Hauptursachen, warum meine Patienten unglücklich sind, dass sie versuchen, ihr Leben so zu gestalten, als wäre es ein langfristiger Ratenplan. Sie leben nicht, sie genießen das Leben nicht, sondern warten auf irgendein Ereignis in der Zukunft. Sie denken, sie würden glücklich sein, wenn sie erst einmal verheiratet sind, eine bessere Stelle haben, das Haus abbezahlt ist, die Kinder die Ausbildung hinter sich haben, diese Aufgabe abgehakt, jenen Sieg errungen haben. Und sie werden unweigerlich enttäuscht. Glück ist eine geistige Gewohnheit. Wenn sie nicht in der Gegenwart geübt und praktiziert wird, wird das Glück nie an unsere Tür klopfen. Es hat nämlich absolut nichts mit irgendwelchen äußeren Problemen zu tun. Wenn ein Problem gelöst ist, wartet gewöhnlich schon das nächste auf uns. Das Leben ist eine nicht endende Reihe von Problemen. Wenn Sie glücklich sein wollen, müssen Sie glücklich sein! Aus, Ende, Amen! Sie sind nicht unglücklich, »weil …«.

Kalif Abd al-Rahman, der im 8. Jahrhundert über Spanien herrschte, sagte: »Ich habe nun über 50 Jahre in Frieden regiert und Siege erfochten. Ich wurde von meinen Untertanen geliebt, von meinen Feinden gefürchtet und von meinen Bundesgenossen geachtet. Reichtümer und Ehren, Macht und Genuss standen mir zur Verfügung. Keine irdische Segnung schien mir zu meinem Glück zu fehlen. Ich habe jeden einzelnen Tag, an dem ich vollkommen glücklich war, gezählt. Und es waren nicht mehr als 14.«

## Glück ist ein Geisteszustand, der kultiviert werden kann

*Die meisten Menschen sind so glücklich, wie sie es geistig einrichten können.*

Abraham Lincoln

16 Blaise Pascal, *Gedanken über die Religion und andere Dinge*, Nr. 6, übers. von Karl Adolf Blech, Köln 2015.

»Glück ist ein Phänomen unseres Innenlebens«, sagt der Psychologe Matthew N. Chappell, Autor von *In the Name of Common Sense* und *Back to Self-Reliance*. »Es wird nicht von Dingen hervorgebracht, sondern von Ideen, Gedanken und Haltungen, die der Einzelne durch sein Tun entwickeln und aufbauen kann, ganz unabhängig von seinem Umfeld.«

Außer einem Heiligen kann niemand immer hundertprozentig glücklich sein. Und wie George Bernard Shaw meinte, wären wir vermutlich unglücklich, wenn dem so wäre. Aber wir können, wenn wir uns dafür entscheiden, glücklich sein und die meiste Zeit erfreuliche Gedanken hegen, zumindest was all die kleinen, alltäglichen Dinge angeht, die uns jetzt unglücklich machen. Größtenteils reagieren wir auf Ärger und Probleme verdrießlich, genervt und reizbar – rein aus Gewohnheit. Wir haben diese Reaktion so häufig *geübt*, dass sie sich eingeschliffen hat. Meist reagieren wir dann gereizt, wenn wir *glauben*, unsere Selbstachtung hätte Schaden genommen. Im Stoßverkehr werden wir ohne Grund angehupt. Jemand fällt uns ins Wort. Jemand widmet uns nicht die Aufmerksamkeit, die wir für angemessen halten. Selbst vollkommen unpersönliche Situationen können als Kränkung aufgefasst werden. Der Bus kommt nicht. Wir wollten Golf spielen, aber natürlich regnet es. Der Verkehr ist eine Katastrophe, und wir müssen zum Flughafen. Wir reagieren auf all das mit Ärger, Groll, Selbstmitleid oder – anders ausgedrückt – wir sind *unglücklich*.

## Machen Sie sich nicht zum Spielball äusserer Umstände

Der beste Weg, um mit den genannten Situationen umzugehen, ist die Waffe, die das Unglücklichsein gegen uns nutzt – unsere Selbstachtung. »Haben Sie je an einer Fernsehshow teilgenommen und gesehen, wie der Aufnahmeleiter das Publikum manipuliert?«, habe ich einmal einen Patienten gefragt. »Er hält ein Schild hoch, auf dem ›Applaus‹ steht, und alle klatschen. Auf einem anderen steht ›Gelächter‹, und plötzlich lacht jeder. Sie reagieren wie die Schafe – als wären sie Sklaven, die folgsam tun, was von ihnen verlangt wird. Sie verhalten sich ganz genauso. Sie lassen sich von äußeren Umständen und anderen Leuten diktieren, wie Sie empfinden und reagieren sollen. Sie verhalten sich wie ein gehorsamer Sklave, wenn Ereignisse Ihnen die entsprechenden Signale geben: »Werde wütend!« Oder: »Reg dich auf!« Und: »Jetzt kannst du unglücklich sein.«

Wenn Sie sich das Glücklichsein zur Gewohnheit machen, werden Sie vom Sklaven Ihres Schicksals zu dessen Meister. Oder wie Robert Louis Stevenson sagte: »Die Gewohnheit des Glücklichseins befreit uns – zumindest weitgehend – davon, von äußeren Umständen beherrscht zu werden.«

## Ihre Ansichten können das Gefühl des Unglücklichseins verstärken

Selbst wenn wir tragische Ereignisse durchleben und unter schwierigen Umständen leiden, können wir zumindest ein wenig *glücklicher* sein, wenn auch nicht vollkommen glücklich. Das gelingt uns, wenn wir unser Selbstmitleid, unseren Groll und unsere negative Einstellung nicht noch weiter verstärken.

»Wie sollte ich bitte schön glücklich sein?«, fragte mich die Frau eines Alkoholikers.

»Ich weiß nicht«, sagte ich. »Aber Sie können zumindest ein wenig *glücklicher* sein, wenn Sie Ihrem Unglück nicht noch Groll und Selbstmitleid draufpacken.«

»Wieso sollte ich glücklich sein?«, fragte mich ein Geschäftsmann. »Ich habe gerade 200 000 Dollar am Aktienmarkt verloren. Ich bin ruiniert und habe meinen guten Ruf verloren.«

»Aber Sie können *glücklicher* sein«, antwortete ich, »wenn Sie Ihre Lage durch Ihre Einschätzung nicht noch schlimmer machen. Dass Sie 200 000 Dollar verloren haben, ist eine Tatsache. Aber dass Sie ruiniert sind und Ihren guten Ruf verloren haben, ist nichts weiter als eine Meinung.«

Dann schlug ich vor, er solle sich doch an einen Ausspruch des Epiktet halten, demzufolge der Mensch nicht von den Ereignissen erschüttert werde, sondern von seiner Meinung über diese.

Als ich meiner Familie mitteilte, dass ich Arzt werden wollte, hieß es, das sei unmöglich. Meine Familie hatte kein Geld. Es war Tatsache, dass meine Mutter kein Geld besaß, aber dass ich nie Arzt werden konnte, war nur eine Ansicht. Später hieß es, ich könne nicht nach Deutschland gehen, um meine Studien zu vollenden. Oder dass ein junger plastischer Chirurg in New York eine eigene Praxis eröffnen könne. Ich habe all diese Dinge getan – und was mir dabei half, war die Einsicht, dass das angeblich *Unmögliche* letztlich nur auf der Meinung der Leute beruhte und keine Tatsache war. Ich erreichte nicht nur meine Ziele, sondern war dabei auch noch glücklich – selbst als ich meinen Mantel versetzen musste, um meine medizinischen Lehrbücher zu bezahlen, oder aufs Mittagessen verzichten, um einen Leichnam zu kaufen, an dem ich üben konnte. Ich war bis über beide Ohren in eine schöne, junge Frau verliebt, aber sie hat trotzdem einen anderen geheiratet. Das waren die Tatsachen. Aber ich habe mir immer vor Augen gehalten, dass es nur meine Meinung war, wenn ich diese Dinge als »Katastrophe« erlebte oder ein solches Leben für nicht lebenswert hielt. Ich bin nicht nur darüber hinweggekommen, am Ende stellte sich heraus, dass die vermeintlichen Katastrophen für mich sogar ein Glücksfall waren.

## Die Einstellung macht das Glück

Wir haben ja bereits gesehen, dass der Mensch ein zielorientiertes Wesen ist. Er funktioniert normal und gesund, wenn er auf ein positives, erstrebenswertes Ziel zuhält. Glück ist ein Symptom eines normalen, natürlichen Lebens. Wenn der Mensch auf seine Ziele zusteuert, ist er gewöhnlich einigermaßen zufrieden, ganz egal, welche Umstände sich damit verbinden. Mein junger Unternehmerfreund war todunglücklich, weil er 200 000 Dollar verloren hatte. Thomas Alva Edison verlor seine millionenschwere Werkstatt bei einem Feuer, und er war nicht versichert. »Was in aller Welt fängst du jetzt nur an?«, fragte ihn ein Freund. »Nun, wir werden morgen Früh mit dem Neubau beginnen.« Er behielt seine zielorientierte Einstellung bei, obwohl er Pech gehabt hatte. Und weil er weiterhin seine Ziele anstrebte, war er über den Verlust vermutlich auch nicht allzu unglücklich.

Der Psychologe H. L. Hollingworth meinte, dass Glück Probleme ebenso voraussetze wie eine geistige Haltung, die dem Unglück aktiv mit neuen Lösungen begegnet.

»Ob wir etwas ein Übel nennen, hängt oft vollkommen davon ab, wie wir ein Phänomen betrachten«, schreibt William James. »Das sogenannte Böse lässt sich häufig in ein erfrischendes und kräftigendes Gut verwandeln, wenn der, der es zu erleiden hat, seine Einstellung ändert und aus Furcht Kampfbereitschaft wird; häufig vergeht der Schmerz und verwandelt sich in Genuss, wenn wir nach vergeblichen Versuchen, ihn zu vermeiden, uns dazu entschließen, der Sache ins Gesicht zu sehen, und sie freudig ertragen, weil es für einen Mann einfach eine Sache der Ehre ist, angesichts der vielen Tatsachen, die zunächst seinen Frieden zu stören scheinen, diesen Ausweg zu wählen. Weigere dich, ihre Schlechtigkeit zuzugeben, verachte ihre Macht, ignoriere ihre Gegenwart, konzentriere deine Aufmerksamkeit in die andere Richtung; und wenn die Tatsachen auch existieren, so ist ihre Bösartigkeit jedenfalls, was dich betrifft, nicht mehr vorhanden. Weil du selbst sie durch dein eigenes Denken böse oder gut machst, erweist sich die Herrschaft über deine Gedanken als deine wichtigste Aufgabe.«[17]

Wenn ich auf mein eigenes Leben zurückblicke, sehe ich, dass einige meiner glücklichsten Jahre jene waren, als ich mich durch mein Medizinstudium kämpfte und nach Aufnahme meiner Praxis mehr oder weniger von der Hand in den Mund lebte. Ich war oft hungrig. Ich fror, weil ich keine warme Kleidung hatte. Ich arbeitete viel, mindestens zwölf Stunden jeden Tag. Häufig wusste ich nicht, woher das Geld für die Miete kommen sollte. Aber ich hatte ein Ziel. Und den leidenschaftlichen Wunsch, es zu erreichen. Und die beharrliche Entschlossenheit, die mich darauf zusteuern ließ.

All das erzählte ich dem Jungunternehmer und auch, dass die wahre Ursache seines Unglücks nicht die verlorenen 200 000 Dollar war. Er hatte vielmehr sein Ziel verloren und die Entschlossenheit, es zu erreichen. Er hatte all das passiv hingenommen, statt aktiv neue Ziele anzusteuern.

»Ich muss verrückt gewesen sein«, sagte er später, »dass ich mich von Ihnen überzeugen ließ, der Verlust sei nicht die Ursache meines Unglücks. Aber ich bin wirklich froh, dass Sie es getan haben.« Er hörte nach diesem Gespräch nämlich auf, sich selbst zu bemitleiden, suchte sich stattdessen ein neues Ziel – und arbeitete darauf hin. Innerhalb von fünf Jahren besaß er nicht nur mehr Geld als je zuvor in seinem Leben. Er hatte nun auch ein Unternehmen, das er gerne führte.

17 William James, *Die Vielfalt religiöser Erfahrung*, Berlin 2014, S. 120.

## Übung

Gewöhnen Sie sich an, proaktiv und positiv auf Gefahren und Probleme zu reagieren. Bleiben Sie zielorientiert, ganz egal, was passiert. Üben Sie im Alltag und in Ihrer Vorstellung diese aktive, positive Haltung ein. Stellen Sie sich vor, wie Sie ein Problem mit Intelligenz lösen, ein Vorhaben proaktiv angehen und Ihre Ziele erreichen. Malen Sie sich aus, wie Sie vor gefährlichen Situationen nicht weglaufen oder sich zurückziehen, sondern sie frontal angehen, mit ihnen fertig werden und sie entschlossen beseitigen. »Die meisten Menschen sind nur angesichts solcher Gefahren mutig, an die sie sich, praktisch oder in der Vorstellung, gewöhnt haben«, meint der englische Romancier Edward Bulwer-Lytton.

## Üben Sie systematisch einen gesunden Geisteszustand

*Geistige Gesundheit bemisst sich daran, ob man in allem das Gute entdecken kann.*

Ralph Waldo Emerson

Die Vorstellung, ein glücklicher, von überwiegend erfreulichen Gedanken erfüllter Geist könne durch überlegtes Üben bewusst und systematisch kultiviert werden, erscheint den meisten meiner Patienten unglaubhaft. Manche finden es sogar lächerlich, wenn ich ihnen vorschlage, es doch einmal zu versuchen. Doch die Erfahrung hat nicht nur gezeigt, dass diese Geschichte tatsächlich funktioniert, sondern auch, dass das der einzige Weg ist, sich das »Glücklichsein anzugewöhnen«. Erstens ist Glücklichsein nichts, was einfach so über Sie kommt. Es ist etwas, was Sie tun und worüber Sie allein entscheiden. Wenn Sie darauf harren, dass das Glück irgendwann zur Tür hereinschauen wird, »passiert« oder jemand anderer Sie glücklich macht, dann werden Sie sich vermutlich lange gedulden müssen. Denn über Ihre Gedanken entscheiden einzig Sie selbst. Wenn Sie warten, bis die Umstände es »rechtfertigen«, dass Sie angenehme Gedanken hegen, dann warten Sie wohl bis zum Sankt-Nimmerleins-Tag. Jeder Tag ist eine Mischung aus Gut und Schlecht – kein einziger Tag wird hundertprozentig »gut« verlaufen. Jeden Tag werden wir mit Dingen und Fakten konfrontiert, die entweder eine pessimistische, verdrossene Haltung »rechtfertigen« oder eine optimistische und glückliche – ganz wie Sie wollen. Es ist eine Frage der Auswahl, der Aufmerksamkeit und Entscheidung. Das Ganze hat rein gar nichts mit intellektueller Redlichkeit oder Unredlichkeit zu tun. Das Gute ist ebenso »real« wie das Schlechte. Letztlich dreht sich alles nur darum, worauf wir unsere Aufmerksamkeit richten – und welche Gedanken wir dabei im Kopf haben.

Sich bewusst für angenehme Gedanken zu entscheiden ist mehr als nur billiger Trost. Es kann zu entscheidenden praktischen Resultaten führen. Carl Erskine, seines Zeichens berühmter Baseball-Pitcher, sagte einmal, dass negatives Denken ihm mehr Probleme bereitet habe als schlechte Würfe. Norman Vincent Peale zitiert ihn in *Faith Made Them Champions* wie folgt: »Es war eine Predigt, die mir half, mit dem Druck fertig zu werden, besser als jeder Trainer. Im Grunde ging es darum, dass wir, wie das Eichhörnchen, das im Herbst seine Nüsse vergräbt, glückliche, triumphale Momente sammeln und speichern sollten, damit wir in Krisenmomenten darauf zurückgreifen und uns davon inspirieren lassen können. Als Kind ging ich immer an dem Flüsschen fischen, das unmittelbar vor meiner Heimatstadt floss. Ich kann mir das immer noch gut vorstellen: der Fluss inmitten saftiger, grüner Weiden, gesäumt von hohen Bäumen, die Kühlung versprachen. Wann immer ich nun in Anspannung verfalle, ob auf dem Spielfeld oder anderswo, konzentriere ich mich auf dieses entspannende Bild, und die Knoten in meiner Seele lösen sich auf.«

Gene Tunney erzählt, wie er sich vor dem ersten Kampf gegen Schwergewichtsweltmeister Jack Dempsey auf die falschen »Fakten« konzentrierte und den Kampf fast verloren hätte. Er wachte eines Nachts wegen eines Albtraums auf. »Ich sah mich selbst, blutend, übel zugerichtet und hilflos. Ich ging zu Boden und wurde ausgezählt. Ich konnte gar nicht mehr aufhören zu zittern. In meinem Traum hatte ich das Match, auf das ich so lange gewartet hatte, schon verloren – die Weltmeisterschaft. Was konnte ich gegen meine Angst tun? Ich konnte die Ursache suchen. Ich hatte auf falsche Weise über den Kampf nachgedacht. Ich hatte ständig Zeitung gelesen, und dort stand, dass Tunney verlieren würde. Die Zeitungen hatten dafür gesorgt, dass ich den Kampf im Kopf schon verloren hatte.«

»Die Lösung lag auf der Hand. Schluss mit den Zeitungen. Schluss mit der Bedrohung ›Jack Dempsey‹, mit seinem knallharten Jab und seinen wütenden Angriffen. Ich musste die Türen meines Geistes für diese destruktiven Gedanken verschließen – und mein Denken auf andere Dinge lenken.«[18]

## Ein Vertreter, der eher eine Operation am Denken als an der Nase brauchte

Ein junger Vertreter war fest entschlossen, seinen Beruf aufzugeben, als er wegen einer Nasenkorrektur zu mir kam. Seine Nase war etwas größer als normal, aber sicher nicht so »abstoßend«, wie er sie sah. Er hatte immer das Gefühl, potenzielle Kunden würden über seine Nase lachen beziehungsweise sich vor ihr ekeln. Fakt war, er hatte eine große Nase. Fakt war auch, dass drei Kunden sich über sein ruppiges, feindseliges Verhalten beschwert hatten. Weiter war Fakt, dass sein Chef ihm eine Probezeit gegeben hatte, und er hatte in zwei Wochen nicht einen Verkauf getätigt. Ich schlug ihm vor, er solle sein Gehirn »operieren«, statt seine Nase korrigieren zu lassen. Ich trug ihm auf, 30 Tage lang alle negativen Gedanken »abzuschneiden«. Er sollte einfach alle negativen und unangenehmen »Fakten« seiner Situation ignorieren und sich stattdessen auf angenehme Gedanken konzentrieren. Am Ende dieser 30 Tage fühlte er sich nicht nur besser, er stellte auch fest, dass seine bereits vorhandenen ebenso wie potenzielle Kunden sehr viel netter zu ihm waren. Seine Verkaufszahlen stiegen ständig, und sein Chef gratulierte ihm bei einer Vertriebsbesprechung in Anwesenheit aller dazu.

## Ein Wissenschaftler überprüft die Theorie des positiven Denkens

Elwood Worcester, Begründer der Emmanuel-Bewegung, berichtet in seinem Buch *Body, Mind and Spirit* von der Arbeit eines weltberühmten Wissenschaftlers:

18 A. d. Ü.: Tunney hat den Kampf gewonnen, den zweiten auch, allerdings mit gewissen Problemen.

*Bis zu meinem 50. Lebensjahr war ich ein unglücklicher und wenig effizienter Mann. Keine meiner Arbeiten, auf denen meine Reputation beruhte, wurde veröffentlicht ... Ich lebte ständig im Gefühl, ein Versager zu sein. Das Schlimmste meiner Symptome war ein quälender Kopfschmerz, der üblicherweise an zwei Tagen pro Woche auftrat. In dieser Zeit konnte ich nicht arbeiten.*

*Ich hatte über die New-Thought-Bewegung gelesen, die damals noch jeder für Quatsch hielt. Und die Ratschläge von William James, der meinte, wir sollten unsere Aufmerksamkeit auf das richten, was gut und nützlich ist, und den Rest ignorieren. Eine seiner Aussagen prägte sich mir besonders ein: »Wir sollten unsere Philosophie des Bösen aufgeben, denn was ist das schon im Vergleich zu einem guten Leben voller Güte?« So oder so ähnlich. Bis zu diesem Augenblick schienen mir solche Lehren immer als mystischer Unfug. Als ich aber merkte, dass meine Seele krank war und es mir immer schlechter ging, ja dass mein Leben mir unerträglich geworden war, beschloss ich, es doch einmal auszuprobieren ... Ich beschloss, mir für die Prüfung einen Monat Zeit zu nehmen. Meiner Ansicht nach musste dies genug Zeit sein, um Wert oder Unwert dieser Theorie zu überprüfen. Während dieser Zeit erlegte ich meinem Denken gewisse Beschränkungen auf. Wenn ich über die Vergangenheit nachdachte, dann erlaubte ich mir nur Gedanken, die mit ihren glücklichen, angenehmen Aspekten zu tun hatten: die hellen Tage meiner Kindheit, die Inspiration durch meine Lehrer und die allmähliche Offenbarung meines Lebenswerks. Wenn ich über die Gegenwart nachdachte, dann richtete ich mein Augenmerk auf ihre angenehmen Elemente: mein Heim, die Möglichkeit zum Arbeiten, die die Einsamkeit mir schenkte, und so weiter. Ich beschloss, diese Chancen so gut wie möglich zu nutzen und davon abzusehen, dass all meine Bemühungen zu nichts zu führen schienen. Und wenn ich an die Zukunft dachte, stellte ich mir vor, dass jedes sinnvolle und mögliche Ziel in meiner Reichweite war. Damals schien das reichlich lächerlich. Aus der Rückschau allerdings sieht es eher so aus, dass ich meine Ziele zu niedrig angesetzt habe und nicht hoch genug zu gehen wagte.*

Der Wissenschaftler berichtet weiter, wie innerhalb einer Woche seine Kopfschmerzen verschwanden und er sich besser und glücklicher fühlte als je zuvor in seinem Leben. Und er fügt hinzu:

*Die Veränderung meiner äußeren Lebensumstände haben mich mehr verwundert als der Wandel im Inneren, auch wenn das eine aus dem anderen hervorgeht. Da waren zum Beispiel berühmte Männer, deren Anerkennung ich mir mehr als alles andere wünschte. Der weitaus größte Wissenschaftler von ihnen schrieb mir mit einem Mal und bot mir eine Stelle als Assistent an. All meine Werke wurden veröffentlicht, und man gründete eine Stiftung, um alles zu veröffentlichen, was ich künftig schreiben würde. Die Menschen, mit denen ich arbeitete, waren plötzlich sehr hilfsbereit, aber das lag einzig daran, dass ich meine Haltung zu ihnen änderte. Vorher hätten sie mich wohl kaum ertragen. Wenn ich heute zurückschaue auf all diese Veränderungen, dann scheint es mir, als hätte ich wie das sprichwörtliche blinde Huhn plötzlich den Pfad des Lebens entdeckt und Kräfte in Gang gesetzt, die nun für mich arbeiteten, wo sie sich vorher immer gegen mich verschworen hatten.*

## Wie ein Erfinder »glückliche Gedanken« nutzt

Professor Elmer Gates von der Smithsonian Institution war einer der erfolgreichsten Erfinder, die dieses Land je gesehen hat, und anerkanntermaßen ein Genie. Er machte es sich zur Gewohnheit, täglich »angenehme Erinnerungen und Ideen zu kultivieren« und glaubte, dass ihm dies bei der Arbeit helfen würde. Wenn ein Mensch sich verbessern wolle, meinte er, solle er »jene feineren Gefühle des Wohlwollens und der Nützlichkeit pflegen, die wir üblicherweise nur hin und wieder erleben. Dabei solle er die Zeit, die er auf diese psychische Gymnastik verwende, allmählich immer weiter steigern. Am Ende eines Monats wird er Veränderungen erleben, die ihn selbst erstaunen. Der Wandel wird sich in all seinen Gedanken und Handlungen zeigen. Moralisch gesprochen wird der Mann eine enorme Verbesserung seines früheren Selbst erfahren.«

Professor Elmer Gates' Einüben »angenehmer Erinnerungen und Ideen« ist einer der wichtigsten Aspekte der Psychokybernetik. Wenn wir uns nicht an unsere guten Momente, unsere besten Zeiten erinnern, dann ist es, als wären wir von der Quelle alles Guten abgeschnitten. Doch sobald wir uns ins Gedächtnis rufen, wie es sich anfühlt, wenn wir in Bestform sind, legen wir den Schalter wieder um. Wir stellen die Verbindung wieder her – und wir fangen an, innerlich und äußerlich Segen zu erfahren. Es sind ja nicht nur unsere Gedanken, die positiv werden, sondern auch unsere Gefühle – und merkwürdigerweise sind viele der Umstände, die wir in der Vergangenheit als negativ erlebt haben, nun angenehm, harmonisch und kraftvoll.

## Wie Sie die Glücksgewohnheit einüben

Unser Selbstbild und unsere Gewohnheiten gehen meist Hand in Hand. Ändere das eine und du veränderst automatisch auch das andere. Der englische Begriff *habit* verweist auch auf das Habit, das für unser Gewand, unsere Einstellung steht. Unsere Gewohnheiten sind also das Gewand, das unsere Persönlichkeit überstreift. Sie sind keineswegs zufällig. Wir haben sie, weil sie wie maßgeschneidert *zu uns passen.* Zu unserem Selbstbild und unserer ganzen Persönlichkeit. Wenn wir bewusst neue und bessere Gewohnheiten entwickeln, dann wächst unser Selbstbild über die alten Gewohnheiten hinaus und bildet ein neues Muster aus.

Wenn ich meinen Patienten rate, ihre gewohnheitsmäßigen Verhaltensmuster zu ändern und neue Gewohnheiten einzuüben, bis sie diese verinnerlicht haben, dann zucken viele von ihnen zusammen. Sie verwechseln das Ausbilden von »Gewohnheiten« mit »Sucht«. Aber eine Sucht ist etwas, zu dem wir uns gezwungen fühlen, und auf das wir mit Entzugserscheinungen reagieren, wenn wir es abstellen möchten. Die Behandlung von Suchtverhalten würde den Rahmen dieses Buches sprengen.

Gewohnheiten hingegen sind Reaktionen, die wir automatisch durchzuführen gelernt haben, ohne dass wir noch bewusst darüber nachdenken müssten. Sie werden von unserem kreativen Mechanismus ausgeführt.

Etwa 95 Prozent unseres Verhaltens, Fühlens und Reagierens erfolgen gewohnheitsmäßig.

Der Klavierspieler *entscheidet* nicht, welche Tasten er anschlägt. Der Tänzer *entscheidet* nicht, welchen Fuß er wie bewegt. Die Reaktion erfolgt automatisch, ohne Beteiligung des bewussten Denkens.

Auf dieselbe Weise schleifen sich Haltungen, Gefühle und Überzeugungen gewohnheitsmäßig ein. Wir haben in der Vergangenheit »gelernt«, dass bestimmte Haltungen, Fühl- und Denkweisen in bestimmten Situationen »angemessen« sind. Wann immer wir nun mit »einer ähnlichen Situation« konfrontiert sind, denken, fühlen und handeln wir, wie wir es erlernt haben.

Wir müssen uns nur klar machen, dass diese Gewohnheiten – anders als Süchte – verändert oder zurückgebildet werden können, indem wir eine *bewusste Entscheidung* darüber treffen – und dann das neue Verhalten, die neue Reaktion entsprechend »einüben«. Der Pianist kann sich entscheiden, eine andere Taste anzuschlagen – wenn er das gezielt möchte. Der Tänzer kann bewusst entscheiden, einen neuen Schritt zu lernen – das ist weiter nicht tragisch. Es erfordert nur eine gerichtete Aufmerksamkeit und viel Übung, bis das neue Muster verinnerlicht wurde.

## Übung

Gewohnheitsmäßig ziehen Sie immer zuerst den rechten oder den linken Schuh an. Und es ist auch Gewohnheit, ob Sie beim Binden den rechten Schnürsenkel über den linken führen oder umgekehrt. Morgen früh aber werden Sie sich bewusst entscheiden, ob Sie den linken oder rechten Schuh zuerst anziehen wollen beziehungsweise wie Sie die Schnürsenkel binden. Das, wofür Sie sich entschieden haben, machen Sie nun die nächsten 21 Tage, um es zur Gewohnheit werden zu lassen. Sie beschließen jeden Morgen beim Anziehen der Schuhe, die Schuhe auf diese spezielle Weise anzuziehen und zuzubinden. Diese einfache Übung soll Sie daran erinnern, dass Sie im Laufe des Tages auch andere Gewohnheiten ändern können, ob es nun ums Denken, Handeln oder Fühlen geht. Sagen Sie sich, wenn Sie die Schnürsenkel binden: »Ich werde diesen Tag auf eine neue, bessere Weise beginnen.« Und diese Einstellung behalten Sie den ganzen Tag über bei.

1. Ich werde so heiter sein wie nur möglich.
2. Ich werde versuchen, anderen ein wenig freundlicher zu begegnen.

3. Ich werde anderen Menschen weniger kritisch entgegentreten und mich toleranter zeigen, was ihre Fehler angeht. Ich werde ihren Handlungen immer eine gute Absicht unterstellen.
4. Soweit es möglich ist, werde ich mich so verhalten, als sei der Erfolg unvermeidlich und als sei ich bereits die Persönlichkeit, die ich sein möchte. Ich werde mich darin üben, so zu tun, »als ob«, als würde ich diese neue Persönlichkeit schon in mir fühlen.
5. Ich werde nicht zulassen, dass meine Ansichten die Fakten auf negative, pessimistische Weise verzerren.
6. Ich werde heute mindestens drei Mal lächeln.
7. Ganz egal, was geschieht: Ich werde so klug und besonnen reagieren wie möglich.
8. Ich werde meinen Geist allen pessimistischen und negativen »Fakten« verschließen, die ich ohnehin nicht ändern kann.

Klingt simpel? Absolut. Aber jede der oben angeführten Gewohnheiten des Handelns, Denkens und Fühlens hat einen positiven Einfluss auf Ihr Selbstbild. Üben Sie diese 21 Tage lang ein. »Erleben« Sie sie und achten Sie darauf, ob Ihre Sorgen, Schuldgefühle und Feindseligkeiten abnehmen und Ihre Selbstsicherheit steigt.

---

## Wichtige Erkenntnisse

Füllen Sie diese Zeilen bitte aus.

1. ______________________________________________
______________________________________________
______________________________________________
______________________________________________

2. ______________________________________________
______________________________________________
______________________________________________
______________________________________________

3. ______________________________________________
______________________________________________
______________________________________________
______________________________________________

4. ______________________________________________
______________________________________________
______________________________________________
______________________________________________

5. ______________________________________________
______________________________________________
______________________________________________
______________________________________________

## Meine eigene Fallgeschichte

Schreiben Sie eine Erfahrung aus Ihrer Vergangenheit auf, für die die hier vorgestellten Prinzipien eine schlüssige Erklärung liefern.

# 8
# DIE ZUTATEN ZUR »ERFOLGSPERSÖNLICHKEIT« UND WIE SIE DIESE ERWERBEN

Wie ein Arzt an bestimmten Symptomen erkennt, welche Krankheit der Patient hat, so lassen sich Erfolg und Misserfolg anhand gewisser Kennzeichen vorhersagen. Das hängt damit zusammen, dass Erfolg oder Misserfolg eben *nicht auf der Straße liegen*. Die Samen für das eine wie das andere trägt der Mensch in sich.

Meiner Erfahrung nach ist eines der besten Mittel, eine *erfolgreiche* Persönlichkeit zu entwickeln, ein klares Bild davon zu haben, was eine Erfolgspersönlichkeit ausmacht. Das kreative Leitsystem in Ihnen ist zielorientiert, was bedeutet, es braucht ein klares Bild des Ziels, auf das es zuhalten soll. Viele Menschen wollen sich »verbessern« oder eine »bessere Persönlichkeit« entwickeln, aber sie wissen nicht, in welche Richtung diese Verbesserung gehen soll oder was zu einer *guten Persönlichkeit* gehört. Eine gute Persönlichkeit versetzt Sie in die Lage, mit Ihrem Umfeld und Ihrer Wirklichkeit gut zurechtzukommen und Befriedigung aus dem Erreichen der Ziele zu ziehen, die Ihnen wichtig sind.

Immer wieder habe ich erlebt, wie verunsicherte, unglückliche Menschen plötzlich *zu sich selbst fanden*, wenn man ihnen ein Ziel vorgab und einen klaren Weg dorthin aufzeigte. Da war beispielsweise der Mann aus der Marketingabteilung, der mit Anfang vierzig eine wichtige Beförderung erhielt, die ihm aber jedes innere Gleichgewicht raubte.

## Eine neue Rolle erfordert ein neues Selbstbild

»Es ist einfach unbegreiflich«, erzählte er mir. »Ich habe so lange auf diese Beförderung hingearbeitet, ja davon geträumt. Das ist es, was ich mir seit jeher gewünscht habe. Ich weiß, dass ich dieser Aufgabe gewachsen bin. Und doch habe ich aus irgendeinem Grund meine Selbstsicherheit verloren. Ich stehe da, als wäre ich gerade aus einem Traum erwacht, und frage mich: ›Was in aller Welt fängt ein gewöhnlicher Typ wie ich mit so einem Job an?‹« Plötzlich war er überempfindlich, was sein Aussehen anging. Er glaubte, sein »fliehendes Kinn« sei der Grund für dieses Gefühl. »Ich *sehe nicht aus* wie ein Manager«, sagte er. Und daher glaubte er, eine Operation könnte ihm helfen.

Oder die Hausfrau und Mutter, deren Kinder sie »verrückt machten« und deren Mann sie so sehr entnervte, dass sie mindestens einmal die Woche »explodierte«, ohne ersichtlichen Grund. »Was ist denn bloß los mit mir?«, fragte sie mich. »Meine Kinder sind wirklich lieb. Ich sollte stolz auf sie sein. Und mein Mann ist auch ein prima Kerl. Hinterher schäme ich mich immer.« Auch sie dachte, ein »Facelifting« würde ihr mehr Selbstbewusstsein geben, sodass ihre Familie sie »mehr schätzte«.

Das Problem dieser und vieler anderer Menschen ist nicht ihre äußere Erscheinung, sondern ihr Selbstbild. Sie finden sich in einer neuen Rolle wieder und wissen nicht, welche Persönlichkeit sie »sein« sollten, um diese Rolle auszufüllen. Oder sie haben kein klares Selbstbild entwickelt, egal welche Rolle sie innehaben.

## Das Bild des Erfolgs

In diesem Kapitel werde ich Ihnen das gleiche Rezept ausstellen, das Sie von mir bekommen würden, würden Sie mich in meiner Praxis aufsuchen.

Meiner Ansicht nach fällt es uns leicht, uns ins Gedächtnis zu rufen, wie eine Erfolgspersönlichkeit aussieht, wenn wir den (englischen) Begriff *success* als Eselsbrücke verwenden:

S – Sense of direction (Zielorientierung)
U – Understanding (Verstehen)

C – Courage (Mut)
C – Compassion (Mitgefühl)
E – Esteem (Wertschätzung)
S – Self-Confidence (Selbstvertrauen)
S – Self-Acceptance (Selbstakzeptanz)

## Sense of direction – Zielorientierung

Der Marketing-Manager »fand wieder zu sich« und sein Selbstvertrauen kehrte zurück, sobald ihm klar wurde, dass er jahrelang anspornende persönliche Ziele gehabt hatte, zu denen auch seine neue Stellung gehörte. Diese Ziele, die *ihm* wichtig waren, *wollte* er erreichen und so sah er einen klaren Weg vor sich. Sobald er aber die Beförderung bekommen hatte, dachte er nicht mehr darüber nach, was er wollte, sondern was andere von ihm erwarteten. Er fragte sich, ob er den Maßstäben anderer gerecht wurde. Er war wie der Steuermann auf einem Schiff, der das Ruder loslässt und hofft, dass das Schiff trotzdem in die richtige Richtung treibt. Wie der Bergsteiger, der, solange er den Gipfel vor Augen hatte, unverdrossen immer weiter hinaufkletterte. Oben angekommen aber ging es plötzlich nicht mehr weiter. Und wenn er nach unten schaute, bekam er Angst. Der Manager verharrte in der Defensive. Er wollte nur seine Position verteidigen, statt sich neue Ziele zu setzen und diese aktiv anzustreben. Seine Selbstkontrolle erlangte er erst wieder, als er neue Ziele fand und sich fragte: »Was will ich aus diesem Job herausholen? Was möchte ich erreichen? Wohin will ich?«

»Im Grunde ist der Mensch ein bisschen wie ein Fahrrad«, sagte ich ihm. »Ein Fahrrad bleibt auch nur so lange auf Kurs, wie es sich bewegt und auf etwas zusteuert. Sie haben ein gutes Fahrrad. Ihr Problem ist, dass Sie die Balance halten wollen, während es steht. Sie haben sich keine neuen Ziele vorgegeben. Kein Wunder, dass Sie wackeln.«

Wir sind auf das Erreichen von Zielen programmiert. Wir sind einfach so geschaffen. Wenn wir keine persönlichen Ziele haben, die uns interessieren, die uns »etwas bedeuten«, dann gehen wir im Kreis. Wir fühlen uns »verloren« und empfinden unser Leben als »sinnlos« oder »zwecklos«. Der Mensch ist dafür gemacht, seine Umwelt zu erobern, Probleme zu lösen, Ziele zu erreichen. Wir finden weder Befriedigung noch Glück, wenn es keine Hindernisse gibt, die wir überwinden müssen. Menschen, die behaupten, dass das Leben sinnlos sei, sagen im Grunde nur, dass sie kein Ziel haben, das sich in ihren Augen zu erreichen lohnt.

*Rezept*: Finden Sie ein Ziel, das in Ihren Augen erstrebenswert ist. Besser noch: Suchen Sie sich ein Projekt. Entscheiden Sie, was Sie in einer bestimmten Situation *wollen*. Sie brauchen immer etwas, »worauf Sie sich freuen können« – worauf Sie hinarbeiten und was Sie sich erhoffen können. Richten Sie den Blick nach vorne, nicht zurück. Sehnen Sie sich nach der Zukunft, nicht nach der Vergangenheit. Der »Blick nach vorn« und die »Sehnsucht nach der Zukunft« halten Sie jung. Denn auch Ihr Körper leidet, wenn Sie nichts haben, worauf Sie sich freuen können. Das ist auch der Grund, warum so viele Menschen sterben, kaum dass sie die Rente erreicht haben. Wenn Sie keine Ziele mehr haben, leben Sie nicht mehr. Setzen Sie sich neben Ihren persönlichen Zielen auch zumindest eines, von dem nicht nur Sie selbst profitieren, mit dem Sie sich aber trotzdem identifizieren können. Entwickeln Sie Interesse an einem Projekt oder einer guten Sache, womit Sie Ihren Mitmenschen helfen können – nicht aus Pflichtgefühl, sondern weil Sie das wirklich *wollen*.

Dr. Maltz verwendet in seiner Arbeit immer wieder zwei Begriffe, die viele Menschen leichter akzeptieren können als »Ziele«, da dieser Begriff bei manchen ein Gefühl von Druck und Anspannung auslöst. Wenn sie stattdessen von einem »Projekt« oder einer »guten Sache« sprechen, verstehen sie eher, worum es geht. Ein Beispiel: Bob Bly, erfolgreicher Autor und Marketinggenie, sagt stets, dass er sich im ganzen Leben noch kein Ziel gesetzt habe. Er habe aber immer »Projekte« auf dem Schreibtisch – also immer etwas, woran er arbeitet und was er erreichen will. Als ich meine Tochter Faith fragte, was sie denn erreichen wolle, antwortete sie mir: »Keine Ahnung.« Also formulierte ich meine Frage anders. Ich wollte wissen: »Was würdest du denn gerne tun?« Und sogleich zählte sie mir alles auf, worin sie gerne »gut wäre« – nicht nur, was sie gern tun möchte. Wenn Ihnen der Begriff »Ziel« nicht gefällt, tauschen Sie ihn einfach gegen einen anderen aus, der Sie auf Ihrem Weg motiviert.

**Understanding – Verstehen**

Verstehen hängt von guter Kommunikation ab. Kommunikation ist entscheidend für jedes Leitsystem und jeden Computer. Sie können nicht angemessen reagieren, wenn die Informationen, auf deren Grundlage

Sie handeln, falsch sind oder auch nur falsch verstanden werden. Viele Ärzte gehen davon aus, dass »Verwirrung« der Grundstein jeder Neurose ist. Um mit einem Problem sinnvoll umgehen zu können, müssen Sie seine Natur verstanden haben. Häufig geht das Versagen in zwischenmenschlichen Beziehungen auf »Missverständnisse« zurück.

Wir gehen davon aus, dass andere Leute auf bestimmte »Fakten« oder »Umstände« genauso reagieren und die gleichen Schlussfolgerungen ziehen wie wir. Doch wir sollten nicht vergessen, was wir bereits früher festgestellt haben: Niemand reagiert auf die Dinge, »wie sie sind«, sondern nur auf das mentale Bild, das er sich davon macht. Meistens hat die Reaktion unserer Mitmenschen nicht den Zweck, uns das Leben schwer zu machen. Im Normalfall sind die Leute auch nicht stur oder bösartig. Sie »verstehen« die Situation nur einfach ganz anders als wir. Sie reagieren angemessen auf das, was sie für die Wahrheit halten. Wenn wir unseren Mitmenschen wenigstens zugutehalten, dass sie aufrichtig sind (statt launisch und boshaft), auch wenn sie sich irren, dann tut dies unseren Beziehungen gut und fördert das gegenseitige Verständnis. Fragen Sie sich ruhig mal: »Wie sehen die Dinge aus der Perspektive des anderen aus?« »Wie sieht mein Gegenüber diese Situation?« Und: »Wie geht es ihm damit?« Versuchen Sie zu verstehen, warum ein Mensch »so handelt, wie er es tut«.

### Fakten versus Meinung

Oft tragen wir zur Verwirrung bei, wenn wir Fakten durch unsere subjektive Interpretation verzerren und falsche Schlüsse ziehen.

Fakt: Ein Mann knackt mit den Knöcheln.
Interpretation: Seine Frau denkt: »Das tut er nur, um mich zu ärgern.«

Fakt: Der Mann putzt sich nach dem Essen mit der Zunge die Zähne.
Interpretation: Die Frau denkt: »Wenn er mich wirklich liebte, würde er sich bessere Manieren angewöhnen.«

Fakt: Zwei Freunde tuscheln miteinander. Als Sie an ihnen vorbeigehen, sind sie plötzlich still und sehen peinlich berührt drein.
Interpretation: »Die haben bestimmt über mich geklatscht.«

Die erwähnte Ehefrau hat am Ende verstanden, dass die merkwürdigen Angewohnheiten ihres Mannes nicht gegen sie gerichtet waren. Als sie aufhörte, so zu reagieren, »als ob« sie persönlich beleidigt worden wäre, konnte sie durchatmen, die Situation neu einschätzen und anders darauf reagieren.

### Öffnen Sie sich für die Wahrheit

Häufig färben wir eingehende Sinnesdaten mit unseren Ängsten oder Wünschen. Aber um sinnvoll auf unsere Umgebung zu reagieren, müssen wir bereit sein, sie so zu sehen, wie sie ist. Erst wenn wir das verstanden haben, können wir angemessen darauf reagieren. Wir müssen die Wahrheit sehen wollen und sie akzeptieren, sei sie nun gut oder schlecht. Bertrand Russell meinte einmal, einer der Gründe, warum Hitler den Krieg verloren habe, sei, dass er die Lage nicht verstanden hätte. Wer immer ihm schlechte Nachrichten überbrachte, wurde bestraft. Und schon bald wagte niemand mehr, ihn tatsachengemäß über die Situation zu informieren. Da er die Wahrheit nicht kannte, konnte er auch nicht angemessen reagieren.

Viele Menschen machen in ihrem Alltag genau den gleichen Fehler. Wir geben nicht gerne zu, dass wir falsch lagen. Wir sehen nicht ein, dass die Situation anders ist, als wir uns das wünschen. Also gaukeln wir uns selbst etwas vor. Da wir die Wahrheit nicht sehen, können wir nicht angemessen reagieren. Jemand hat einmal gesagt, es sei eine gute Übung, sich täglich eine schmerzliche Tatsache über uns selbst einzugestehen. Eine Erfolgspersönlichkeit lässt nicht nur anderen Menschen gegenüber das Lügen und Betrügen sein. Sie belügt sich auch nicht selbst. Was wir »Aufrichtigkeit« nennen, ist im Grunde nur Ehrlichkeit sich selbst gegenüber. Denn kein Mensch kann je aufrichtig sein, wenn er sich selbst belügt, indem er »rationalisiert« oder sich »etwas vormacht«, auch wenn es noch so vernünftig klingt.

*Rezept*: Beschaffen Sie sich korrekte Informationen – über Sie selbst, Ihre Probleme, andere Menschen oder die Situation als solche, ob diese Informationen nun für Sie gut oder schlecht sind. Richten Sie sich nach dem Motto: »Es zählt nicht, wer recht hat, sondern was richtig ist.« Ein automatisches Leitsystem korrigiert seinen Kurs anhand negativer Feedbackdaten. Es erkennt Irrtümer, um sie zu korrigieren und weiter auf dem richtigen Kurs zu bleiben. Das sollten auch Sie. Gestehen Sie sich Fehler und Irrtümer ein, aber machen Sie sich darum keine Sorgen.

Korrigieren Sie sie und machen Sie weiter. Im Umgang mit anderen Menschen sollten Sie versuchen, die Lage aus deren und aus Ihrem eigenen Blickwinkel zu sehen.

## Courage – Mut

Ein Ziel zu haben und die Situation richtig einzuschätzen genügt nicht. Sie müssen auch den Mut aufbringen zu handeln, denn Ziele, Wünsche und Überzeugungen können nur dann Wirklichkeit werden, wenn wir auch etwas dafür tun.

Admiral William f. Halseys persönliche Devise war ein Spruch von Admiral Nelson: »Kein Kapitän handelt falsch, wenn er sein Schiff neben das des Feindes steuert.« Und Halsey meint dazu: »Es ist ein altes militärisches Prinzip, dass Angriff die beste Verteidigung ist. Aber das gilt nicht nur für den Krieg. Alle Probleme, ob persönliche, nationale oder militärische, verlieren sofort ihren Schrecken, wenn Sie sie anpacken. Wenn Sie eine Distel zaghaft anfassen, werden Sie sich daran stechen. Packen Sie sie mutig, brechen ihre Stacheln ab.«

Man sagt, Glaube bedeute nicht, etwas für wahr zu halten, obwohl das Gegenteil bewiesen ist. Glaube ist vielmehr der *Mut*, etwas zu tun, ohne auf die Folgen zu schielen.

### Wetten Sie auf sich selbst

Nichts auf dieser Welt ist je vollkommen sicher oder garantiert. Der Unterschied zwischen Erfolg und Misserfolg ist meist nicht der, dass jemand anderer bessere Ideen hatte und mehr Können besaß. Er besteht vielmehr darin, dass jemand sich traut, auf seine Ideen zu setzen, ein kalkuliertes Risiko einzugehen – und aktiv zu werden.

Wenn wir von Mut sprechen, dann denken wir an Heldentum auf dem Schlachtfeld, bei einem Schiffbruch oder einer ähnlichen Krise. Aber auch unser Alltag erfordert Mut, wenn wir ihn erfüllend gestalten wollen.

Stillstand und Passivität führen nur dazu, dass Menschen, die vor einem Problem stehen, sich »in der Falle« fühlen, »keinen Ausweg« sehen. Das kann auch mit körperlichen Krankheiten verbunden sein.

Solchen Menschen sage ich: »Analysieren Sie die Situation. Gehen Sie im Geist all Ihre Möglichkeiten durch, um herauszufinden, welcher Weg welche Konsequenzen nach sich zieht. Dann schlagen Sie den Weg ein, der Ihnen am vielversprechendsten erscheint – und ziehen das durch. Wenn wir warten, bis wir uns absolut sicher über den Ausgang sein können, bevor wir etwas unternehmen, dann bleiben wir vermutlich untätig. Sie können immer falschliegen, ganz egal, was Sie tun. Jede Entscheidung kann sich am Ende als falsch herausstellen. Das sollte uns aber nicht davon abhalten, unsere Ziele zu verfolgen. Daher brauchen Sie den Mut, Tag für Tag das Risiko einzugehen, Fehler zu machen, zu versagen, Niederlagen zu erleiden. Ein Schritt in die falsche Richtung ist jedoch immer besser, als ein Leben lang ›auf der Stelle‹ zu treten. Sobald Sie sich in Bewegung gesetzt haben, können Sie Ihren Kurs korrigieren. Ihr automatisches Leitsystem kann Sie jedoch nirgendwohin führen, wenn Sie sich für den Stillstand entscheiden.«

### Glaube und Mut sind angeborene Instinkte

Haben Sie sich je gefragt, warum der Drang zum Glücksspiel der menschlichen Natur angeboren scheint? Meine Theorie ist, dass dieser universelle »Trieb« zu unseren Instinkten gehört. Korrekt eingesetzt drängt er uns dazu, auf uns selbst zu wetten, ein Risiko einzugehen und unser kreatives Potenzial zu nutzen. Wenn wir mit Mut und Glauben aktiv werden, dann tun wir genau das: Wir setzen auf uns selbst, auf unsere gottgegebenen Talente. In meinen Augen sind Menschen, die diesem angeborenen Instinkt keinen Raum geben, weil sie sich weigern, kreativ zu leben und mutig zu handeln, die gleichen, die süchtig nach dem Spieltisch werden. Ein Mensch, der nicht auf sich selbst wettet, muss eine andere Wette eingehen. Ein Mensch, der nie mutig handelt, sucht seinen Mut dann auf dem Grund der Flasche. Glauben und Mut sind natürliche menschliche Instinkte, daher müssen wir für sie Ausdrucksmöglichkeiten finden – auf die ein oder andere Weise.

*Rezept:* Seien Sie bereit, Fehler zu machen oder ein paar Unannehmlichkeiten zu erdulden, um Ihre Ziele zu erreichen. Verkaufen Sie sich nicht zu billig. General R. E. Chambers, Leiter des Psychiatrischen und Neurologischen Hilfsdienstes der US-Armee, meinte einmal: »Die meisten Menschen wissen nicht, wie tapfer sie wirklich sind. Tatsächlich stecken viele potenzielle Helden, ob nun Männer oder Frauen, voller Selbstzweifel. Wenn sie wüssten, dass sie diese Ressourcen haben, dann hätten sie auch genug Selbstvertrauen, um die meisten Probleme, ja sogar ausgewachsene Krisen zu meistern.« Auch Sie besitzen diese Ressourcen, die Sie so lange nicht kennen, bis Sie zur Tat schreiten – und ihnen ermöglichen, für Sie zu arbeiten.

Ein weiterer hilfreicher Rat ist es, in den »kleinen Dingen« des Alltags mutiges Handeln einzuüben. Warten Sie nicht ab, bis eine wirklich schwere Krise Sie zum Helden werden lässt. Auch der Alltag verlangt uns Mut ab – und wenn Sie in kleinen Dingen mutig sind, dann entwickeln Sie die Kraft und das Talent, auch in wichtigen Fragen mutig zu handeln.

## Compassion – Mitgefühl[19]

Erfolgreiche Persönlichkeiten interessieren sich für andere Menschen. Sie respektieren die Probleme und Bedürfnisse anderer Leute. Sie achten die Würde der menschlichen Persönlichkeit und gehen mit anderen menschlich um, statt sie als Bauern in ihrem Spiel zu betrachten. Sie akzeptieren, dass jeder Mensch ein Kind Gottes ist, ein einzigartiges Individuum, das Anerkennung und Achtung verdient.

Es ist eine von der Psychologie anerkannte Tatsache, dass unsere emotionale Haltung uns selbst gegenüber bestimmt, wie wir andere Menschen empfinden. Wenn jemand anderen mehr Mitgefühl erweist, fängt er früher oder später an, sich ebenfalls in milderem Licht zu sehen. Jemand, der denkt, dass »Menschen nicht weiter zählen«, kann keine Selbstachtung haben – schließlich gehört auch er zu den »Menschen«. Und wie er andere beurteilt, so beurteilt er unwissentlich auch sich selbst. Die beste bekannte Methode, über Schuldgefühle hinwegzukommen, besteht darin, aufzuhören, andere im Geist zu verurteilen. Hören Sie auf, ihnen alle Schuld zu geben und sie für ihre Fehler zu hassen. Sie dürfen sich über ein besseres und angemesseneres Selbstbild freuen, wenn Sie anderen Menschen mehr Achtung entgegenbringen.

Ein weiterer Grund, aus dem Mitgefühl für andere Menschen zu einer erfolgreichen Persönlichkeit gehört, ist der: Der Mitfühlende hat ein klares Bild von der Wirklichkeit. Menschen *sind* wichtig. Man kann sie nicht auf Dauer wie Tiere oder Maschinen behandeln, wie Bauern, die man zum Erreichen persönlicher Ziele auf dem Schachbrett hin und her schiebt. Hitler musste dies erkennen. Und das gilt auch für andere Tyrannen – ob nun in der Familie, im Geschäftsleben oder in persönlichen Beziehungen.

19 Dr. Maltz hat in seinem Buch *Zero Resistance Living* das zweite »C« im Success-Akronym abgewandelt: von *charity* (Mildtätigkeit) zu *compassion* (Mitgefühl).

*Rezept*: Was Mitgefühl angeht, so verordne ich Ihnen drei Dinge: 1.) Versuchen Sie, wahre Wertschätzung für andere zu entwickeln, indem Sie die Wahrheit über sie erkennen. Sie sind Kinder Gottes, einzigartige Persönlichkeiten, kreative Geschöpfe. 2.) Machen Sie sich die Mühe, den Standpunkt des anderen einzunehmen, seine Wünsche und Bedürfnisse zu erkennen. Denken Sie darüber nach, was Ihr Gegenüber möchte und wie es sich fühlt. Einer meiner Freunde zieht gerne seine Frau auf. Wann immer sie ihn fragt, ob er sie denn auch liebe, sagt er: »Ja, wann immer ich innehalte und darüber nachdenke.« Da steckt mehr als ein Körnchen Wahrheit drin. Wir wissen nie, was wir für andere empfinden, bevor wir nicht zur Ruhe kommen und darüber nachdenken. 3.) Verhalten Sie sich stets so, als wären andere Menschen wichtig. Behandeln Sie sie dementsprechend. Achten Sie im Umgang mit ihnen auf ihre Gefühle. Denn was wir von anderen halten und wie wir sie behandeln, geht Hand in Hand.

## Esteem – Wertschätzung

Vor einigen Jahren schrieb ich einen Artikel für die Rubrik »Worte, nach denen man leben sollte« im *This Week Magazine*. Ich entschied mich für ein Zitat von Carlyle: »Ach, der schlimmste Zweifel ist doch der an dir selbst.« Dazu schrieb ich Folgendes:

> *Von all den Fallen im Leben ist der Selbstzweifel die tödlichste und die, aus der am schwersten herauszukommen ist. Denn diese Fallgrube haben wir uns selbst gegraben, mit unseren eigenen Händen. Sie findet ihren Ausdruck in dem Satz: »Es ist sinnlos. Ich kann das einfach nicht.«*
>
> *Die Strafe, wenn wir dem erliegen, ist hart – sowohl für den Einzelnen und seinen materiellen Erfolg als auch für die Gesellschaft, der auf diese Weise der Fortschritt verwehrt wird.*
>
> *Als Arzt möchte ich noch auf einen weiteren Punkt hinweisen: Der Defätismus hat noch einen anderen, verborgenen Aspekt, der nur selten erkannt wird. Möglicherweise gesteht Carlyle in diesem Zitat, was der Grund war für seine schroffe Bestimmtheit, sein explosives Temperament, seinen bissigen Stil und seine Rolle als Haustyrann.*
>
> *Natürlich war Carlyle ein Sonderfall. Aber ist es nicht so, dass wir an jenen Tagen, an denen wir unseren Selbstzweifeln erliegen und uns unseren Aufgaben nicht gewachsen fühlen, am unerträglichsten sind?*

Wir müssen es einfach in unseren Kopf hineinbekommen, dass eine schlechte Meinung von uns selbst zu haben keineswegs eine Tugend ist, sondern ein Laster. Die Eifersucht beispielsweise, eine Geißel vieler Ehen, geht meist auf Selbstzweifel zurück. Wer eine angemessene Selbstachtung besitzt, empfindet keine Feindseligkeit anderen Menschen gegenüber. Solch ein Mensch muss sich nichts beweisen. Er sieht die Fakten klar und deutlich und stellt an andere keine überzogenen Ansprüche.

Die Hausfrau und Mutter, die glaubte, ein Facelifting würde Mann und Kinder dazu bringen, sie mehr zu schätzen, musste nur lernen, sich selbst zu schätzen. Dass sie in mittleren Jahren war, ein paar Falten und ein paar graue Haare hatte, hatte ihre Selbstachtung untergraben. Daher war sie gegenüber unschuldigen Bemerkungen und Verhaltensweisen ihrer Angehörigen auch überempfindlich.

*Rezept*: Schleppen Sie kein Selbstbild mit sich herum, das Sie als wertlosen Verlierer darstellt. Dramatisieren Sie die Dinge nicht, indem Sie sich zum bemitleidenswerten Opfer von Ungerechtigkeiten hochstilisieren. Nutzen Sie die praktischen Übungen in diesem Buch, um ein angemessenes Selbstbild zu entwickeln.

»Achtung« heißt, dass wir den Wert von etwas erkennen. Warum bewundert der Mensch stets ehrfurchtsvoll die Sterne, den Mond, die grenzenlose See, die Schönheit einer Blume oder eines Sonnenuntergangs, setzt sich aber gleichzeitig selbst herab? Hat nicht der gleiche Schöpfer auch den Menschen geschaffen? Ist der Mensch nicht die wunderbarste Schöpfung von allen? Diese Wertschätzung des eigenen Selbst hat nichts mit Egoismus zu tun. Es sei denn, Sie wären der Ansicht, dass Sie sich selbst geschaffen haben und dafür gelobt werden sollten. Werten Sie nicht das Produkt ab, nur weil Sie keinen angemessenen Gebrauch davon machen. Tadeln Sie nicht kindisch das Produkt um Ihrer Fehler willen, wie der Schuljunge, der meinte: »Diese Schreibmaschine kann nicht rechtschreiben.«

Denn das größte Geheimnis der Selbstachtung ist: Schätzen Sie andere Menschen mehr. Zeigen Sie Achtung für jedes menschliche Wesen, weil es ein Kind Gottes ist und daher wertvoll. Halten Sie inne und nehmen Sie sich Zeit, wenn Sie mit anderen Leuten zu tun haben. Sie stehen vor einem einzigartigen Geschöpf nach Gottes Ebenbild. Behandeln Sie *andere* Menschen also immer nach ihrem Wert – und Sie werden bald merken, dass auch Ihre Selbstachtung steigt. Denn wahre Selbstachtung entsteht nicht aus den Dingen, die Sie getan haben, die

Sie besitzen, denen Sie Ihren Stempel aufgedrückt haben. Die Achtung Ihrer selbst wurzelt in dem, was Sie *sind* – ein Kind Gottes. Wenn Sie das erst verinnerlicht haben, wird Ihnen klar, dass alle anderen Menschen die gleiche Achtung verdienen.

**Self-Confidence – Selbstvertrauen**

Selbstvertrauen gründet auf der Erfahrung des Erfolgs. Wenn wir ein Projekt beginnen, haben wir vielleicht noch wenig Selbstvertrauen, weil wir nicht aus Erfahrung wissen, dass wir Erfolg haben können. Das gilt, ob wir nun lernen wollen Rad zu fahren, Reden zu halten oder Operationen durchzuführen. Es ist wahr, dass Erfolg weitere Erfolge nach sich zieht. Jeder kleine Erfolg kann der Trittstein zu einem größeren werden. Beim Boxen achten die Manager immer darauf, gegen wen sie ihren Schützling antreten lassen, damit er ein Erfolgserlebnis hat. Wir können uns diese Technik zu eigen machen, indem wir klein anfangen und diese kleinen Erfolge bewusst genießen.

Eine wichtige Technik dabei ist es, sich an vergangene Erfolge zu erinnern, Misserfolge aber schnell zu vergessen. So funktionieren sowohl Computer als auch das menschliche Gehirn.

> Unsere negativen Gedanken lassen sich genauso leicht löschen wie Dateien, die wir mit der Maus in den Papierkorb auf dem Computerbildschirm ziehen.

Übung verbessert unsere Fähigkeiten, ob wir nun Basketball, Golf, Hufeisenwerfen, Pitchen oder Verkaufen lernen wollen, und das liegt nicht daran, dass die Wiederholung an sich wichtig wäre. Wenn dem so wäre, dann würden wir lernen, Fehler zu machen, statt erfolgreich zu sein. Wenn jemand Hufeisenwerfen lernt, wird er anfangs öfter danebentreffen. Wäre allein die Wiederholung für die Verbesserung verantwortlich, würde diese Person bald zum Experten im Nicht-Treffen werden. Aber auch wenn die Fehlversuche anfangs bei 10 zu 1 liegen, so werden sie doch mit der Zeit immer weniger und der Lernende trifft häufiger. Weil nämlich der Computer in seinem Kopf sich an die Erfolge erinnert. Die Erfolge verstärken sich in der Erinnerung immer mehr, während die Fehlversuche langsam in Vergessenheit geraten.

So funktioniert der Computer, so funktioniert unser Erfolgsmechanismus.

> Um unseren Erfolgsmechanismus zu aktivieren, müssen Sie sich an die Befehle erinnern, die funktionieren. Vergessen Sie die Fehler und Irrtümer. Wann immer Sie den falschen Knopf drücken, halten Sie inne und kehren Sie zurück zu den Schritten, die erfolgreich waren.

Was aber machen die meisten Menschen? Wir unterminieren unser Selbstvertrauen, indem wir uns ständig an die Fehler der Vergangenheit erinnern und nicht an unsere Erfolge. Aber wir behalten die Fehler ja nicht nur im Gedächtnis, wir verstärken sie auch noch durch unsere Emotionen. Wir verurteilen uns. Wir geißeln uns selbst mit Scham und Reue (beides egoistische, selbstbezogene Gefühle). Und unser Selbstvertrauen schwindet.

*Es ist nicht von Belang*, wie oft Sie in der Vergangenheit danebenlagen. Das Einzige, was zählt, ist der erfolgreiche Versuch. Diesen sollten wir im Gedächtnis behalten und verstärken. Der Erfinder Charles Kettering meinte einmal, jeder junge Mann, der Wissenschaftler werden wolle, müsse bereit sein, 99 Mal auf die Nase zu fallen, bevor er einmal Erfolg hat. Und sein Ich dürfe dabei keinen Schaden erleiden.

*Rezept*: Nutzen Sie Ihre Irrtümer und Fehler, um daraus zu lernen – und sie dann aus Ihrem Geist zu löschen. Führen Sie sich frühere Erfolge regelmäßig vor Augen. Jeder Mensch hat *irgendwann* einmal mit *irgendetwas* Erfolg gehabt. Vor allem, wenn Sie ein neues Projekt anfangen, sollten Sie sich an vergangene Erfolge erinnern, selbst wenn sie noch so klein waren.

Winfred Overholser, Psychiater und Präsident der American Psychiatric Association, meinte, sich Momente ins Gedächtnis zu rufen, in denen man Mut bewiesen hat, sei eine probate Methode, um den Glauben an sich selbst zurückzugewinnen. Viel zu viele Menschen ließen sich ihre zahlreichen Erfolge von der Erinnerung an ein oder zwei Fehlleistungen trüben. Wenn wir systematisch unsere mutigen Momente im Gedächtnis behalten, so Overholser, werden wir bald erstaunt bemerken, dass wir mutiger sind, als wir dachten. Overholser empfahl, uns so lebhaft wie möglich an vergangene Erfolge und mutige Augenblicke zu erinnern, wann immer unser Selbstvertrauen angeknackst ist.

Wenn man Menschen nach früheren Erfolgen fragt, gucken sie einen mitunter verblüfft an, weil sie sich an nichts dergleichen erinnern. Ich dachte früher immer, das könne unmöglich stimmen. Dass sie nur so taten, als wüssten sie nichts zu erzählen, was ihnen jedoch niemand abkaufte. Manche Menschen betrachteten ihre »Erfolge« nicht als eigene Leistung. Als ich einen Arzt fragte, ob er es nicht als Erfolg betrachte, Mediziner geworden zu sein, antwortete er mir, seine Eltern hätten das gewollt. Er habe also ihre Ziele erfüllt, nicht seine eigenen. Ein Mann, der mit seiner Hände Arbeit sein Haus gebaut hatte, sah dies nicht als »Erfolg« an. Eine Frau, die in der Schule immer nur Einsen hatte, meinte auch, das sei kein Erfolg, denn schließlich hätte man das von ihr »erwartet«. Formuliert man das Ganze aber anders und verwendet statt »Erfolg« Bezeichnungen wie: »glückliche Augenblicke«, »mutige Momente« oder »gute Erfahrungen«, dann können sich die gleichen Leute plötzlich an ihre Erfolgserlebnisse erinnern. Sie wissen noch, wie sie damals den Homerun geschafft haben, Sieger bei einem Tennismatch wurden, am Schießstand einen Teddybären gewonnen und sich gefreut haben, weil die Freunde riefen: »Toller Schuss!« Wie man »Ziele« als »Projekte« betrachten kann, so kann man »Erfolgserlebnisse« auch als »glückliche Augenblicke« oder Ähnliches bezeichnen.

**Self-Acceptance – Selbstakzeptanz**

Es gibt keinen echten Erfolg, kein wahres Glück, solange man nicht gelernt hat, sich selbst zu akzeptieren. Die unglücklichsten Menschen auf Erden sind unweigerlich jene, die ständig sich und andere davon überzeugen wollen, dass sie ganz anders sind, als sie in Wahrheit sind. Und es gibt keine Befriedigung, die größer wäre als die, endlich das ganze Theater aufzugeben und ganz man selbst zu sein. Erfolg kommt von authentischem Selbstausdruck. Daher bleibt er all jenen, die unbedingt *etwas darstellen* wollen, auch gewöhnlich versagt. Kann der Betreffende sich aber entspannen und *er selbst sein*, stellt sich der Erfolg häufig automatisch ein.

Das eigene Selbstbild zu ändern heißt nicht, Ihr *Selbst* zu ändern oder zu verbessern. Sie ändern nur das *mentale Bild*, das Sie von sich haben, Ihre *Einschätzung* beziehungsweise Vorstellung Ihrer Person. Die erstaunlichen Resultate, die sich zeigen, sobald Sie ein wirklichkeitsgetreues Selbstbild haben, stellen sich nicht ein, weil Sie jetzt ein anderer Mensch sind, sondern weil Sie erkennen, was für ein Mensch Sie sind. Ihr »Selbst« ist das, was es immer schon war und immer sein wird. Sie haben es nicht geschaffen. Sie können es nicht ändern. Aber Sie können es erkennen und verwirklichen, das Beste aus dem machen, *was es bereits ist,* indem Sie ein klares geistiges Bild Ihres tatsächlichen Selbst gewinnen. Es hat nicht den geringsten Sinn, »etwas darstellen« zu wollen. Sie sind, was Sie sind. Sie sind bereits »etwas« beziehungsweise »jemand«. Nicht, weil Sie etwa 1 Million Dollar verdient haben oder das dickste Auto im Viertel fahren oder beim Bridge gewinnen – sondern weil Gott Sie nach seinem Bilde geschaffen hat.

Die meisten Menschen sind besser, klüger, stärker und kompetenter, als ihnen bewusst ist. Ein besseres Selbstbild zu entwickeln heißt nicht, neue Fähigkeiten, Talente, Kräfte zu erwerben. Sie setzen nur frei, was schon da ist, und machen davon Gebrauch.

Wir können unsere Persönlichkeit ändern, aber nicht unser grundlegendes Selbst. Die Persönlichkeit ist ein Instrument, ein Ausdruck, ein Brennpunkt unseres »Selbst«. Wir verwenden dieses Instrument, um mit der Welt in Kontakt zu treten. »Persönlichkeit« ist die Summe unserer Gewohnheiten, Einstellungen, erlernten Fähigkeiten, die wir als *Ausdrucksmittel* verwenden.

### Sie sind nicht Ihre Fehler

Selbstakzeptanz heißt, dass wir mit unserem Selbst im Einklang sind, so, wie wir jetzt sind, mit all unseren Fehlern, Schwächen, Mängeln, Irrtümern, aber auch mit unseren Stärken und Vorzügen. Doch uns selbst anzunehmen, fällt uns leichter, wenn wir begreifen, dass diese negativen Züge zwar zu uns *gehören* – uns aber nicht *ausmachen.* Vielen Menschen fällt eine gesunde Selbstakzeptanz schwer, weil sie sich mit ihren Fehlern identifizieren. Sie haben vielleicht einen Fehler gemacht, aber Sie *sind* nicht dieser Fehler. Sie finden vielleicht keinen vollkommenen Ausdruck Ihrer selbst, aber das heißt nicht, dass Sie *nichts taugen.*

Wir müssen unsere Fehler und Irrtümer erkennen, bevor wir sie korrigieren können.

Der erste Schritt hin zu mehr Wissen ist die Erkenntnis, wo es uns an Wissen fehlt. Der erste Schritt zu mehr Stärke ist die Erkenntnis, wo wir schwach sind. Alle Religionen lehren, dass der erste Schritt hin zur Erlösung das Eingeständnis ist, ein Sünder zu sein. Auf unserem Weg zum idealen Selbstausdruck hilft uns negatives Feedback, unseren Kurs zu korrigieren, wie bei jedem anderen Ziel, das wir ansteuern.

Wir müssen uns also eingestehen, dass unsere Persönlichkeit, unser »ausgedrücktes Selbst« oder das, was manche Psychologen das »aktuelle Selbst« nennen, immer unvollkommen ist. Und diese Tatsache dann auch akzeptieren.

Niemandem wird es je gelingen, im Laufe seines Lebens wirklich alle Schätze seines wahren Selbst zu heben. Unser aktuelles Selbst schöpft nie alle Möglichkeiten des wahren Selbst aus. Wir können immer noch mehr lernen, Größeres leisten, uns besser verhalten. Das aktuelle Selbst ist notwendig unvollkommen. Solange wir leben, *bewegt* es sich auf ein ideales Ziel zu, das es jedoch nie erreicht. Das aktuelle Selbst ist kein statisches, sondern ein dynamisches Gebilde. Es ist nie vollendet und endgültig, sondern immer im Wachstum begriffen.

Es ist wichtig, dass wir dieses aktuelle Selbst mit all seinen Unvollkommenheiten akzeptieren können, denn es ist das einzige Mittel, mit dem wir uns in der Welt bewegen können. Der Neurotiker lehnt sein aktuelles Selbst ab und hasst es für seine Unvollkommenheit. Stattdessen versucht er, ein fiktives ideales Selbst zu erschaffen, das perfekt und »arriviert« ist. Diese Fiktion aufrechtzuerhalten ist geistig unglaublich anstrengend, denn der Neurotiker erlebt Frustration um Frustration, wenn er mit seinem fiktiven Selbst auf die reale Welt zugeht. Eine Postkutsche ist vielleicht nicht das beste Gefährt, wenn Sie das Land von Küste zu Küste durchqueren wollen, aber sie ist auf jeden Fall besser als ein eingebildetes Flugzeug.

*Rezept:* Akzeptieren Sie sich so, wie Sie sind – das ist Ihr Ausgangspunkt. Lernen Sie, Ihre unvollkommenen Seiten mit Nachsicht zu betrachten. Unsere Mängel zu erkennen ist nötig, es wäre jedoch verhängnisvoll, wenn wir sie ablehnen würden. Unterscheiden Sie zwischen Ihrem »Selbst« und Ihrem Verhalten. »Sie« sind weder ruiniert noch wertlos, weil Sie einen Fehler gemacht haben beziehungsweise vom Kurs abgekommen sind. Genauso wenig wie eine Schreibmaschine wertlos wird, weil man damit ein Wort falsch getippt hat. Oder eine Geige, weil jemand eine falsche Note spielt. Verachten Sie sich nicht, weil Sie nicht vollkommen sind. Damit sind Sie nicht allein. Alle anderen sind ebenso wenig vollkommen. Und die, die so tun, als ob, täuschen sich nur selbst.

## Sie sind schon längst jemand!

Viele Menschen lehnen sich ab, weil sie absolut normale biologische Wünsche haben. Andere lehnen sich ab, weil sie beziehungsweise ihr Körper nicht der aktuellen Mode entsprechen. In den 1920ern schämten sich viele Frauen ihrer großen Oberweite. Damals waren knabenhafte Figuren en vogue und Busen galt als tabu. Heute wiederum genieren sich junge Mädchen, wenn sie nicht mindestens Körbchengröße D haben. In den 1920ern kamen die Frauen zu mir und wollten, dass ich aus ihnen »etwas mache«, indem ich ihre Körbchengröße reduzierte. Heute heißt es: »Bitte vergrößern Sie meinen Busen! Ich will endlich etwas darstellen.« Diese Sehnsucht, »jemand« zu sein, »etwas darzustellen« ist durch und durch menschlich. Aber es ist ein Fehler, unsere Identität darin zu suchen, dass wir werden wollen wie andere, dass andere uns loben oder wir uns über materielle Dinge definieren. Unser Selbst ist ein Geschenk Gottes. Sie *sind* ... Punktum. Viele Menschen denken, sie seien ein Nichts, weil sie dick, dünn, zu klein, zu groß et cetera sind. Sagen Sie sich lieber: »Ich bin vielleicht nicht vollkommen. Ich habe Fehler und Schwächen. Ich bin vom Kurs abgekommen. Ich habe noch einen langen Weg vor mir – aber *ich bin jemand*. Und ich werde aus diesem Jemand das Beste machen.«

Edward W. Bok (der lange Jahre Chefredakteur des *Ladies' Home Journal*, der ersten amerikanischen Frauenzeitschrift, war) sagte: »Wer von sich selbst sagt: ›Ich bin ein Niemand‹, hat keinen Glauben. Wer aber sagt: ›Ich bin alles‹, der liegt richtig, wenn er danach auch den Beweis dafür erbringt. Das hat nichts mit Egoismus oder Betrug zu tun. Wer das glaubt, der mag das ruhig denken. Uns genügt das Wissen, dass dahinter Glaube, Vertrauen, Erfüllung stehen, ja der menschliche Ausdruck von Gott in uns. Er sagt uns: ›Tue mein Werk.‹ Also geh hin und verrichte es. Ganz egal, was es ist. Verrichte es voller Begeisterung, voller Eifer, voller Freude, denn nur das überwindet Hindernisse, nur das fegt die Entmutigung hinweg.«

Akzeptieren Sie sich selbst. Seien Sie Sie selbst. Sie werden nie alle Möglichkeiten verwirklichen, die in diesem besonderen »Ich« angelegt sind, wenn Sie ihm den Rücken zukehren, sich seiner schämen, es gar hassen oder sich weigern, es anzuerkennen.

## Wichtige Erkenntnisse

Füllen Sie diese Zeilen bitte aus.

1. ____________________________________________

____________________________________________

____________________________________________

____________________________________________

2. ____________________________________________

____________________________________________

____________________________________________

____________________________________________

3. ____________________________________________

____________________________________________

____________________________________________

____________________________________________

4. ____________________________________________

____________________________________________

____________________________________________

____________________________________________

5. ____________________________________________

____________________________________________

____________________________________________

____________________________________________

## Meine eigene Fallgeschichte

Schreiben Sie eine Erfahrung aus Ihrer Vergangenheit auf, für die die hier vorgestellten Prinzipien eine schlüssige Erklärung liefern.

# 9

# DER VERSAGENSMECHANISMUS: SO LASSEN SIE IHN FÜR SICH ARBEITEN

An jedem Dampfkessel gibt es ein Messinstrument, das anzeigt, wenn der Überdruck gefährlich wird. Die potenziellen Gefahren werden erkannt und Korrekturmaßnahmen eingeleitet – zu unserer Sicherheit. Sackgassen und Einbahnstraßen *können*, *falls* sie nicht korrekt ausgeschildert sind, Ihre Fahrt im Auto enorm verzögern. Wenn Sie aber die Straßenschilder kennen und rechtzeitig eine andere Route wählen, helfen sie Ihnen, Ihr Ziel schneller zu erreichen.

Auch der menschliche Körper verfügt über solche Warnsignale. Ärzte nennen dies »Symptom«. Patienten halten Symptome meist für »schlecht«. In Wirklichkeit aber *nutzen* sie dem Patienten, wenn er sie als das erkennt, was sie sind, und sein Verhalten dementsprechend ändert. Der Schmerz einer Blinddarmentzündung scheint dem Patienten ein schlimmes Übel, aber tatsächlich trägt er zu seinem Überleben bei. Wenn er keine Schmerzen hätte, würde er nicht zum Arzt gehen, der den Blinddarm dann entfernt.

Auch die Misserfolgspersönlichkeit weist solche Symptome auf. Und wir sollten diese in uns selbst erkennen, um etwas dagegen unternehmen zu können. Wenn wir bestimmte Charakterzüge als Straßenschilder begreifen, die uns vor der Gefahr des Scheiterns warnen, dann können sie uns als *negatives Feedback* dienen. Aber es reicht nicht, wenn wir uns ihrer nur bewusst werden. Wir müssen sie auch als »unerwünscht« begreifen, als etwas, das wir nicht wollen. Vor allem aber müssen wir uns überzeugen, dass diese Dinge uns kein Glück bringen.

Niemand ist immun gegen solche negativen Gefühle und Haltungen. Selbst die erfolgreichsten Menschen erleben sie bisweilen. Entscheidend ist, dass wir sie als das erkennen, was sie sind, damit wir unseren Kurs korrigieren können.

## Das Bild des Misserfolgs (Failure)

Auch hier gibt es sieben Punkte, die uns sozusagen als Leitsymptome dienen können:

F – Frustration, Hoffnungslosigkeit, das Gefühl der Vergeblichkeit
A – Aggressivität
I – Insecurity (Unsicherheit)
L – Loneliness (Fehlendes Einssein, Einsamkeit)
U – Uncertainty (Unentschlossenheit)
R – Resentment (Ressentiments)
E – Emptiness (Leere)

## Verständnis schenkt Heilung

Niemand setzt sich hin mit der Absicht, aus reiner Böswilligkeit diese negativen Charakterzüge zu entwickeln, einfach weil er ein Soziopath ist. Solche Züge sind nicht angeboren oder gar Beweis dafür, dass die menschliche Natur unvollkommen ist. Solche negativen Züge bilden sich heraus, weil der Betreffende damit ein Problem zu lösen versucht. Wir nehmen sie an, weil wir sie irrtümlich als probates *Mittel* betrachten, unsere Schwierigkeiten zu lösen. Sie haben also eine *Bedeutung* und einen *Zweck*, auch wenn beides auf einer falschen Überzeugung beruht. Diese Charakterzüge werden für uns zur *Lebensweise*. Einer der stärksten Triebe des Menschen ist es, angemessen reagieren zu wollen. Daher lassen sich diese Leitsymptome nur heilen, wenn wir sie verstehen lernen – wenn wir *begreifen*, dass sie nicht funktionieren und folglich unangemessen sind.

Durch Einsicht können wir uns davon wieder frei machen. Wenn wir die Wahrheit erkennen, dann arbeitet der Instinkt, der uns erst dazu verleitet hat, diese schlechten Gewohnheiten auszubilden, für uns und unterstützt uns dabei, sie wieder abzulegen.

## Frustration

Frustration ist ein Gefühl, das entsteht, wenn wichtige Ziele nicht erreicht werden oder innige Wünsche unerfüllt bleiben. Natürlich erlebt jeder Mensch eine gewisse Frustration, weil wir nun einmal Menschen sind und daher unvollkommen. Wenn wir älter werden, erkennen wir, dass nicht alle Wünsche sofort in Erfüllung gehen können. Und wir erkennen, dass unser »Tun« unseren Absichten nie ganz entspricht. Wir akzeptieren Schritt für Schritt, dass Perfektion weder nötig noch verlangt ist, ja dass in der Praxis der Näherungswert ebenfalls funktioniert. Wir lernen, ein gewisses Maß an Frustration zu akzeptieren, ohne uns darüber aufzuregen.

Erst wenn eine frustrierende Erfahrung uns emotional stark belastet, weil wir aufgrund tiefer Enttäuschungen unser Tun für vergeblich halten, dann wird diese Frustration zum Leitsymptom des Versagens.

Chronische Frustration heißt, dass die Ziele, die wir uns gesetzt haben, unrealistisch sind, beziehungsweise dass unser Selbstbild unpassend ist oder möglicherweise beides zusammen.

### Erreichbare Ziele versus Perfektionismus

In den Augen seiner Freunde war Jim S. ein erfolgreicher Mann. Er hatte sich vom Lagerarbeiter zum Vizepräsidenten seines Unternehmens hochgearbeitet. Sein Handicap im Golf war im unteren zweistelligen Bereich. Er hatte eine schöne Frau und zwei Kinder, die ihn liebten. Trotzdem war er dauerhaft frustriert, weil nichts davon seinen unrealistischen Zielen entsprach. Er selbst war nicht vollkommen, glaubte aber, er *sollte* es sein. Er *sollte* längst im Vorstand des Unternehmens sitzen und sein Handicap *sollte* einstellig sein. Er *sollte* eigentlich ein vollkommener Ehemann und Vater sein, sodass seine Frau mit ihm immer einer Meinung wäre und seine Kinder sich immer perfekt benähmen. Es genügte ihm nicht, dass er ins Schwarze getroffen hatte. Er wollte genau die Mitte der Scheibe treffen. Ich gab ihm folgenden Rat: »Du solltest die gleiche Technik anwenden, die Jack Burke fürs Putten empfiehlt. Stell dir nicht vor, dass du den Ball über die lange Distanz direkt ins Loch spielen musst. Denk dir das Ziel vielmehr so groß wie eine Badewanne. Das nimmt den Druck raus, du entspannst dich und schlägst besser ab. Wenn das für einen Profigolfer gut genug ist, sollte es das auch für dich sein.«

### Eine selbsterfüllende Prophezeiung garantiert das Scheitern

Harry N. war anders drauf. Er hatte sich noch keine äußeren Erfolgssymbole erobert. Er hatte zwar häufig Gelegenheit dazu, doch er wusste sie nicht zu ergreifen. Drei Mal war er drauf und dran gewesen, seinen Traumjob zu bekommen, und jedes Mal »passierte etwas« – irgendetwas blockierte ihn, wenn der Erfolg in greifbare Nähe rückte. Auch in Liebesgeschichten war er zwei Mal tief enttäuscht worden.

Sein Selbstbild war das eines wertlosen, inkompetenten, ständig unterlegenen Menschen, der kein Recht auf Erfolg oder die schönen Dinge des Lebens hatte. Und eben diese Rolle füllte er unbewusst aus. Er hatte das Gefühl, einfach nicht für den Erfolg gemacht zu sein. Und so torpedierte er sich jedes Mal, damit diese selbsterfüllende Prophezeiung eintreten konnte.

### Frustration löst keine Probleme

Unserer Unzufriedenheit und Frustration Ausdruck zu verleihen, ist unsere Art, auf ein Problem zu reagieren – zumindest haben wir das als Kinder so »gelernt«. Wenn ein Baby hungrig ist, dann drückt es seine Unzufriedenheit durch Schreien aus. Dann kommt von irgendwoher eine warme, zärtliche Hand und gibt ihm Milch. Fühlt es sich nicht wohl, verleiht es seinem Ärger Ausdruck, und die gleiche liebevolle Hand erscheint und löst sein Problem. Viele Kinder behalten dieses System auch später bei: Allzu nachgiebige Eltern reagieren sofort, wenn der Sprössling irgendwie unzufrieden ist. Das Kind muss nur frustriert sein, und schon wird das Problem gelöst. Diese Art, das Leben anzugehen, »funktioniert« für Kleinkinder. Bei Erwachsenen ist das anders. Und doch probieren wir es immer wieder: Wir sind unzufrieden und hadern mit dem Leben, offenbar in der Hoffnung, dass es Mitleid mit uns hat – das heißt, jemand angelaufen kommt und unsere Probleme löst –, wenn wir uns nur elend genug fühlen. Jim S. setzte unbewusst auf diese kindische Technik in der Hoffnung, ein Zauber würde den ersehnten Zustand der Vollkommenheit herbeiführen. Harry N. hatte das Gefühl von Frustration und Vergeblichkeit so oft *praktiziert*, dass es ihm zur zweiten Natur geworden war. Er projizierte seine negativen Erwartungen auf die Zukunft und ging grundsätzlich davon aus, dass er versagen würde. Seine defätistische Einstellung vermittelte ihm das Selbstbild eines Mannes, der zum Scheitern bestimmt war. Gedanken und Gefühle gehen stets Hand in Hand. Unsere Gefühle sind das Erdreich, dem unsere Gedanken und Ideen entsprießen. Das ist auch der Grund, weshalb ich Ihnen in diesem Buch immer wieder empfohlen habe, sich vorzustellen, wie Sie sich fühlen würden, wenn Sie Erfolg hätten – und bei diesem Gefühl zu verweilen, und zwar jetzt, in der Gegenwart.

### Aggressivität

Dem Gefühl der Frustration folgt gewöhnlich eine übermäßige und fehlgesteuerte Aggressivität, so sicher, wie die Nacht auf den Tag folgt. John Dollard, Leonard Doob und Neal E. Miller von der Universität Yale haben dies in ihrem Buch *Frustration and Aggression* zweifelsfrei bewiesen.

Allerdings ist Aggressivität kein anormales Verhaltensmuster, wie so manche Psychiater glaubten. Tatsächlich braucht der Mensch eine gesunde Portion Aggressivität, um seine Ziele zu erreichen. Wir müssen uns das, was wir wollen, holen, und da bringt es nichts, wenn wir zu zaghaft sind oder es nur »versuchen«. Wir müssen unsere Probleme vielmehr »in Angriff nehmen«. Allein die Tatsache, dass wir ein bedeutsames Ziel verfolgen, macht uns entsprechend »heiß« und bringt aggressive Tendenzen zum Vorschein. Problematisch wird es dann, wenn diese Tendenzen blockiert werden und wir unser Ziel nicht erreichen. Dann ist der emotionale Dampf da und sucht sich ein Ventil. Kann er sich keine Luft machen oder wird in die falsche Richtung gelenkt, dann wird er schnell destruktiv. Der Angestellte, der seinem Chef am liebsten eins auf die Nase geben würde, sich das aber nicht traut, geht nach Hause und fängt Streit mit Frau und Kindern an. Oder er tritt die Katze. Vielleicht wendet er seine Aggressivität auch gegen sich selbst, wie eine bestimmte Skorpionart in Südamerika: Diese Tiere stechen sich selbst, wenn sie gereizt werden, und sterben am eigenen Gift.

#### Schlagen Sie nicht blind um sich: Kanalisieren Sie Ihre Kraft!

Die Misserfolgspersönlichkeit lenkt ihre Aggression nicht in gesunde Bahnen, um ein Ziel zu erreichen. Stattdessen ergießt diese Energie sich in selbstzerstörerische Mechanismen: Magengeschwüre, hoher Blutdruck, Sorgen, Rauchen oder viel zu viele Überstunden sind die Folge. Mitunter wendet sie sich auch gegen andere Menschen in Form von

Reizbarkeit, Grobheit, Klatsch, Nörgeln oder dem zwanghaften Suchen nach Fehlern beim Partner.

Wenn die Ziele des Betreffenden unrealistisch sind, verfällt er häufig auf folgende »Lösung«: Er arbeitet mehr als je zuvor. Er stellt fest, dass er mit dem Kopf gegen die Wand rennt, und beschließt dann bewusst, noch heftiger dagegen anzurennen.

Aber die richtige Antwort auf Aggression ist nicht, sie mit der Wurzel auszureißen, sondern sie zu verstehen, um sie in die richtigen Kanäle zu lenken. Der berühmte Verhaltensforscher Konrad Lorenz sagte in einem Vortrag am Postgraduate Center for Psychotherapy (heute das Postgraduate Center for Mental Health) in New York, aggressives Verhalten beim Tier sei elementar. Das hätten jahrelange Studien gezeigt. So könne ein Tier beispielsweise keine Zuneigung ausdrücken, wenn es keine Kanäle für seine Aggression fände. Emanuel K. Schwartz, der damalige stellvertretende Direktor des Centers, meinte, Lorenz' Entdeckungen hätten weitreichende Auswirkungen auf unsere Sicht vom Menschen. Wir müssten vor diesem Hintergrund unsere Auffassung zwischenmenschlicher Beziehungen überdenken, denn aus dem Gesagten werde klar, dass ein Ventil für Aggression ebenso wichtig, wenn nicht noch wichtiger sei, als sicherzustellen, dass wir dem anderen unsere Liebe und Zuneigung bezeigen.

### Wissen verleiht Macht

Allein schon zu verstehen, welcher Mechanismus hinter diesen Gefühlen steht, hilft den Betroffenen, den Teufelskreis aus Frustration und Aggression zu durchbrechen. Fehlgesteuerte Aggression ist der Versuch, *ein bestimmtes* Ziel (das ursprünglich angestrebte) zu treffen, indem man wild auf alles eindrischt. Das funktioniert aber nicht. Sie können nicht ein Problem lösen, indem Sie ein anderes schaffen. Wenn Sie jemanden am liebsten anschnauzen würden, halten Sie kurz inne und fragen sich: »Ist da etwa meine Frustration am Werk? Und weswegen bin ich frustriert?« Wenn Sie merken, dass Ihre Reaktion unangemessen ist, ist das schon der wichtige erste Schritt zur Kontrolle. Wenn jemand umgekehrt Sie rüde attackiert, nimmt es dem Ganzen den Stachel, wenn Sie sich klarmachen, dass auch hier eine automatische Reaktion abläuft. Der andere lässt Dampf ab, weil er seine Ziele nicht erreicht hat. Für viele Autounfälle ist eben dieser Teufelskreis verantwortlich. Wenn Sie das nächste Mal an einen Verkehrsrowdy geraten, versuchen Sie es mal damit: Statt selbst aggressiv zu reagieren, was Sie nur noch mehr gefährdet, sagen Sie sich: »Der arme Kerl hat nichts gegen mich persönlich. Vielleicht hat er heute Morgen seinen Toast verbrannt, kann die Miete nicht bezahlen oder sein Boss hat ihn zur Schnecke gemacht.«

### Sicherheitsventile für zu viel Dampf

Wenn Sie ein wichtiges Ziel nicht erreichen, sind Sie wie eine Lokomotive, die voll unter Dampf steht, aber nicht losfahren kann. Dann brauchen Sie ein Sicherheitsventil, über das Sie Dampf ablassen können. Dafür eignet sich am besten sportliche Betätigung: lange, flotte Spaziergänge, Liegestützen oder Übungen mit Hanteln und Kettlebell. Auch alle Spiele, bei denen Sie das Schlagen üben: Golf, Tennis, Kegeln beziehungsweise das Training am Sandsack. Frustrierte Menschen merken sehr schnell, dass muskuläre Anstrengung gut ist für den Abbau von Aggressionen, zum Beispiel wenn sie anfangen, die Möbel umzustellen. Oder Sie machen sich auf dem Papier Luft. Schreiben Sie dem Menschen, der Sie genervt hat, einen Brief, in dem Sie kein Blatt vor den Mund nehmen. Lassen Sie nichts ungesagt. *Und verbrennen Sie den Brief anschließend.*

Doch der beste Weg, unsere Aggression zu kanalisieren, ist zweifellos, sie zu dem Zweck einzusetzen, für den sie ursprünglich bestimmt war – zum Erreichen eines Zieles. Arbeit ist immer noch eine der besten Therapieformen und besänftigt jede aufgewühlte Seele.

> Dampf ablassen – das funktioniert auch gut, wenn Sie sich in den Kampfkünsten üben – vor allem in denen, die den Fokus nach innen richten wie Tai-Chi, Aikido oder Systema. Dabei setzen Sie nicht nur den Körper ein. Sie konzentrieren sich auch auf die Atmung und lernen, Ihre Muskeln zu entspannen. Viele sportliche Aktivitäten helfen zwar beim Abbau von Aggression, zeigen aber nicht, wie man sich entspannen und richtig atmen kann. Doch gerade diese Techniken können Sie auch im Alltag gut gebrauchen.

## Insecurity – Unsicherheit

Das Gefühl der Unsicherheit beruht auf der Vorstellung der eigenen Unzulänglichkeit. Wenn Sie das Gefühl haben, einer Aufgabe nicht »gewachsen« zu sein, fühlen Sie sich unsicher. Dabei geht diese Unsicherheit nur selten auf tatsächlich fehlende innere Ressourcen zurück. Sie entsteht vielmehr, weil wir einen falschen Maßstab anlegen. Wir vergleichen unsere tatsächlichen Fähigkeiten mit einem fiktiven »idealen«, natürlich absolut perfekten Selbst. Wer sich selbst mit absolutem Maßstab misst, wird immer unsicher sein.

Ein unsicherer Mensch hat das Gefühl, er müsste *gut* sein – Punktum. Er müsse *erfolgreich* sein – Punktum. Er müsse *glücklich, kompetent, gelassen* sein – Punktum. All dies sind gute Ziele. Aber man sollte sie, wenigstens in ihrer absoluten Ausprägung, als etwas sehen, was es noch zu erreichen gilt, worauf man sich ausrichten kann. Und nicht als unbedingtes Muss, das wie ein Damoklesschwert über einem hängt.

Da der Mensch zielorientiert ist, kann sich sein Selbst nur dann ganz verwirklichen, wenn er etwas ansteuert. Erinnern Sie sich noch an den Vergleich mit dem Fahrrad in einem früheren Kapitel? Der Mensch kann seine Balance, seine Gelassenheit und Sicherheit nur dann wahren, wenn er sich vorwärtsbewegt – oder dies zumindest anstrebt. Wenn Sie das Gefühl haben, Ihr Ziel erreicht zu haben, werden Sie statisch und verlieren die Sicherheit und das Gleichgewicht, das Sie in der Vorwärtsbewegung hatten. Ein Mensch, der sich für absolut »gut« hält, hat keine Motivation, sich zu verbessern. Und er fühlt sich unsicher, weil er ja die Verstellung, die Täuschung ständig aufrechterhalten muss. »Ein Mitarbeiter, der denkt, dass er ›es geschafft‹ hat, ist für uns nicht mehr nützlich«, sagte mir kürzlich der Präsident eines großen Unternehmens. Was sagte Jesus, als ein Mann ihn gut nannte? »Warum nennst du mich gut? Niemand ist gut außer Gott, dem Einen.« (Markus 10,18) Und der heilige Paulus wird im Allgemeinen als »guter Mensch« betrachtet, aber auch er sagt von sich: »Nicht dass ich es schon erreicht hätte oder dass ich schon vollendet wäre. Aber ich strebe danach ...« (Philipper 3,12)

### Mit beiden Beinen auf dem Boden

Auf der Turmspitze gibt es keinen sicheren Stand. Also kommen Sie geistig runter vom hohen Ross, dann fühlen Sie sich auf der Stelle sicherer.

Diese Devise lässt sich praktisch vielfach einsetzen. Sie liefert auch die Erklärung, warum im Fußball viele Mannschaften die *Favoritenrolle ablehnen*. Wenn ein Spitzenteam sich für »die Champions« hält, dann hat es nichts mehr, wofür es sich zu kämpfen lohnt. Es gibt nur noch den Status quo, den es zu verteidigen gilt. Die Champions verteidigen etwas, müssen etwas beweisen. Die Underdogs dagegen kämpfen darum, etwas zuwege zu bringen, und daher fällt ihnen am Ende häufiger als gedacht der Sieg zu.

Ich kannte mal einen Boxer, der super kämpfte – bis er die Meisterschaft gewonnen hatte. Er verlor seinen Titel gleich beim nächsten Kampf und sah dabei auch noch richtig schlecht aus. Kaum hatte er den Titel abgeben müssen, kämpfte er wieder richtig gut und holte ihn zurück. Ein sehr kluger Manager sagte zu ihm: »Du wirst als Champion einen ebenso guten Fight liefern wie als Titelanwärter, wenn du dir eines immer vor Augen hältst: Du *verteidigst* die Meisterschaft nicht, du musst sie *gewinnen*. Du legst sie ab, sobald du in den Ring steigst.«

Hinter der mentalen Haltung, die zu Unsicherheit führt, steht eine vermeintliche Problemlösungsstrategie, die Täuschung und Betrug in die Wirklichkeit zu überführen sucht. Das Wesen dieser Strategie besteht darin, sich und anderen die eigene Überlegenheit beweisen zu wollen. Doch damit graben Sie sich nur selbst eine Grube. Denn wenn Sie überlegen *sind*, dann müssen Sie das ja nicht beweisen. Wenn Sie sich so richtig Mühe geben, dann wird das vielleicht sogar eher als Indiz gesehen, dass es mit Ihrer angeblichen Überlegenheit nicht weit her ist – also versuchen Sie es besser erst gar nicht. Sie würden diesen Kampf nur verlieren und damit auch Ihren Willen zu gewinnen.

### Loneliness – Einsamkeit

Jeder Mensch ist hin und wieder mal einsam. Auch dies ist ein natürliches Handicap, das uns aus unserem Menschsein erwächst. Erst wenn die Einsamkeit extrem und zum Dauerzustand wird, wenn Sie sich von allen anderen Menschen abgeschnitten fühlen, dann wird Einsamkeit zu einem Symptom des Versagensmechanismus.

Diese Art der Einsamkeit ist verursacht durch eine Entfremdung vom Leben, einer Entfremdung vom eigenen wahren Selbst. Ein Mensch, der die Verbindung zu seinem wahren Selbst verloren hat, hat das grundlegende Band des Lebens durchtrennt. Als einsamer Mensch durchläuft man häufig einen Teufelskreis. Da man sich vom Selbst entfernt hat, gestalten sich zwischenmenschliche Beziehungen nicht gerade befriedigend. Das macht diesen Menschen zum Einsiedler. Dabei verbaut er sich selbst alle Pfade, auf denen er zu seinem wahren Selbst finden könnte, zum Beispiel in Begegnungen mit anderen Menschen. Etwas mit anderen Leuten zu unternehmen und das zu genießen, hilft uns, uns selbst zu vergessen. Bei anregenden Gesprächen, Tanz und Spiel oder bei der gemeinsamen Arbeit für ein lohnendes Ziel, fangen wir an, uns für andere Dinge zu interessieren als für unsere Selbsttäuschungen und Vorspiegelungen. Wir lernen andere Menschen kennen und merken, dass wir unsere Fassade immer weniger brauchen. Wir »tauen auf« und werden immer natürlicher. Je öfter wir dies tun, umso klarer wird uns, dass wir darauf verzichten können, den Leuten etwas vorzumachen. Wir fühlen uns mit anderen plötzlich richtig wohl.

### Warum Einsamkeit nicht funktioniert

Einsamkeit ist ein Versuch, sich selbst zu schützen. Man kappt alle Verbindungswege zu anderen Menschen, vor allem alle emotionalen Bindungen. Sie versuchen, Ihr idealisiertes Selbst vor Bloßstellung, Verletzung, Demütigung zu bewahren. Ein einsamer Mensch hat *Angst* vor anderen Leuten. Er beschwert sich zwar, dass er keine Freunde und kein soziales Netz hat. In den meisten Fällen aber ist dieser Zustand selbstgemacht, weil der Betreffende sich passiv verhält. Er überlässt es anderen, auf ihn zuzugehen, den ersten Schritt zu tun, ihn zu unterhalten. Es kommt ihm gar nicht erst in den Sinn, dass er auch etwas beitragen sollte.

Zwingen Sie sich, unter Leute zu gehen, wie auch immer Sie sich fühlen mögen. Wenn Sie erst ins kalte Wasser gesprungen sind, wird es bald wärmer. Und wenn Sie sich weiter in Gesellschaft begeben, werden Sie es schließlich genießen. Entwickeln Sie soziale Fähigkeiten, die Ihnen helfen, anderen Menschen Freude zu machen. Tanzen, Bridgespielen, Klavier, Tennis oder die Kunst der Konversation. Es ist eine psychologisch erwiesene Tatsache, dass der ständige Kontakt mit etwas, das uns Angst macht, uns eben gegen diese Angst immunisiert. Wenn ein einsamer Mensch sich immer wieder zwingt, soziale Beziehungen mit anderen einzugehen – nicht auf passive Weise, sondern indem er aktiv etwas dazu beiträgt –, wird er entdecken, dass die meisten Leute eigentlich ganz nett sind und dass er akzeptiert wird. Bald fühlt er sich in Gesellschaft anderer wohler und mehr er selbst. Die Erfahrung, dass andere ihn akzeptieren, erlaubt dem Betreffenden, sich selbst anzunehmen.

## Uncertainty – Unentschlossenheit

*Der größte Fehler, den ein Mensch machen kann, ist, Angst vor Fehlern zu haben.*

Elbert Hubbard

Unentschlossenheit ist eine Form der Fehlervermeidung. Diese Strategie beruht auf der irrigen Annahme, dass nichts schiefgehen kann, wenn wir uns auf nichts festlegen. Wer perfekt sein möchte, für den ist die Vorstellung, er könnte etwas verkehrt machen, unerträglich. Ein solcher Mensch kann keine Fehler machen, schließlich ist er ja rundum vollkommen. Sich zu irren würde sein Bild vom perfekten, allmächtigen Selbst zusammenfallen lassen wie ein Kartenhaus. Daher wird jede Entscheidung zur Frage von Leben oder Tod.

Eine Möglichkeit, diesen Schwebezustand aufrechtzuerhalten, ist es, sich vor Entscheidungen schlicht zu drücken oder sie so lange als möglich aufzuschieben. Eine andere: ständig einen Sündenbock parat zu haben. In diesem Fall trifft der Betreffende zwar Entscheidungen – aber übereilt, zu früh und daher nicht ausreichend vorbereitet. Dieser Typus hat keine Probleme damit, Entscheidungen zu treffen. Schließlich ist er ja vollkommen. Jeder Irrtum ist da ausgeschlossen. Warum sich also über Tatsachen und Folgen Gedanken machen? Dieses Bild von sich kann der Betreffende auch aufrechterhalten, wenn seine Strategie fehlschlägt. Er wird sich davon überzeugen, dass der Fehler auf keinen Fall bei ihm liegt. Warum sowohl der Hastige wie der Zauderer scheitern, ist offensichtlich. Der eine sitzt ständig in der Patsche, weil er übereilt und unüberlegt handelt, der andere wagt sich weder vor noch zurück und verharrt in Untätigkeit. Anders ausgedrückt: Unentschlossenheit ist keine sinnvolle Strategie.

### Niemand hat immer recht

Machen Sie sich klar, dass niemand verlangt, dass Sie immer hundertprozentig richtigliegen. Nicht einmal der beste Schlagmann im Baseball trifft jeden Ball. Wenn er drei von zehn Mal trifft, ist er gut. Babe Ruth, der große Baseballstar, der den Homerun-Rekord viele Jahre lang hielt, hielt auch den Rekord für die meisten Strikeouts, bei denen der Schlagmann von der gegnerischen Mannschaft ausscheidet. Es liegt in der Natur der Dinge, dass wir uns entwickeln, indem wir handeln, Fehler machen und unseren Kurs korrigieren. Ein ferngelenkter Torpedo erreicht sein Ziel, weil er immer wieder vom Kurs abkommt und seine Bahn entsprechend korrigiert. Sie können Ihren Kurs aber nicht korrigieren, wenn Sie sich nicht vom Fleck rühren. Dann können Sie absolut »nichts« bewegen. Sie sollten vielmehr die Fakten kennen, die eine Situation ausmachen, sich mögliche Strategien vorstellen und sich dann für jene entscheiden, die Ihnen am geeignetsten erscheint – und auf diese dann setzen. Wenn Sie einmal »unterwegs« sind, können Sie immer noch Kurskorrekturen anbringen.

### Nur Kleingeister machen nie etwas falsch

Wenn Sie Ihre Unentschlossenheit ablegen wollen, sollten Sie sich den Zusammenhang zwischen Unentschlossenheit und Selbstachtung klarmachen. Viele Menschen können sich nicht entscheiden, weil sie um ihre Selbstachtung fürchten, sollten sie eines Fehlers überführt werden. Aber Sie sollten Ihre Selbstachtung *für* sich einsetzen und nicht *gegen* sich. Machen Sie sich Folgendes klar: Große Geister machen Fehler und gestehen diese ein. Nur die Kleingeistigen haben Angst zuzugeben, dass sie sich geirrt haben.

> *Kein Mensch wurde je groß oder gut, wenn er nicht viele und große Fehler beging.*
>
> WILLIAM E. GLADSTONE

> *Ich habe mehr aus meinen Fehlern gelernt als aus meinen Erfolgen.*
>
> SIR HUMPHRY DAVY

> *Wir lernen mehr aus unserem Versagen als aus unseren Erfolgen. Wir finden heraus, was nötig ist, indem wir erkennen, was nicht ausreichend ist. Und wer nie einen Fehler gemacht hat, hat vermutlich auch nie eine Entdeckung gemacht.*
>
> SAMUEL SMILES

> *Mr Edison arbeitete unermüdlich an einem Problem, indem er nach dem Ausschlussprinzip vorging. Wenn jemand ihn fragte, ob ihn das häufige Scheitern nicht entmutige, sagte er: »Nein. Ich bin nicht entmutigt. Jeder Fehlversuch ist ein weiterer Schritt vorwärts.*
>
> MRS THOMAS A. EDISON

## Resentment – Ressentiments

Wenn die Misserfolgspersönlichkeit einen Sündenbock oder eine Begründung für ihr Scheitern sucht, gibt sie die Schuld häufig der Gesellschaft, dem »System«, den »Umständen« oder dem Leben. Solch ein Mensch empfindet Ressentiments, wenn andere Menschen Glück und Erfolg haben, weil das seiner Ansicht nach beweist, dass das Leben es nicht gut mit ihm gemeint hat und er unfair behandelt wird. Ressentiments sind der Versuch, das eigene Scheitern erträglich zu machen, indem man es als Ergebnis ungerechter Behandlung darstellt. Aber als Gegenmittel gegen das Versagen sind Ressentiments schlimmer als die Krankheit selbst. Sie sind ein tödliches Gift für den Geist, da sie jedes Glück verhindern. Außerdem binden sie enorme Mengen Energie, die wir andernfalls produktiv nutzen könnten. So entsteht ein Teufelskreis. Ein Mensch, der ständig einen Groll hegt, ist nicht unbedingt der beste Gefährte oder Kollege. Und wenn die Kollegen mit ihm dann nichts anfangen können oder sein Chef ihn auf einen Fehler hinweist, sieht er sich in seiner negativen Haltung nur bestärkt.

### Warum Ressentiments zu nichts führen

Mit Ressentiments versuchen wir, uns wichtig zu machen. Viele Menschen ziehen eine perverse Befriedigung daraus, wenn man ihnen »Unrecht tut«. Denn wer ungerecht oder unfair behandelt wurde, ist seinen Peinigern moralisch überlegen.

Ressentiments sind der Versuch, reale oder eingebildete Ungerechtigkeiten, die bereits geschehen sind, ungeschehen zu machen. Ein nachtragender Mensch versucht sozusagen, vor dem Gerichtshof des Lebens »seine Beweise vorzulegen«. Wenn er beweisen kann, dass ihm Unrecht geschehen ist, dann, so glaubt er, würden wie durch Zauberhand das Ereignis oder die Umstände entschärft, die zu seinen Ressentiments geführt haben. In diesem Sinne sind Ressentiments ein Versuch, die Wirklichkeit umzudeuten. Der Begriff selbst kommt übrigens aus dem Lateinischen: *re-* steht für »zurück«, *sentire* heißt »fühlen«. Ressentiments sind ein Versuch, emotional zurückzudrehen, was wir erlebt haben. Dieses Spiel können Sie nicht gewinnen, denn Sie versuchen das Unmögliche – die Vergangenheit zu ändern.

### Ressentiments machen ein schlechtes Selbstbild

Selbst wenn unsere Ressentiments auf eine tatsächlich erlebte Ungerechtigkeit zurückgehen, bringt uns das nicht auf die Siegerstraße, denn diese Art der Reaktion wird schnell zur emotionalen Gewohnheit. Wenn Sie sich einmal als Opfer von Unrecht gesehen haben, werden Sie sich bald immer und überall als Opfer erleben. Sie schleppen dieses Gefühl mit sich herum und suchen sich in der Außenwelt einen Haken, an dem Sie es aufhängen können. Schnell erlebt man dann selbst ganz unschuldige Bemerkungen als großes Unrecht.

Werden Ressentiments zur Gewohnheit, so führt das unweigerlich zu Selbstmitleid. Und das ist die schlimmste emotionale Gewohnheit, die man entwickeln kann. Werden Ressentiments verinnerlicht, dann fühlt der Betreffende sich nicht »normal«, wenn er gerade niemandem grollt. Daher sucht er förmlich nach »Ungerechtigkeiten« ihm gegenüber. Irgendjemand hat einmal gesagt, solche Leute würden sich nur gut fühlen, wenn es ihnen schlecht geht.

Ressentiments und Selbstmitleid sind emotionale Gewohnheiten, die zwangsläufig mit einem negativen Selbstbild einhergehen, denn man sieht sich schnell als das arme Opfer, dem das Unglück auf seinem Weg vorgezeichnet ist.

### Die wahre Ursache für Ressentiments

Machen Sie sich klar, dass Ressentiments nicht von anderen Menschen, Umständen oder Ereignissen verursacht werden. Das Ressentiment ist Ihre ureigene emotionale Reaktion, über die Sie die Kontrolle haben. Und Sie haben die Kontrolle, wenn Sie sich die Überzeugung aneignen, dass Ressentiments und Selbstmitleid nie zu Glück und Erfolg führen, sondern nur Scheitern und Unglück zur Folge haben.

Solange Sie an Ihren Ressentiments festhalten, ist es Ihnen tatsächlich unmöglich, sich als eigenverantwortlichen, unabhängigen und selbstständigen Menschen zu erleben, als »Meister Ihres Schicksals«. Wer nachtragend ist, lässt andere die Zügel seines Lebens führen. Andere bestimmen dann darüber, wie man sich fühlt und handelt. Man ist genauso von anderen Leuten abhängig wie ein Bettler. Und auch, weil man an andere hohe Ansprüche stellt. Wenn Sie denken, jeder Mensch auf dieser Erde sei verantwortlich dafür, dass Sie glücklich sind, dann werden Sie immer von Ressentiments geplagt sein, falls die Erfüllung dieses Anspruchs auf sich warten lässt. Sind Sie der Ansicht, dass andere Menschen Ihnen ewige Dankbarkeit »schulden«, Sie ein Anrecht auf grenzenlose Wertschätzung und Anerkennung Ihrer Überlegenheit haben, dann stellen sich natürlich Ressentiments ein, wenn diese »Schuld« nicht beglichen wird. Bleibt das Leben Ihnen den geforderten Lebensunterhalt schuldig, werden Sie Ressentiments empfinden.

Ressentiments vertragen sich nicht mit einem zielorientierten Leben. Im kreativen Streben nach Ihren Zielen sind Sie der Akteur und nicht passiver Zuschauer. *Sie* setzen sich diese Ziele. Niemand schuldet Ihnen etwas. Sie richten sich selbst auf Ihre Ziele aus. Sie sind für Ihren eigenen Erfolg verantwortlich, für Ihr eigenes Glück. Ressentiments haben da nichts verloren, daher sind sie Teil des Versagensmechanismus.

### Emptiness – Leere

Vielleicht sind Ihnen während der Lektüre dieses Kapitels auch Leute eingefallen, die trotz Frustration, fehlgelenkter Aggressivität und Ressentiments »erfolgreich« waren. Ich wäre mir da nicht so sicher. Viele Menschen erobern sich die äußeren Insignien des Erfolgs, aber wenn sie dann die langgesuchte Schatzkiste öffnen, finden sie sie leer vor. Als würde das Geld, für das sie sich so lange abgemüht haben, in ihren Händen zu Falschgeld. Denn sie haben unterwegs die *Fähigkeit, sich zu freuen*, eingebüßt. Wenn Sie sich aber über nichts mehr freuen können, dann können Ihnen keine Reichtümer der Welt mehr Glück oder Erfolg schenken. Diese Menschen haben das Schatzkästlein des Erfolgs erobert, aber wenn sie es öffnen, ist nichts darin.

Ein Mensch hingegen, der sich freuen kann, findet diese Freude in allen möglichen einfachen Dingen. Er genießt den materiellen Erfolg, den er hat, ganz egal, wie groß oder klein dieser ausfallen mag. Wer aber keine Freude mehr empfinden kann, für den ist das Leben tot. Er findet kein Ziel mehr, auf das er hinarbeiten kann. Er findet alles einfach nur öde. Nichts ist je der Mühe wert. Sie begegnen diesen Menschen Nacht für Nacht in den Clubs dieser Welt, wo sie sich zu überzeugen versuchen, dass sie dieses Leben toll finden. Sie reisen von Ort zu Ort, schmeißen Party um Party, immer in der Hoffnung auf Freude, immer enttäuscht von der leeren Schale. Freude ist eine Begleiterscheinung der Kreativität, des schöpferischen Wegs auf ein Ziel hin. Falsche »Erfolge« zu erzielen ist möglich, aber die Strafe dafür ist ein absolut schales Vergnügen.

## Das Leben wird lohnend, wenn Sie lohnende Ziele haben

Innere Leere ist ein klares Indiz dafür, dass Sie kein schöpferisches Leben führen. Entweder haben Sie kein Ziel, das Ihnen wirklich wichtig ist, oder Sie haben Ziele, die Ihnen wichtig sind, können aber Ihre Talente und Fähigkeiten nicht einsetzen. Nur Menschen, die in ihrem Leben keinen Sinn finden, ziehen den pessimistischen Schluss, es sei »sinnlos«. Menschen, die kein Ziel vor Augen haben, finden das Leben nicht »lohnend«. Und Menschen, die kein Interesse haben an dem, was sie tun, klagen darüber, dass sie »nichts zu tun« hätten. Menschen, die lohnende Ziele sehen und verfolgen, hängen keinen pessimistischen Gedanken über die Vergeblichkeit und Sinnlosigkeit des Lebens nach.

## Auch mit der Leere kommen Sie nicht weiter

Der Versagensmechanismus schreibt sich ständig selbst fort, solange wir nicht einschreiten und den Teufelskreis durchbrechen. Wer diese innere Leere verspürt, fühlt sich vielleicht versucht, sie dazu zu benutzen, jede Anstrengung, Arbeit und Verantwortung von sich zu weisen. So wird sie schnell zur Rechtfertigung für ein nicht-schöpferisches Leben. Wenn ohnehin alles eitel ist, wenn es nichts Neues unter der Sonne gibt, wenn alle Freude vergeblich ist, warum sollte man sich dann anstrengen? Warum überhaupt irgendetwas versuchen? Wenn das Leben nicht mehr ist als das altbekannte Hamsterrad – acht Stunden täglich arbeiten, nur um sich ein Dach über dem Kopf leisten zu können, dann acht Stunden schlafen, um wieder ausgeruht zur Arbeit gehen zu können -, warum sollten wir darin einen Sinn erblicken? Doch diese intellektuell vorgeschobenen »Gründe« lösen sich schnell in nichts auf, wenn wir uns vom Hamsterrad verabschieden, nicht mehr im Kreis rennen und uns ein Ziel setzen, das uns lohnend erscheint. Wenn wir auf dieses Ziel hinarbeiten, werden wir Freude und Befriedigung erfahren.

## Innere Leere und ein unpassenden Selbstbild gehören zusammen

Diese Art der Leere kann auch Anzeichen eines ungeeigneten Selbstbildes sein. Denn es ist psychisch unmöglich, etwas zu akzeptieren, was Ihrer Auffassung nach nicht zu Ihnen gehört – oder nicht zu Ihrem Selbst passt. Wer sich als unwürdigen Menschen betrachtet, der kann diese negativen Tendenzen vielleicht gerade so lange unterdrücken, bis er Erfolge erzielen kann – doch er wird diese nie genießen können. Vielleicht entwickelt er sogar das Gefühl, er hätte sie nicht verdient. Sein negatives Selbstbild treibt ihn dazu, sich anzustrengen, um dieses zu kompensieren. Aber ich bin nicht der Meinung, wir sollten für unsere Minderwertigkeitskomplexe dankbar sein, weil sie uns auf dem Weg der Überkompensation zum Erfolg führen. Hat ein solcher Mensch Erfolg, verschafft ihm das keine Befriedigung. Daher schreibt er diese Erfolge auch nicht wirklich sich selbst zu. In den Augen der Welt ist er erfolgreich, in seinen Augen aber ist er immer noch minderwertig oder unwürdig und hat sich all die Statussymbole, auf die er so großen Wert legte, unrechtmäßig angeeignet. »Wenn meine Freunde und Geschäftspartner wüssten, was für ein Heuchler ich bin.«

Diese Reaktion ist so weit verbreitet, dass Psychologen dafür den Begriff »Hochstaplersyndrom« geprägt haben. Menschen mit diesem Knick in der Optik fühlen sich stets schuldig, angespannt und unwürdig, wenn sie Erfolg haben. Kein Wunder, dass der Begriff »Erfolgsmensch« mitunter zum Schimpfwort gerät. Aber wahrer Erfolg tut niemandem weh. Es ist eine gesunde Reaktion, Ziele verwirklichen zu wollen, die einem wichtig sind. Nicht weil Sie dadurch Statussymbole erlangen, sondern weil sie zu Ihren tiefinnersten Wünschen passen. Durch kreative Leistung nach wahrem Erfolg zu streben – *Ihrem* Erfolg – erfüllt uns mit tiefer Befriedigung. Falschen Erfolgen nachzujagen, damit uns andere Menschen lieben, mündet am Ende doch nur in falscher Befriedigung.

## Behalten Sie Negativmerkmale im Blick und richten Sie Ihr Augenmerk weiterhin auf das Positive

Jedes Auto hat Sensoren für *Negativmerkmale*, die ihre Signale direkt im Blickfeld des Fahrers aufleuchten lassen: Sie informieren Sie, wenn der Ladezustand der Batterie zu niedrig ist, wenn der Motor zu heiß wird und der Ölstand zu niedrig. Wenn Sie diese Signale ignorieren, nimmt Ihr Auto Schaden. Andererseits sollten Sie auch nicht in Panik verfallen, wenn eine solche Warnlampe aufleuchtet. Sie halten einfach an der nächsten Tankstelle an und tun alles Nötige. Ein Negativsignal heißt nicht, dass das Auto nichts mehr taugt. Alle Autos können mal überhitzen.

Aber wer einen Wagen steuert, behält nicht nur die Warnlampen im Blick. Das wäre gleichfalls katastrophal. Er muss schließlich auch die

Straße im Auge behalten – und überlegen, *wie er an sein Ziel kommt.* Die Signallampen beachtet er nur am Rande. Er ist nicht darauf fixiert und beschäftigt sich nicht zwanghaft damit. Er registriert sie und sieht dann wieder nach vorn, um sein positives Ziel anzuvisieren.

## Wie Sie negative Gedanken nutzen können

Eine ähnliche Haltung sollten wir entwickeln, was unsere eigenen Negativmeldungen angeht. Ich glaube zutiefst an den Nutzen des negativen Denkens, wenn man es einzusetzen weiß. Wir müssen uns der Negativmerkmale bewusst sein, um sie zu umgehen. Ein Golfspieler muss auch wissen, wo die Bunker (Sandflächen) und Wasserhindernisse liegen – aber er denkt nicht dauernd an den Bunker, wo der Ball ja nicht landen soll. Er hat den Bunker zwar im Hinterkopf, aber er konzentriert sich aufs Grün. Sinnvoll eingesetzt kann diese Haltung unseren Erfolg mehren: 1.) wenn wir uns möglicher Gefahren bewusst sind; 2.) wenn wir das Negative als das sehen, was es ist: nicht erwünscht, nicht gewollt, nicht zum Glück führend; 3.) wenn wir sofort korrigierend eingreifen und durch positive Gedanken den Erfolgsmechanismus aktivieren. Wenn wir diese Schritte einüben, entwickelt sich daraus ein automatischer Reflex, der in unser inneres Leitsystem integriert wird. Negatives Feedback wird dann zu einem automatischen Kontrollmechanismus, der uns vor dem Scheitern bewahrt und zum Erfolg führt.

## Wichtige Erkenntnisse

Füllen Sie diese Zeilen bitte aus.

1. ______________________________

______________________________

______________________________

______________________________

2. ______________________________

______________________________

______________________________

______________________________

3. ______________________________

______________________________

______________________________

______________________________

4. ______________________________

______________________________

______________________________

______________________________

5. ______________________________

______________________________

______________________________

______________________________

## Meine eigene Fallgeschichte

Schreiben Sie eine Erfahrung aus Ihrer Vergangenheit auf, für die die hier vorgestellten Prinzipien eine schlüssige Erklärung liefern.

# 10

# WIE SIE EMOTIONALE NARBEN BESEITIGEN ODER SICH EIN SEELISCHES FACELIFTING VERPASSEN

Wenn Sie sich eine körperliche Verletzung zuziehen, zum Beispiel einen Schnitt im Gesicht, bildet der Körper Narbengewebe, das sowohl härter als auch dicker ist als das ursprüngliche Gewebe. Sinn und Zweck des Narbengewebes ist es, eine Schutzschicht zu bilden. So sorgt die Natur dafür, dass es an derselben Stelle nicht gleich wieder zu einer Verletzung kommt. Wenn ein schlecht sitzender Schuh an einer empfindlichen Stelle Ihres Fußes reibt, empfinden Sie zuerst Schmerz. Aber auch hier greift die Natur schützend ein und sorgt dafür, dass sich an dieser Stelle Hornhaut bildet.

Wenn man uns seelische Wunden zufügt, wenn jemand uns »verletzt« oder »auf dem falschen Fuß erwischt«, reagieren wir auf genau die gleiche Weise. Wir bilden zum Selbstschutz emotionales Narbengewebe. Dann verhärten wir unser Herz, bekommen ein »dickes Fell«, eine Schale, in die wir uns zurückziehen können.

## Wann die Natur Unterstützung braucht

Die Natur versucht, uns durch die Ausbildung solcher Narben zu helfen. In der modernen Welt aber arbeitet dieses Narbengewebe, das uns eigentlich schützen soll, manchmal gegen uns, vor allem, wenn wir es sozusagen »im Gesicht« tragen. Nehmen wir nur mal George T., einen vielversprechenden jungen Anwalt. Er war umgänglich, eine sympathische Erscheinung und auf dem Weg zu einer sehr erfolgreichen Karriere, als er einen Autounfall hatte, von dem er eine hässliche Narbe davontrug: Sie zog sich über die gesamte linke Wange bis zum linken Mundwinkel. Ein Schnitt am rechten Auge verheilte so, dass das Augenlid permanent nach oben gezogen war und es aussah, als würde er einen anstarren. Wenn George in den Spiegel blickte, sah er etwas, das er als abstoßend empfand. Die Narbe auf der Wange ließ ihn »grinsen«. Er nannte das den »bösen Blick«. Nach seiner Entlassung aus dem Krankenhaus verlor er auch prompt seinen ersten Prozess. Er war davon überzeugt, dass es an seinem Aussehen lag. Er hatte das Gefühl, seine Freunde fühlten sich von seinem Aussehen abgestoßen. Und bildete er sich nur ein, dass seine Frau jedes Mal zusammenzuckte, wenn er sie küssen wollte?

George lehnte immer mehr Fälle ab. Er fing an, schon tagsüber zu trinken. Reizbar und feindselig, wie er war, wurde er bald darauf zum Einsiedler.

Das Narbengewebe auf seinem Gesicht hätte George bei künftigen Autounfällen geschützt. Aber in der Gesellschaft, in der er lebte, waren mögliche Gesichtsverletzungen nicht sein Hauptproblem, anders als seine seelischen »Schnitte« und Verletzungen. Seine Narben waren eine Belastung, kein Schutz.

Wäre George ein Urmensch gewesen und seine Narben die Folge eines Kampfes mit einem Bären, hätten sie ihm vermutlich einiges Ansehen eingebracht. Selbst in jüngerer Zeit noch zeigten Soldaten stolz ihre »Narben vom Schlachtfeld«. Im Deutschland der Studentenverbindungen galt ein Schmiss als Ehrenzeichen.

In Georges Fall verfolgte die Natur zwar gute Absichten, aber sie brauchte ein wenig Unterstützung. Ich gab George sein altes Gesicht zurück. Die plastische Chirurgie entfernte das Narbengewebe und restaurierte seine Gesichtszüge.

Die Persönlichkeitsveränderung nach der Operation war absolut erstaunlich. George wurde wieder zu dem sympathischen, selbstsicheren jungen Mann, der er vor dem Unfall gewesen war. Er hörte auf zu trinken und verhielt sich nicht mehr wie ein einsamer Wolf. Er kehrte in die Gesellschaft zurück und wurde wieder ein Mitglied der großen Menschenfamilie. Er begann buchstäblich ein »neues Leben«.

Dieses neue Leben war jedoch nur indirekt durch die Operation entstanden. Die eigentliche Heilung geschah durch Entfernung der emotionalen Narben, der sozialen »Schnitte«, der inneren Verletzungen. So wurde sein Selbstbild als akzeptables Mitglied der Gesellschaft restauriert – in seinem Fall durch das Messer des plastischen Chirurgen.

## Wie emotionale Narben uns vom Leben abhalten

Viele Menschen, die emotionale Narben mit sich herumtragen, haben nie eine körperliche Verletzung erlitten. Doch die Auswirkungen auf die Persönlichkeit sind die gleichen. Um sich vor weiteren derartigen Verletzungen zu schützen, bilden sie einen seelischen Kallus, eine emotionale Narbe, um ihr Ich zu schützen. Dummerweise schützt diese Narbe nicht nur vor dem Individuum, das uns ursprünglich verletzt hat – sie trennt uns auch von anderen Menschen. Es bildet sich ein emotionaler Schutzwall, den weder Freund noch Feind durchdringen können.

Eine Frau, die von einem Mann »verletzt« wurde, schwört sich, nie wieder einem Mann zu vertrauen. Ein Kind, dessen Ich von einem grausamen Elternteil oder Lehrer regelrecht demontiert wurde, wird nie wieder einer Autoritätsfigur vertrauen. Ein Mann, dessen Liebe von einer Frau zurückgewiesen wird, lässt sich auf solche Gefühle künftig nicht mehr ein.

Wie im Falle der Gesichtsnarbe kann uns die starre Schutzhaltung gegenüber der ursprünglichen Ursache der Verletzung schwächer machen. Manchmal richtet diese auch in anderen Bereichen Schaden an. Der Schutzwall, den wir errichten, verhindert, dass wir anderen Menschen offen begegnen können. Und er trennt uns von unserem wahren Selbst. Wie bereits gesagt hat ein Mensch, der sich »einsam« fühlt, nicht nur keinen Kontakt zu seinen Mitmenschen, er hat auch die Verbindung zu seinem wahren Selbst, zu seinem Leben gekappt.

## Emotionale Narben tragen zur Jugendkriminalität bei

Der Psychiater Bernard Holland wies darauf hin, dass jugendliche Straftäter zwar immer sehr selbstständig wirken, eine große Klappe haben und jedem deutlich zu verstehen geben, dass sie niemanden akzeptieren, der auch nur ansatzweise nach Autorität riecht. Aber gerade diese leidenschaftliche Protesthaltung mache deutlich, so Holland, dass hinter der harten Schale »häufig ein sehr weicher innerer Kern steckt, der verzweifelt nach Nähe sucht«. Leider kommen diese jungen Leute niemandem je wirklich nahe, weil sie niemandem vertrauen. Häufig wurden sie in der Vergangenheit von einem Menschen verletzt, der ihnen wichtig war. Daher verweigern sie jede Offenheit, weil sie nicht wieder verletzt werden wollen. Sie lassen die Zugbrücke so gut wie nie herunter. Um weiteren Schmerz, weitere Zurückweisungen zu vermeiden, greifen sie als Erste an. So vertreiben sie aber gerade jene Menschen, die sie lieben würden und ihnen helfen könnten, wenn sie ihnen nur die Gelegenheit dazu gäben.

## EMOTIONALE NARBEN VERURSACHEN EIN VERNARBTES SELBSTBILD

Die Narben, die unser Ich davonträgt, haben noch einen weiteren schädlichen Effekt. Sie erzeugen ein vernarbtes, verzerrtes Selbstbild: das Bild eines Menschen, den keiner mag oder akzeptiert; das Bild eines Menschen, der mit anderen Menschen nicht auskommt.

Emotionale Narben blockieren ein schöpferisches Leben. Sie hindern uns, das zu werden, was der Pädagoge Arthur W. Combs eine »selbstverwirklichende Persönlichkeit« nannte. Combs war Professor für Erziehungspsychologie an der University of Florida. Seine Vorstellung war, dass der Mensch eine »selbstverwirklichende« Person« werden sollte. Damit wird man nicht geboren, dieses Ziel muss vielmehr angestrebt werden. Selbstverwirklichende Persönlichkeiten weisen folgende Charakterzüge auf:

1. Sie sehen sich als erwünschte, geschätzte, akzeptable, geliebte und begabte Individuen.

2. Sie können sich zu einem hohen Grad so akzeptieren, wie sie sind.

3. Sie haben das Gefühl, mit anderen eins zu sein.

4. Sie besitzen ein reiches Wissen.

Ein Mensch mit emotionalen Narben hat von sich nicht nur das Bild eines unerwünschten, abgelehnten und inakzeptablen Menschen. Er glaubt auch, dass die Welt, in der er lebt, ihm feindselig gegenübersteht. Seine grundlegende Beziehung zur Welt wird von Feindseligkeit bestimmt. Sein Kontakt mit anderen Menschen beruht nicht auf Geben und Nehmen, Kooperation, Zusammenarbeit, gemeinsamer Freude. In den Augen eines emotional vernarbten Menschen sind Kontakte zu anderen geprägt von Sieg oder Niederlage und dem Versuch, sich zu schützen. Er kann weder sich selbst noch anderen mit Zuneigung gegenübertreten. Frustration, Aggression und Einsamkeit sind der Preis, den er dafür bezahlt.

## Drei Regeln, um sich gegen emotionale Narben zu wappnen

### 1. Seien Sie »zu stark, um sich bedroht zu fühlen«

Viele Menschen leiden unter sozialen Nadelstichen. Jeder von uns kennt jemanden aus der Familie, im Büro oder bei Freunden, der so dünnhäutig ist, dass man in seiner Gegenwart immer auf der Hut sein muss, weil er schon an ganz normalen Formulierungen Anstoß nimmt.

Es ist eine psychologisch erwiesene Tatsache, dass Menschen, die sofort einschnappen, eine geringe Selbstachtung haben. Wir fühlen uns »verletzt«, wenn wir etwas als Bedrohung für unser Ich, unsere Selbstachtung sehen. Wer über eine gesunde Selbstachtung verfügt, bewahrt angesichts solcher Sticheleien Gelassenheit. Selbst wenn jemand sozial zum Rundumschlag ausholt, kann das einen Menschen mit starkem Selbstwertgefühl nicht erschüttern. Nur wer ständig an sich zweifelt und schlecht von sich denkt, wird schon bei der leisesten Andeutung eifersüchtig. Wer insgeheim an seinem Wert zweifelt, wer sich ständig angegriffen fühlt, überschätzt auch die möglichen Folgen, die ein tatsächlicher Angriff anrichten könnte.

Wir alle brauchen ein gewisses Maß an emotionaler Robustheit als Schutz für unser Ich gegen reale und eingebildete Bedrohungen. Es wäre aber nicht gut, wäre unser Körper über und über mit dickem Narbengewebe überzogen oder steckte in einem Panzer wie eine Schildkröte. Wir würden keinerlei sinnliche Freuden mehr erfahren. Aber unser

Körper hat eine Außenschicht, die Epidermis, die uns vor Bakterien, Nadelstichen, Stößen und Prellungen schützt. Die Epidermis ist dick genug, um uns Schutz zu geben, aber nicht so dick, dass sie kein Gefühl mehr erlaubt. Viele Menschen haben ein Ich, das sozusagen keine Epidermis hat. Sie brauchen ein dickeres Fell, um emotional weniger dünnhäutig zu sein. Dann perlen auch solche kleinen Ichverletzungen einfach an ihnen ab.

Außerdem brauchen solche Menschen mehr Selbstachtung, ein besseres, realistischeres Selbstbild, sodass nicht alles gleich als Bedrohung erlebt wird. Ein starker Mann reagiert gelassen, wo ein schwacher sich bedroht fühlt. Ebenso wenig wie sich ein starkes Ich nicht bei jeder unschuldigen Bemerkung gleich angegriffen fühlt.

### Ein gesundes Selbstbild bekommt nicht so schnell blaue Flecken

Ein Mensch, der sich von einer einzigen bissigen Bemerkung herabgewürdigt fühlt, hat ein schwaches Ich und eine geringe Selbstachtung. Er ist »selbstsüchtig« und »egozentrisch«. Mit ihm ist schwer auszukommen. Wir nennen das gewöhnlich »egoistisch«. Ein schwaches Ich lässt sich nicht kompensieren, indem wir uns ständig kritisieren oder durch »Selbstverleugnung« und »Selbstlosigkeit« immer kleiner machen. Selbstachtung ist für unseren Geist genauso wichtig wie Nahrung für unseren Körper. Die einzig wirksame Arznei gegen Selbstsucht und Egozentrik sowie alle Übel, die damit einhergehen, ist es, ein starkes, gesundes Ich zu entwickeln. Und das geht nur, indem wir unsere Selbstachtung stärken. Für jemanden mit einem starken Selbstbild stellen boshafte Bemerkungen keine Bedrohung dar – sie prallen einfach ab und werden ignoriert. Dann heilen selbst tiefe emotionale Verletzungen schneller und sauberer ab, ohne dass Eiter das Leben vergiftet und das Glück unterminiert.

### 2. Selbstständigkeit und Verantwortungsgefühl machen uns weniger verletzlich

Wie Bernard Holland richtig anmerkte, sind jugendliche Straftäter mit einer harten äußeren Schale innerlich häufig sehr verletzlich. Eigentlich wollen sie sich ja auf andere verlassen können und geliebt werden.

Vertreter sagen mir immer wieder, dass Kunden, die angeblich am schwersten vom Kauf zu überzeugen sind, fleißig bestellen, sobald man ihre Abwehrhaltung überwunden hat. Und Menschen, die ein Schild ins Fenster stellen, auf dem steht: »Betteln und Hausieren verboten!«, tun das, weil sie genau wissen, wie leicht man sie um den Finger wickeln kann.

Grund für barsches Verhalten ist meist, dass der Betreffende instinktiv weiß, dass sein weiches Innenleben Schutz braucht.

Wer wenig selbstständig ist, wer sich emotional von anderen abhängig fühlt, macht sich dadurch umso verletzlicher. Jedes menschliche Wesen will und braucht Liebe und Zuneigung. Aber ein kreativer, selbstständiger Mensch will diese Liebe auch geben. Das Geben ist ihm genauso wichtig wie das Nehmen (oder gar wichtiger). Andererseits erwartet er nicht, dass ihm die Liebe auf dem Silbertablett serviert wird. Solch ein Mensch hat auch nicht das zwanghafte Bedürfnis, dass »jeder« ihn lieben und anerkennen muss. Er besitzt auch genug Ich-Stärke, um auszuhalten, dass bestimmte Leute ihn nicht mögen. Er übernimmt Verantwortung für sein Leben und sieht sich als aktiven Menschen, der Entscheidungen trifft, geben kann und Ziele verfolgt. Nicht als Almosenempfänger der Wohltaten des Lebens.

Der passiv-abhängige Mensch legt sein Schicksal anderen Menschen oder seinen Lebensumständen in die Hände. Das Leben ist ihm seiner Ansicht nach etwas schuldig, ebenso wie andere Menschen, von denen er Anerkennung, Wertschätzung, Liebe und Glück erwartet. Er stellt unvernünftige Ansprüche an andere und fühlt sich ständig betrogen, wenn diese nicht erfüllt werden. Doch das Leben ist nun mal kein Selbstbedienungsladen. Er will das Unmögliche und macht sich dadurch extrem verletzlich. Jemand hat einmal gesagt, dass eine neurotische Persönlichkeit sich ständig »an der Wirklichkeit stößt«.

Entwickeln Sie lieber eine selbstständige Haltung. Übernehmen Sie Verantwortung für Ihr Leben und Ihre emotionalen Bedürfnisse. Wenn Sie anderen bewusst Liebe, Zuneigung, Anerkennung, Akzeptanz und Verständnis entgegenbringen, dann werden die Menschen automatisch auf Sie zukommen.

### 3. Entspannen Sie die Verletzungen einfach weg

Ein Patient fragte mich einmal: »Wenn es natürlich und normal ist, Narbengewebe zu entwickeln, warum entsteht dann keine Narbe, wo der plastische Chirurg das Messer ansetzt?«

Nun, wenn Sie eine Schnittverletzung im Gesicht davontragen und diese »natürlich heilt«, dann bildet sich Narbengewebe, weil in der

Wunde eine gewisse Spannung arbeitet, die die Haut auseinanderzieht. Es entsteht eine »Lücke«, die dann mit Narbengewebe gefüllt wird. Wenn der plastische Chirurg zum Messer greift, vernäht er nicht nur die Haut fein säuberlich. Er schneidet auch ein Stück des darunterliegenden Gewebes heraus, sodass erst gar keine Spannung entsteht. Die Wunde heilt glatt ab, und es bildet sich keine wulstige Narbe an der Hautoberfläche. Interessanterweise passiert das Gleiche bei seelischen Verletzungen. Liegt keine Spannung darauf, dann bildet sich keine entstellende Narbe.

Ist Ihnen je aufgefallen, wie schnell man beleidigt reagiert, wenn man frustriert ist, unter Angst, Ärger oder Niedergeschlagenheit leidet?

Wir gehen zur Arbeit, fühlen uns irgendwie daneben, weil eine schwierige Situation uns belastet. Ein Kollege macht eine witzige Bemerkung. In neun von zehn Fällen würden wir darüber lachen und die Bemerkung gleich wieder vergessen oder selbst mit einem Witz reagieren. Aber heute nicht.

Heute stehen wir unter Spannung: Selbstzweifel, Unsicherheit, Nervosität. Wir bekommen die witzige Bemerkung in den falschen Hals und sind beleidigt. Sofort beginnt sich eine emotionale Narbe zu bilden.

Diese alltägliche Erfahrung macht deutlich, dass wir von unserer eigenen Einstellung, von unserer Reaktion verletzt werden – nicht von dem, was jemand anderer sagt oder nicht sagt.

### Entspannung federt den emotionalen Tiefschlag ab

Wenn wir uns verletzt oder beleidigt fühlen, dann liegt das allein an unserer Reaktion. Denn diese Gefühle sind unsere Reaktion.

Wir müssen uns also mit unserer Art zu reagieren befassen, nicht mit der anderer Leute. Wir können einschnappen, mit Wut, Nervosität oder Groll reagieren. Oder wir reagieren gar nicht, bleiben entspannt, weil wir uns nicht verletzt fühlen. Wissenschaftliche Versuche haben gezeigt, dass es absolut unmöglich ist, Furcht, Angst oder Sorge zu empfinden, wenn die Muskeln des Körpers vollkommen entspannt sind. Wir müssen unseren Bewegungsapparat aktivieren, um Angst, Wut und Sorge zu verspüren. Schon Diogenes meinte, dass der Mensch sich nur selbst verletzen könne.

Und Bernhard von Clairvaux meint: »Nichts kann mir schaden außer mir selbst. Den Schaden, den ich erleide, trage ich mit mir herum. Ich leide nur durch meine eigenen Fehler.«

Sie allein sind verantwortlich für Ihre Reaktionen. Dabei müssen Sie gar nicht reagieren. Sie können entspannt bleiben und sich so vor Verletzungen schützen.

## Gedankenkontrolle schenkte diesen Menschen ein neues Leben

Im Shirley Center in Massachusetts erreichten Menschen, die eine Gruppentherapie machten, bessere Resultate als jene, die eine klassische Psychoanalyse machten, und das noch in wesentlich kürzerer Zeit. Dabei setzte man vor allem auf zwei Methoden: die Kontrolle des eigenen Denkens einerseits und tägliche Entspannungsübungen andererseits. Die Ergebnisse der vergleichenden Studie wurden in *Mental Hygiene* veröffentlicht: Das Ziel, so hieß es da, sei »intellektuelle und emotionale Umerziehung, um zu einem Leben zurückzufinden, das von Erfolg und Glück geprägt ist«.

Neben der »intellektuellen Umerziehung« und Anleitungen zur Kontrolle der eigenen Gedanken erhielten die Patienten eine Einführung in Entspannungstechniken: Man bat sie, sich bequem hinzulegen, während der Übungsleiter eine ruhige Szenerie in der freien Natur beschrieb. Diese Übung sollten die Patienten auch zu Hause machen und das ruhige, entspannte Gefühl nach Möglichkeit den ganzen Tag über aufrechterhalten.

Eine Patientin, die in diesem Zentrum in ihr Leben zurückfand, schrieb: »Ich war sieben Jahre lang krank. Ich konnte nicht schlafen und war tagsüber unausstehlich. Als Partnerin war ich wirklich unerträglich. Ich dachte jahrelang, dass mein Mann ein Trottel ist. Wenn er nach Hause kam und irgendwo etwas getrunken hatte, machte ich ihm eine Szene, was ihn wieder zurück in die Lokale trieb. Ich half ihm nicht in seinem Kampf. Jetzt sage ich nichts und bleibe ganz ruhig. Das hilft ihm, und wir beide kommen jetzt viel besser miteinander zurecht. Früher lag ich mit Gott und der Welt im Streit. Ich übertrieb jedes kleine Problem, am Ende war ich dem Selbstmord nahe. Als ich hierher kam, merkte ich, dass meine Probleme nichts mit der Welt um mich herum zu tun hatten. Heute bin ich gesünder und glücklicher als je zuvor. Früher konnte ich mich nicht mal im Schlaf entspannen. Heute bin ich nicht mehr so hektisch, schaffe aber das gleiche Arbeitspensum wie vorher. Und bin trotzdem nicht mehr so müde.«

## Wie Sie alte seelische Narben loswerden

Mit den genannten drei Regeln können Sie die Bildung emotionaler Narben verhindern. Was aber fangen wir mit alten Narben an, die aus der Vergangenheit stammen: alte Verletzungen und Ressentiments, dem Groll aufs Leben?

Sobald sich eine emotionale Narbe gebildet hat, können Sie nur eines tun: Sie müssen sie chirurgisch entfernen, so wie man das bei körperlichen Narben macht.

### Das geistige Facelifting

Bei emotionalen Narben sind Sie selbst es, der zum Messer greifen muss. Sie müssen Ihr eigener plastischer Chirurg werden – und sich ein geistiges Facelifting verpassen. Das Ergebnis? Ein neues Leben, neue Lebenskraft, innerer Friede und Glück.

Und das ist mehr als nur ein sprachliches Bild:

Gegen alte seelische Narben gibt es keine Medizin. Sie müssen förmlich »herausgeschnitten« werden, mit den Wurzeln ausgerissen. Viele Menschen versuchen es mit dem ein oder anderen Wundbalsam, aber das funktioniert nicht. Solche Menschen verzichten vielleicht selbstgerecht auf offene Rache, aber sie rächen sich auf subtile Weise. Ein klassisches Beispiel ist die Frau, die herausfindet, dass ihr Mann untreu ist. Ihr Geistlicher und/oder Psychologe raten ihr, ihm zu »vergeben«. Also erschießt sie ihn nicht. Sie verlässt ihn auch nicht. Nach außen hin ist sie weiter die »pflichtbewusste« Ehefrau. Sie hält das Haus sauber, sie kocht und so weiter. Aber sie macht ihm auf andere Art das Leben zur Hölle, weil sie ihn aus ihrem Herzen verbannt und auf ihrer moralischen Überlegenheit herumreitet. Und wenn er sich beschwert, antwortet sie: »Nun, mein Lieber, ich habe dir zwar vergeben, aber ich kann es einfach nicht vergessen.« Ihre »Vergebung« wird zum Stachel in seinem Fleisch, weil sie ihrer Ansicht nach der Beweis ist, wie sehr sie ihm moralisch überlegen ist. Hätte sie auf diese Art der Überlegenheit verzichtet und ihn verlassen, hätte sie ihm einen Gefallen getan und wäre selbst glücklicher gewesen.

### Vergebung ist das Skalpell, das emotionale Narben beseitigt

»Ich kann vergeben, aber nicht vergessen.« Damit sagen Sie letztlich: »Ich werde nicht vergeben.« Zumindest sieht das der Schriftsteller Henry

Ward Beecher so. »Vergebung ist wie ein zerrissener Schuldschein – entzweigerissen und verbrannt, damit er nie wieder vorgelegt werden kann.«

Echte, aufrichtige und vollständige Vergebung ist das Skalpell, das den Eiter aus der alten Wunde holt, sie heilen lässt und das Narbengewebe entfernt. Aber nur wenn dabei auch vergessen wird.

Eine halbherzige Vergebung ist genauso wie eine halbe ästhetische Operation. Und eine vorgebliche Vergebung, die nur aus Pflichtgefühl geschieht, ist genauso sinnvoll wie eine fingierte Gesichtsoperation.

Sie sollten vergessen, dass Sie vergeben haben, ebenso wie Sie vergessen sollten, was Sie vergeben haben. Wenn Sie dauernd darauf herumreiten, dass Sie angeblich vergeben, reißen Sie die Wunde nur auf, statt sie verheilen zu lassen. Wenn Sie zu stolz sind, um zu vergeben, oder ständig gedanklich mit Ihrer angeblichen Vergebung beschäftigt sind, dann erzeugen Sie damit das Gefühl, der andere schulde Ihnen etwas. Sie vergeben ihm die eine Schuld, nur um ihm eine andere aufzubürden. Wie die Geldverleiher, die alle zwei Wochen einen Schuldschein zerreißen, nur um gleich wieder einen neuen auszustellen.

## Vergebung ist keine Waffe

Es gibt viele falsche Vorstellungen, was die Vergebung angeht. Dass ihr therapeutischer Wert nicht mehr Anerkennung findet, liegt sicher auch daran, dass echte Vergebung recht selten ist. So heißt es in vielen Selbsthilfebüchern, wir sollten vergeben, damit wir »gute« Menschen sind. Man sagt uns nur selten, dass wir auch glückliche Menschen werden, wenn wir vergeben. Ein weiterer Fehlschluss ist, dass Vergebung uns moralisch aufs hohe Ross setzt, sodass wir letztlich doch über unseren Feind siegen. Das zeigt sich in Ratschlägen wie: »Versuche nicht, dich zu rächen. Vergib deinem Feind und besiege ihn dadurch moralisch.« Oder wie John Tillotson, Erzbischof von Canterbury im 17. Jahrhundert, sagte: »Kein Sieg ist herrlicher als dieser: Wenn die Beleidigung vom anderen ausging, soll die Güte bei uns beginnen.« Hier wird nur elegant die Tatsache verhüllt, dass Vergebung sich als Waffe einsetzen lässt. Diese Art der rachsüchtigen »Vergebung« wirkt aber nicht therapeutisch.

Therapeutische Vergebung heißt: ausschneiden, ausreißen, auslöschen. So als hätte es die Verletzung nie gegeben. Therapeutische Vergebung ist eine gelungene Operation.

## Verzichten Sie auf Ressentiments: Sie wollen ja schließlich auch keinen Wundbrand

Zuallererst sollten Sie die Verletzung – genauso wie Ihre Bewertung derselben als Übel – als etwas Unerwünschtes betrachten. Muss man einem Menschen einen Arm amputieren, müssen Sie zuerst dafür sorgen, dass er ihn nicht mehr als unverzichtbar sieht, sondern als Gefahr.

In der plastischen Chirurgie am Gesicht kann es nichts Halbes geben. Das Narbengewebe muss herausgeschnitten werden, ohne dass Reste zurückbleiben. Dann kann die Wunde sauber abheilen. Und Sie achten darauf, dass die Gesichtszüge exakt wiederhergestellt werden. So wie sie vor der Verletzung ausgesehen haben. Und so, als hätte es die Verletzung nie gegeben.

## Sie können vergeben, wenn Sie nur wollen

Therapeutische Vergebung ist nicht schwierig. Das einzige Problem dabei ist der Wille zur Vergebung, der Verzicht auf die Verurteilung. Sie müssen bereit sein, auf Schuldzuweisungen zu verzichten, ohne Wenn und Aber.

Es fällt uns meist schwer zu vergeben, weil wir an unserer Verurteilung und dem Gefühl, der bessere Mensch zu sein, festhalten. Wir ziehen eine morbide Freude daraus, in unseren Wunden herumzustochern. Solange wir den anderen verurteilen können, können wir uns ihm überlegen fühlen.

Und niemand wird wohl bestreiten, dass Selbstmitleid uns eine perverse Befriedigung verschaffen kann.

## Echte Vergebung braucht Gründe

Bei der therapeutischen Vergebung streichen wir einfach die Schulden des anderen aus unserem Schuldbuch. Nicht weil wir großzügig sein oder diesem einen Gefallen tun wollen beziehungsweise moralisch höherstehende Wesen sind. Wir löschen die Schuld und erklären sie für »null und nichtig«, nicht weil wir den anderen jetzt genug dafür haben bezahlen lassen – sondern weil wir begreifen, dass die Schuld selbst keinen Wert für uns hat. Wahre Vergebung stellt sich nur dann ein, wenn wir sehen können, dass es nichts gab, was wir hätten verzeihen müssen, und diese Tatsache emotional akzeptieren können. Wir hätten den anderen nie verurteilen oder hassen sollen.

Vor nicht allzu langer Zeit war ich zum Mittagessen eingeladen und lernte dort eine Gruppe Geistlicher kennen. Man unterhielt sich bei Tisch über die Vergebung im Allgemeinen beziehungsweise über die Ehebrecherin, der Jesus verzieh. Ich wurde Zeuge einer hochgelehrten Debatte darüber, warum Jesus dieser Frau »vergeben« konnte, wie er ihr vergab, und dass seine Vergebung letztlich ein Rüffel für die Kirchenmänner jener Zeit war, die die Frau hatten steinigen wollen.

## Jesus vergab der Frau nicht

Ich widerstand der Versuchung, die gelehrten Herren darauf hinzuweisen, dass Jesus der Frau gar nicht vergeben hat. Nirgendwo im Neuen Testament taucht an dieser Stelle das Wort »Vergebung« auf. Auch aus dem Wortlaut der Geschichte lässt sich nicht ableiten, es hätte ein Akt der Vergebung stattgefunden. Wir erfahren nur, dass Jesus, nachdem die Ankläger der Frau fort waren, sie fragte: »Hat dich keiner verurteilt?« Als sie Nein antwortete, fügte Jesus hinzu: »Auch ich verurteile dich nicht. Geh und sündige von jetzt an nicht mehr.« (Johannes 8,1 – 11)

Sie können einem Menschen nicht vergeben, wenn Sie ihn nicht zuvor verurteilt haben. Jesus verurteilte die Frau nicht – also hatte er auch nichts zu vergeben. Er sah ihre Sünde beziehungsweise ihren Fehler, aber er fühlte sich nicht berufen, sie deshalb zu hassen. Was die therapeutische Vergebung angeht, hatte er schon zuvor gesehen, was Sie und ich erst im Nachhinein erkennen: dass wir uns selbst im Irrtum befinden, wenn wir einen Menschen wegen seiner Fehler hassen, verurteilen oder abstempeln, wobei wir die Person mit ihrem Verhalten verwechseln. Oder wenn wir im Hinterkopf eine Notiz machen, dass der andere uns etwas schuldet und er »bezahlen« muss, bevor er sich unserer Gnade und unserer Akzeptanz wieder sicher sein darf.

Ob Sie nun vergeben »müssten« oder »sollten« beziehungsweise ob man das von Ihnen erwarten kann, lässt sich im Rahmen dieses Buches nicht klären. Ich kann nur sagen: Meiner Erfahrung nach werden Sie sehr viel mehr Glück, Gesundheit und Geistesfrieden erfahren, wenn Sie es tun. Doch das funktioniert nur, wenn es sich um eine therapeutische Vergebung handelt, die im Übrigen die einzige ist, die wirklich »funktioniert«. Und wenn Vergebung diese Bedingung nicht erfüllt, können wir genauso gut aufhören, darüber zu reden.

## Vergeben Sie sich selbst ebenso wie anderen Menschen

Wir werden ja nicht nur von anderen emotional verletzt. Häufig fügen wir uns diese Wunden auch selbst zu.

Wir verurteilen uns selbst und quälen uns mit Reue und Bedauern. Wir überhäufen uns mit Selbstzweifeln. Wir verstricken uns in Schuldgefühle.

Reue und Bedauern stehen für den Versuch, emotional in der Vergangenheit zu leben, übermäßige Schuldgefühle für den Versuch, in der Vergangenheit etwas in Ordnung zu bringen, seien es falsche Handlungen oder Ansichten.

Emotionen erfüllen dann ihren Zweck, wenn sie uns helfen, angemessen auf das zu reagieren, was im Moment tatsächlich da ist. Da wir nicht in der Vergangenheit leben können, können wir emotional auch nicht korrekt auf die Vergangenheit reagieren. Man kann die Vergangenheit abschreiben, abschließen, vergessen – zumindest insofern unsere emotionalen Reaktionen betroffen sind. Wir brauchen zu den Umwegen, die uns in der Vergangenheit vom Kurs abgebracht haben, nicht emotional Stellung zu nehmen. Wichtig ist, welchem Kurs wir heute folgen und welches Ziel wir ansteuern.

Wir müssen unsere eigenen Fehler erkennen. Sonst können wir unseren Kurs nicht korrigieren. Jede Steuerung, jedes Leitsystem wäre nutzlos. Uns aber für unsere Fehler zu hassen beziehungsweise zu verurteilen ist schlicht sinnlos.

## Sie begehen Fehler. Doch diese Fehler sind nicht, was Sie sind.

Wenn wir über unsere Fehler (und die anderer Menschen) nachdenken, ist es realistisch, sich nur anzusehen, was wir getan oder unterlassen haben. Statt ständig zu grübeln, wozu diese Fehler »uns werden lassen«.

Einer der größten Fehler, die wir begehen können, ist es, unser Verhalten mit unserem »Selbst« zu verwechseln ... und zu glauben, dass wir diese oder jene Art von Mensch sind, nur weil wir dies oder jenes getan haben. Es klärt unser Denken, wenn wir erkennen, dass Fehler etwas sind, was wir tun ... sie hängen zusammen mit bestimmten Handlungen. Daher sollten wir, wenn wir über Fehler reden, auch Begriffe verwenden, die dies deutlich machen, statt sie als Charakterdefizit zu sehen.

Wenn ich sage: »Ich habe versagt«, dann erkenne ich meinen Fehler, und das kann mich in der Zukunft zum Erfolg führen.

Sagen Sie aber: »Ich bin ein Versager«, dann beschreiben Sie nicht, was Sie falsch gemacht haben, sondern was dieser Fehler aus Ihnen angeblich gemacht hat. Daraus aber lernen Sie nichts. Sie »fixieren« den Fehler vielmehr und machen ihn zu einem dauerhaften Charakterzug. Zahlreiche Experimente der klinischen Psychologie konnten dies nachweisen.

Wir akzeptieren beispielsweise, dass Kinder öfter mal hinfallen, wenn sie laufen lernen. Wir sagen: »Das Kind ist gestolpert.« Wir sagen nicht: »Es ist ein Strauchler.«

Viele Eltern haben Probleme zu akzeptieren, dass ihr Nachwuchs vermeintlich nicht schnell genug Sprechen lernt. Das Kind zögert, hat Probleme mit der Aussprache, wiederholt ganze Silben und Wörter. Ängstliche Eltern schließen daraus, dass ihr Kind »ein Stotterer« ist. Wenn sich diese Haltung – die nicht das Verhalten, sondern das Wesen des Kleinen betrifft – auf das Kind überträgt, hält es sich selbst auch für einen Stotterer. Dann wird der Fehler festgeschrieben und das Stottern bleibt dem Kind.

Der Psychologe und Linguist Wendell Johnson meint, dass dies die eigentliche Ursache des Stotterns ist. Er fand beispielsweise heraus, dass die Eltern nicht-stotternder Kinder eher beschreibende Wendungen benutzten (»Er spricht nicht richtig.«), während die Eltern stotternder Kinder sich abwertend äußerten (»Er kann nicht sprechen.«). In der *Saturday Evening Post* vom 5. Januar 1957 schreibt Dr. Johnson: »Allmählich fingen wir an, diesen entscheidenden Punkt zu verstehen, der jahrhundertelang übersehen worden war. Ein Fall nach dem anderen zeigte, dass sich das Stottern erst entwickelte, nachdem ein Kind von überängstlichen Personen, die von normaler Sprachentwicklung keine Ahnung hatten, als Stotterer bezeichnet worden war. Es waren eher die Eltern als die Kinder, die Hörer als die Sprecher, die mehr Information und Nachhilfe brauchten.«

Der Psychologe Knight Dunlap studierte 20 Jahre lang, wie sich Gewohnheiten entwickeln beziehungsweise erlernt und wieder abgelegt werden. Seiner Ansicht nach ließ sich dieses Schema auf alle »schlechten Gewohnheiten« anwenden, auch jene emotionaler Natur. Der entscheidende Punkt dabei war, dass der Betreffende aufhörte, sich selbst zu verurteilen und Bedauern wegen seiner Gewohnheiten zu empfinden – wenn er sie tatsächlich ablegen wollte. Besonders gefährlich waren Vorstellungen wie: »Ich bin ein Nichts!« oder: »Ich bin wertlos.« – nur weil der Patient bestimmte Dinge getan hatte.

Also vergessen Sie nicht: Sie *machen* Fehler. Aber die Fehler machen *Sie* nicht aus!

**Wer will schon eine Auster sein?**

Ein letztes Wort noch darüber, wie man emotionale Verletzungen verhindert und beseitigt. Um schöpferisch zu leben, müssen wir ein wenig verwundbar sein. Wir müssen – wenn nötig – ein bisschen Schmerz ertragen können, um kreativ zu sein. Viele Menschen brauchen emotional ein dickeres Fell, als sie haben. Aber das sollte nur eine Art Epidermis sein – kein Panzer. Wenn wir uns für den emotionalen Austausch mit anderen öffnen, wenn wir vertrauen und lieben wollen, heißt das, wir gehen das Risiko ein, verletzt zu werden. Wenn wir dann eine Verletzung erleben, können wir auf zweierlei Art reagieren: Wir können uns eine dicke Schale zulegen, festes Narbengewebe, das uns vor weiteren Verletzungen schützen soll. Wir können wie eine Auster leben und werden nie mehr verletzt.

Oder wir können »die andere Wange hinhalten«, verletzlich bleiben und weiterhin schöpferisch leben.

Eine Auster wird nie »verletzt«. Sie hat eine dicke Schale, die sie vor allem schützt. Sie ist isoliert. Eine Auster ist sicher, aber nicht schöpferisch. Sie kann sich nicht auf etwas Gewünschtes zubewegen. Sie muss warten, bis dieses »etwas« zu ihr kommt. Eine Auster lernt die »Verletzungen« des emotionalen Austauschs mit der Umwelt nie kennen. Aber dessen Freuden ebenso wenig.

Mit einem emotionalen Facelifting werden Sie sich jünger fühlen und auch jünger aussehen

Versuchen Sie, sich ein geistiges Facelifting zu verpassen. Das ist mehr als nur ein Wortspiel, denn es öffnet Sie für mehr Leben und mehr Vitalität. All die Dinge eben, welche die Jugend ausmachen. Sie werden sich jünger fühlen und jünger aussehen. Ich habe es selbst erlebt, dass Männer und Frauen fünf bis zehn Jahre jünger wirken, nachdem sie ihre emotionalen Narben losgeworden sind. Sehen Sie sich um. Wer sind die jugendlich aussehenden Leute, die weit über 40 Jahre alt sind? Die Miesepeter? Die Nachtragenden? Die Pessimisten? Die, die mit der ganzen Welt hadern? Oder sind es die fröhlichen, optimistischen Menschen, mit denen man gut zurechtkommt?

Mit einem Menschen oder dem Leben zu hadern, krümmt den Rücken genauso wie eine schwere Last. Menschen mit emotionalen Narben oder Ressentiments leben in der Vergangenheit, wie es auch für alte Menschen charakteristisch ist. Die jugendliche Haltung, die die Falten aus der Seele und dem Gesicht wischt und die Augen funkeln lässt, richtet unseren Blick auf die Zukunft, denn es gibt immer etwas, worauf man sich freuen kann.

Warum also kein emotionales Facelifting? In Ihrem Do-it-yourself-Instrumentenkoffer finden Sie zu diesem Zweck das Loslassen negativer Spannungen, um Narben zu vermeiden, therapeutische Vergebung, um alte Narben abzutragen, und die Ausbildung eines etwas dickeren (nicht härteren) Fells. Dazu gehören auch die Bereitschaft, ein wenig verletzlich zu bleiben, und eine Sehnsucht, die sich auf die Zukunft richtet und nicht auf die Vergangenheit.

## Wichtige Erkenntnisse

Füllen Sie diese Zeilen bitte aus.

1. ______________________________

2. ______________________________

3. ______________________________

4. ______________________________

5. ______________________________

## Meine eigene Fallgeschichte

Schreiben Sie eine Erfahrung aus Ihrer Vergangenheit auf, für die die hier vorgestellten Prinzipien eine schlüssige Erklärung liefern.

# 11
# WIE SIE ZU IHRER WAHREN PERSÖNLICHKEIT FINDEN

Persönlichkeit – dieses magnetische, geheimnisvolle Etwas, das so leicht zu erkennen und doch so schwer zu definieren ist. Wir können sie nicht von außen überziehen, sie muss vielmehr von innen *ausstrahlen*.

Was wir »Persönlichkeit« nennen, ist die sichtbare Seite unseres einzigartigen, individuellen Selbst, das nach dem Ebenbild Gottes geschaffen ist – dem Funken des Göttlichen in uns. Wir könnten es auch den »freien und vollen Ausdruck des wahren Selbst« nennen.

Das wahre Selbst im Menschen ist anziehend. Es strahlt eine faszinierende Kraft aus und kann andere Menschen beeinflussen. Wir haben das Gefühl, dass wir es mit etwas ganz Realem, Grundlegendem zu tun haben. Und das fasziniert uns. Wohingegen die Begegnung mit einem Heuchler allseits gern vermieden wird.

Warum lieben alle Menschen Babys? Sicher nicht für das, was ein Baby *tut* oder *weiß* oder *hat*. Nein, wir lieben es für das, was es *ist*. Jedes Kleinkind hat schon eine Persönlichkeit. Es ist nicht oberflächlich, verstellt sich nicht, lügt nicht. Das Baby drückt seine Gefühle in seiner Sprache aus – hauptsächlich durch Schreien oder Gurren. Es sagt immer, »was es denkt«. Keine Falschheit möglich. Ein Baby ist emotional stets aufrichtig. Das Kind ist im allerhöchsten Maße »ganz es selbst«. Es hat keine Bedenken, was seinen Selbstausdruck angeht. Es ist noch ohne jede Hemmung.

## Jeder Mensch trägt eine faszinierende Persönlichkeit in sich

Jeder Mensch besitzt dieses geheimnisvolle Etwas, das wir Persönlichkeit nennen.

Wenn wir sagen, dass jemand »eine Persönlichkeit ist«, dann meinen wir, dass er das kreative Potenzial in sich frei ausdrückt und sein wahres Selbst zeigen kann.

Die »schwache« und die »verklemmte« Persönlichkeit sind sich im Grunde gleich. Ein Mensch mit einer »schwachen Persönlichkeit« verleiht seinem kreativen Selbst keinen Ausdruck. Er unterdrückt es, legt ihm Handschellen an, sperrt es ein und wirft den Schlüssel weg. Und »verklemmt« heißt so viel wie blockiert, gehemmt, befangen. Ein verklemmter Mensch legt seinem Selbstausdruck Zügel an. Aus dem ein oder anderen Grund hat solch ein Mensch Angst, sich auszudrücken, er selbst zu sein. Er hat sein wahres Selbst in eine Zelle gesperrt.

Symptome dieses Gehemmtseins sind: Scheu, Schüchternheit, Befangenheit, Feindseligkeit, übermäßige Schuldgefühle, Schlaflosigkeit, Nervosität, Reizbarkeit und die Unfähigkeit, mit anderen Menschen auszukommen.

Das Verhalten eines derart gehemmten Menschen weist in fast jeder Hinsicht Kennzeichen von Frustration auf. Dahinter steht die grundlegende Frustration, nicht »er selbst« sein und sich nicht entsprechend ausdrücken zu können. Dieses Gefühl drückt dann so gut wie allen Erfahrungen seinen Stempel auf.

## Zu viel negatives Feedback führt zur Blockade

Die Kybernetik erlaubt uns einen ganz neuen Blick auf die gehemmte Persönlichkeit. Und sie zeigt uns den Weg zu einem freien Selbstausdruck, der uns offensteht, sobald wir unser selbst geschaffenes Gefängnis verlassen.

Was bei einem Lenk- und Steuerungsmechanismus negatives Feedback ist, dem entspricht auf psychologischer Ebene jeder Form von *Kritik*. Negatives Feedback sagt: »Du liegst falsch. Du kommst vom Kurs ab. Du musst dich korrigieren, wenn du wieder in die Zielgerade kommen willst.«

Der Sinn solch eines negativen Feedbacks ist es, die *Reaktion zu verändern*, den Kurs des *proaktiven Handelns* – nicht aber, *dieses zum Erliegen zu bringen*.

Wenn das negative Feedback richtig funktioniert, reagiert die Rakete auf die »Kritik« gerade so viel, wie nötig ist, um den Kurs zu korrigieren. Dabei bewegt sie sich weiter auf das Ziel zu. Daher verläuft der Kurs einer selbstlenkenden Rakete immer im Zickzack.

Ist der Mechanismus aber zu empfindlich, dann übersteuert das Lenksystem. Statt weiter auf das Ziel zuzusteuern, wird der Zickzackkurs immer ausladender. Manchmal kommt die Rakete so ganz von der Bahn ab.

Unsere innere Steuerung funktioniert ganz genauso. Wir brauchen negatives Feedback, damit wir unseren Kurs halten und unser Ziel erreichen können.

## Zu viel negatives Feedback = Hemmung

Das negative Feedback signalisiert uns: »Hör auf mit dem, was du da tust oder wie du es tust. *Mach etwas anderes.*« Sein Sinn und Zweck ist es, unsere Reaktion als solche oder ihre Richtung zu ändern. Nicht aber, die Bewegung ganz einzustellen. Negatives Feedback heißt nicht: »Sofort anhalten!« Es bedeutet: »Was du gerade tust, ist falsch.« Und nicht: »Es ist falsch, überhaupt etwas zu tun.«

Zu viel negatives Feedback oder ein *überempfindlicher* Steuerungsmechanismus verändern jedoch nicht unseren Kurs – sondern hemmen unsere Reaktion.

Praktisch gibt es zwischen einer solchen Hemmung und einem Zuviel an negativem Feedback keinen Unterschied. Wenn wir auf negatives Feedback beziehungsweise Kritik zu empfindlich reagieren, sehen wir sie nicht mehr als Information, dass wir an unserem Kurs Korrekturen vornehmen müssen. Wir gelangen vielmehr zu dem Schluss, dass wir am besten den Motor ganz abstellen.

Ein Förster oder Jäger orientiert sich oft an Eigenheiten der Landschaft, um zu seinem Auto zurückzufinden, zum Beispiel einem sehr hohen Baum, den man über mehrere Kilometer erkennen kann. Wenn er zu seinem Auto zurückwill, hält er zuerst nach diesem Baum (dem Ziel) Ausschau und geht darauf zu. Er verliert den Baum vielleicht von Zeit zu Zeit aus den Augen, aber sobald er wieder zu sehen ist, überprüft der Mann seinen Kurs. Wenn er erkennt, dass er 15 Grad zu weit nach links gegangen ist, weiß er, dass er »falsch«-liegt. Dann korrigiert er die Richtung, in die er geht, und marschiert wieder direkt auf den Baum zu. *Er kommt nicht auf die Idee, dass es falsch ist, überhaupt weiterzugehen.*

Aber genau diese Schlussfolgerung ziehen viele Menschen. Wenn wir feststellen, dass *die Art unseres Selbstausdrucks* ihr Ziel verfehlt oder »falsch« ist, dann schließen wir daraus, dass *Selbstausdruck* an sich verkehrt ist oder ein Erfolg (das Erreichen des Baumes) unmöglich.

Behalten Sie stets im Gedächtnis, dass übermäßiges negatives Feedback Ihre angemessene Reaktion behindern oder ganz blockieren kann.

## Das Stottern als Beispiel für eine Blockade

Das Stottern zeigt sehr schön, wie zu viel negatives Feedback unsere angemessene Reaktion hemmt und zu einer Blockade führt.

Den meisten Menschen ist nicht klar, dass wir beim Sprechen negatives Feedback über unsere Ohren bekommen. Wir »überwachen« unsere Stimme. Das ist auch der Grund, weshalb taube Menschen meist nicht richtig sprechen können. Sie wissen nicht, wie ihre Stimme klingt, ob sie kreischen, krächzen oder unverständlich murmeln. Taub geborene Menschen können nur dann sprechen lernen, wenn sie eine spezielle Ausbildung durchlaufen. Vielleicht haben Sie das ja selbst schon gemerkt, wenn Sie während einer Erkältung kurzfristig nichts oder fast nichts hören konnten und beispielsweise im Chor nicht in der Lage waren, den richtigen Ton zu treffen.

Es ist also nicht das negative Feedback, welches uns beim Sprechen behindert. Ganz im Gegenteil, es *versetzt uns erst in die Lage,* richtig sprechen zu lernen. Lehrer für Sprecherziehung empfehlen daher auch, die eigene Stimme aufzunehmen und sie immer wieder anzuhören, um den sprachlichen Ausdruck zu fördern. Nur so können wir Fehler verbessern, die uns zuvor gar nicht aufgefallen sind. Wir erkennen, was wir »falsch« gemacht haben – und wir korrigieren uns.

Doch wenn uns negatives Feedback zu einer besseren Aussprache verhelfen soll, dann muss die Korrektur 1.) automatisch oder unbewusst erfolgen; 2.) spontan geschehen, während wir sprechen; und 3.) sollten wir nicht so stark darauf reagieren, dass wir eine Blockade entwickeln.

Wenn wir zu kritisch auf unsere Sprechweise reagieren oder *übervorsichtig* werden und Fehler von vornherein vermeiden wollen, statt spontan zu sein, dann kann es gut sein, dass wir schließlich nur noch herumstottern.

Kann hingegen die Überreaktion des Stotternden eingedämmt werden und gelingt es ihm, seine übermäßige Vorsicht abzulegen, dann wird sich seine Sprechfertigkeit unmittelbar verbessern.

## Übertriebene Selbstkritik verhindert Bestleistungen

Der Kognitionswissenschaftler Edward Colin Cherry schrieb in der renommierten Fachzeitschrift *Nature*, dass das Stottern seiner Ansicht nach auf *übertriebene Selbstbeobachtung* zurückgeht. Um diese Theorie zu belegen, ließ er 25 stotternde Menschen Kopfhörer aufsetzen, über die ein lautes Geräusch eingespielt wurde, das die Stimme des Sprechers übertönte. Als man die Versuchspersonen bat, unter diesen Umständen (die jede Selbstkritik unmöglich machten) einen Text laut vorzulesen, war ein »bemerkenswerter« Fortschritt zu verzeichnen. Eine weitere Gruppe von stark stotternden Menschen wurde im *Schattensprechen* unterwiesen. Bei dieser Technik hört der Sprecher einen Text und spricht ihn mit einer gewissen Verzögerung nach. Dabei versucht er, Aussprache, Intonation, Betonung et cetera möglichst genau nachzuahmen. Nach einer kurzen Übung beherrschten die Versuchspersonen das Schattensprechen perfekt – und den meisten gelang es, unter diesen Bedingungen flüssig und korrekt zu sprechen. Das Schattensprechen zwingt sie zu spontanen Korrekturen und lenkt ihre Aufmerksamkeit vom eigenen Sprechen ab. In der Folge wurde das Schattensprechen zu einer der besten Methoden für stotternde Menschen, ihre Sprechhemmung zu verlieren.

Sobald das überschießende negative Feedback (Selbstkritik) abgestellt war, verschwand auch die Hemmung. Sobald die Betreffenden keine Zeit mehr hatten, sich Gedanken zu machen oder »übervorsichtig« zu sein, verbesserte sich ihr Selbstausdruck sofort. Das zeigt deutlich, wie man auch auf anderen Gebieten eine gehemmte Persönlichkeit zu spontanem Selbstausdruck anregen kann.

## Auch übermässige Vorsicht führt zu Blockaden

Haben Sie je versucht, einen Faden durch ein Nadelöhr zu bekommen?

Wenn Sie darin nicht allzu viel Übung haben, werden Sie feststellen: Sie können den Zwirn ruhig zwischen den Fingern halten, bis Sie ihn vors Nadelöhr bringen und versuchen, ihn einzufädeln. Bei jedem Versuch fängt Ihre Hand unerklärlicherweise an zu zittern und der Faden verfehlt das Öhr.

Genauso läuft es, wenn Sie Flüssigkeit in einen sehr schmalen Flaschenhals füllen wollen. Ihre Hand ist vollkommen ruhig, bis Sie kurz vorm *Ziel* sind. Dann fängt sie an zu zittern.

In Medizinerkreisen nennt man dies den »Intentionstremor« oder »Zieltremor«.

Bei gesunden Menschen tritt er immer dann auf, wenn wir etwas zu sehr wollen oder »zu vorsichtig« sind, um nur ja keinen Fehler zu machen. Bei bestimmten Erkrankungen, zum Beispiel Verletzungen in einem Teil des Gehirns, kann der Intentionstremor sehr ausgeprägt sein. Solche Patienten können die Hand ruhig halten, solange sie nichts damit tun wollen. Sobald sie aber versuchen, den Schlüssel ins Schloss der Wohnungstür zu stecken, zuckt die Hand 10 bis 15 Zentimeter hin und her. Der Patient kann seine Hand ruhig halten, bis er versucht, seinen Namen zu schreiben. Dann fängt sie an, unkontrolliert zu zittern. Wenn der Patient sich dann dafür noch schämt und das Zittern um jeden Preis vermeiden will, verstärkt dies den Tremor weiter.

Was diesen Menschen hilft, ist das Erlernen einer Entspannungstechnik. Dabei trainieren sie vor allem, sich nicht zu sehr zu bemühen und Fehler nicht unter allen Umständen vermeiden zu wollen.

Das angespannte Bemühen, Fehler zu vermeiden, ist eine Form von überschießendem negativem Feedback. Wie beim Stotternden, der übermäßige Vorsicht walten lässt, um nur ja richtig zu sprechen, ist das Resultat die absolute Blockade. Angst und übermäßige Vorsicht gehen immer Hand in Hand. In beiden Fällen sorgt sich der Betreffende zu sehr um mögliche Fehler und strengt sich zu sehr an, um alles richtig zu machen.

»Ich kann diese kalten, präzisen, perfekten Leute nicht leiden, die, um nur ja nichts Falsches zu sagen, ihren Mund überhaupt nicht aufmachen, und um nichts Falsches zu tun, untätig bleiben«, meinte der Schriftsteller Henry Ward Beecher einmal.

## Der Wert der Gleichgültigkeit

»Wer sind denn die Schüler, die beim öffentlichen Vortrag am nervösesten sind?«, fragte William James in *The Gospel of Relaxation*. »Letztlich die, die die Möglichkeit des Scheiterns vor Augen haben und den Vortrag sehr wichtig nehmen. Wer hingegen spricht ruhig? Die desinteressiertesten Schüler. *Ihre* Ideen kommen flüssig daher wie von selbst. Warum hören wir immer wieder, dass das Sozialleben in New England weniger facettenreich und anstrengender ist als in anderen Teilen der Welt?[20] Worauf geht diese Tatsache – wenn es denn eine Tatsache ist – zurück, wenn nicht auf das übermäßige Bemühen der Menschen, die Angst haben, etwas Banales zu sagen oder etwas Unwahres oder etwas, das dem Gesprächspartner nicht angemessen ist oder der gesellschaftlichen Gelegenheit? Wie kann sich eine Unterhaltung entfalten, wenn sie von so viel Pflichtgefühl und Gehemmtheit begleitet ist? Dort, wo die Menschen ihre Skrupel vergessen, die Bremsen im Herz lösen und die Zunge so verantwortungslos drauflosreden darf, wie sie will, entstehen schnell spannende Gespräche, die weder langweilig sind noch erschöpfend. In pädagogischen Zirkeln wird heutzutage viel darüber gesprochen, dass ein Lehrer jede Stunde im Voraus vorbereiten soll. Dies ist auch bis zu einem gewissen Grad nützlich. Doch solch eine allgemeine Empfehlung haben wir Yankees ganz sicher nicht nötig. Wir sind ohnehin schon viel zu vorsichtig. Der Rat, den ich den meisten Lehrern mitgeben möchte, klingt in den Worten eines anderen an, der selbst ein ausgezeichneter Lehrer ist. Erarbeiten Sie sich das Thema so gut, dass Sie jederzeit darüber sprechen können. Im Klassenzimmer aber sollten Sie auf Ihre Spontaneität vertrauen und alle Vorsicht fahren lassen.

Mein Rat an Studenten, vor allem an Mädchen, ist sehr ähnlich. So wie eine Fahrradkette zu gespannt sein kann, so sorgt übermäßige Vorsicht und Gewissenhaftigkeit dafür, dass unser Geist blockiert wird. Nehmen wir nur mal die Zeiten, in denen eine Prüfung auf die andere folgt. Ein Quäntchen Nervosität in der Prüfung ist viele Pfunde ängstlichen Studiums wert. Wenn Sie bei einer Prüfung wirklich Bestleistung erbringen wollen, dann lassen Sie am Tag davor die Finger von den Büchern. Sagen Sie sich: ›Ich verwende jetzt keine Minute mehr

20 A. d. Ü.: New England gilt als Hort der Intellektualität und auch des vornehmen Kapitals.

auf diesen Kram, und es ist mir absolut egal, ob ich erfolgreich bin oder nicht.‹ Sagen Sie sich dies voller Aufrichtigkeit. Spüren Sie es. Und dann gehen Sie raus zum Fußballspielen oder Sie legen sich ins Bett und schlafen. Ich bin mir sicher, dass die Resultate, die Sie auf diese Weise erzielen, Sie dazu anhalten werden, diese Methode Ihr Leben lang einzusetzen.«

## Verlegenheit: Wir haben die Weltsicht anderer verinnerlicht

Dass übermäßiges negatives Feedback zu Verlegenheit führt, ist bekannt.

In jeder zwischenmenschlichen Beziehung bekommen wir Feedback von anderen Menschen. Ein Lächeln, ein Stirnrunzeln, Hunderte subtiler Hinweise, die uns sagen, ob unser Gegenüber mit uns einverstanden ist oder uns Interesse entgegenbringt. Sie sagen uns, »wie wir ankommen«, ob wir rüberbringen, was wir sagen wollen, ob wir ins Schwarze treffen oder nicht. Bei jedem zwischenmenschlichen Austausch fließen zwischen Sprecher und Hörer, zwischen Akteur und Zuschauer ständig Informationen hin und her. Ohne diesen Informationsfluss wären soziale Aktivitäten gar nicht möglich. Und wenn sie möglich wären, blieben sie langweilig, trist und tot, weil einfach der Funke nicht überspringt.

Gute Schauspieler und Redner erspüren diese Kommunikation mit ihrem Publikum und setzen sie ein, um ihre Leistung zu verbessern. Auch Menschen mit einer »starken Persönlichkeit« wissen diesen Informationsfluss für sich zu nutzen. Sie reagieren darauf ganz automatisch und kreativ. Die Signale von anderen Menschen sind in diesem Falle unser »negatives« Feedback, weil sie uns zeigen, wie wir gegebenenfalls sozial gegensteuern können. Reagiert jemand auf diese Signale nicht, nehmen wir ihn als »kalten Fisch« wahr, als »reserviert«, als einen Menschen, der mit anderen »nicht warm wird«. Ohne diese Informationen aber werden Sie zum sozialen Irrläufer, einem Menschen, der auf niemanden eingeht und für den sich niemand interessiert.

Doch auch diese Art von Feedback sollten wir kreativ nutzen. Was bedeutet, dass unsere Reaktion darauf unbewusst und spontan erfolgen sollte, ohne sie bewusst steuern zu wollen.

## Blockaden durch ständiges Grübeln über unser »Image«

Wenn Sie sich ständig darum sorgen, »was andere denken«; wenn Sie ganz bewusst versuchen, anderen Leuten zu gefallen; wenn Sie überempfindlich werden gegenüber der realen oder eingebildeten Ablehnung durch andere – dann ist dies ein Zuviel an negativem Feedback, das schnell zu Hemmungen und bescheidenen Leistungen führt.

Wenn Sie jede Handlung, jedes Wort, jede Geste bewusst kontrollieren, dann sind Sie natürlich gehemmt.

Sie wollen unbedingt einen guten Eindruck hinterlassen, dabei ersticken Sie Ihr kreatives Selbst und machen alles andere als einen guten Eindruck.

Wenn Sie andere Menschen tatsächlich beeindrucken wollen, dann »versuchen« Sie auf keinen Fall, einen guten Eindruck zu machen. Tun Sie niemals etwas, nur um einen bestimmten Effekt zu erzielen. Das Gleiche gilt natürlich für das Unterlassen bestimmter Dinge. Fragen Sie sich absolut niemals, was Ihr Gegenüber von Ihnen halten mag oder ob dieser Mensch Sie vielleicht verurteilt.

## Wie ein Vertreter seine Schüchternheit überwand

James T. Mangan ist ein berühmter Autor und einer der besten PR-Leute der Welt. Er sagt, als er aus dem Haus seiner Eltern auszog, hatte er beinahe schmerzhafte Hemmungen, vor allem, wenn er in einem gehobenen Hotel mit Kunden zu Abend essen sollte. Wenn er durch den Raum ging, fühlte er buchstäblich alle Augen auf sich gerichtet und natürlich musterten ihn in seiner Vorstellung alle kritisch. Er war sich jeder Bewegung, jedes Wortes, jeder Geste peinlich bewusst – wie er ging, wie er saß, wie er aß und wie seine Tischmanieren waren. Sein gesamtes Gebaren schien steif und gezwungen. Warum aber fühlte er sich so unwohl? Er wusste, dass seine Tischmanieren einwandfrei waren und er genug über Etikette wusste, um sich in solchen Kreisen angemessen zu bewegen. Und warum hatte er sich zu Hause mit Mama und Papa nie unwohl gefühlt?

Er kam bald dahinter, dass es ihn am heimischen Küchentisch einfach nicht gekümmert hatte, wie er sich benahm. Da war er weder vorsichtig noch selbstkritisch. Er war auch nicht auf eine bestimmte Wirkung aus. Er war einfach gelassen, entspannt und machte alles richtig.

Mangan legte seine Hemmungen ab, indem er sich ins Gedächtnis rief, wie er sich zu Hause gefühlt hatte. Sobald er wieder mal in einem Spitzenhotel zum Abendessen eingeladen war, stellte er sich einfach vor, er würde »mit Mama und Papa essen«. Und so benahm er sich dann auch.

Bald darauf streifte er auch die Nervosität ab, die ihn immer überkam, wenn ein großer Abschluss bevorstand. Auch dabei sagte er sich: »Ich werde jetzt mit Mama und Papa essen.« Er stellte sich lebhaft vor, wie er sich damals verhalten hatte – und *ahmte dieses Verhalten nach.* In seinem Buch *The Knack of Selling Yourself* (Die Kunst, sich selbst zu verkaufen) riet er Vertretern, diesen Trick in allen erdenklichen Situationen anzuwenden: »Ich werde mit Mama und Papa zu Abend essen! Ich habe das schon tausend Mal gemacht. Es kann gar nichts passieren.«

Er schreibt: »Diese Haltung, sich Fremden und unbekannten Situationen gegenüber als immun zu erweisen, dieses totale Desinteresse an allem Unbekannten und Unerwarteten hat einen Namen. Wir nennen es Gelassenheit. Gelassenheit ist das bewusste Ausblenden aller Ängste, die aus neuen Umständen erwachsen können, welche wir nicht unter Kontrolle haben.«

> Mangan konnte die Erinnerung an die Lockerheit, mit der er am Küchentisch der Eltern saß, auf alles übertragen, was er auf entspanntere Weise tun wollte, auch wenn die neue Situation auf den ersten Blick gar nichts mit einem häuslichen Abendessen zu tun hatte. Es ist ja nachvollziehbar, dass die Erinnerung an das Essen mit seinen Eltern auch entspannend wirkte, wenn er mit anderen Menschen zu Tisch saß. Aber die gleiche Erinnerung für öffentliche Reden, Verkaufsgespräche oder sportliche Wettbewerbe einzusetzen scheint doch ein bisschen weit hergeholt. Aber wir verwenden auch in der Psychokybernetik jede positive Erinnerung dazu, um in den verschiedensten Situationen gelassener zu werden, ganz egal, wie wenig unsere Erinnerung und die aktuelle Situation äußerlich gemein haben.

## Sie brauchen mehr Mut zum Selbstausdruck

Der Psychologe und gesuchte Redner Albert Edward Wiggam erzählt, dass er als Schüler kaum ein Wort herausbrachte, wenn er aufgerufen wurde. Bald fing er an, Menschen überhaupt aus dem Weg zu gehen. Und wenn er mit ihnen redete, ließ er immer den Kopf hängen. Er versuchte immer, diese Schüchternheit zu überwinden, aber vergeblich. Bis er eines Tages eine Idee hatte. Denn tatsächlich kontrollierte er sich selbst nur ständig, weil er durch und durch verinnerlicht hatte, was er für seine Fremdwahrnehmung hielt. Er war extrem dünnhäutig, was die Meinung anderer Leute über ihn, über das, was er sagte oder tat, anging. Das blockierte ihn so sehr, dass er nicht mehr denken konnte und es ihm das Wort verschlug. Nur wenn er allein mit sich selbst war, verschwand dieses Gefühl auf der Stelle. Dann war er ruhig, entspannt, gelassen und es fielen ihm unzählige interessante Dinge ein, über die er hätte reden können. Er war sich seines wahren Selbst bewusst und fühlte sich dabei geborgen.

Also hörte er auf, gegen seine Blockaden anzukämpfen, und arbeitete stattdessen daran, sein Selbst stärker zum Ausdruck zu bringen: Er fing an, sich so benehmen, so zu denken und sich so zu fühlen, als wäre er allein – ohne sich darum zu kümmern, was andere von ihm denken mochten. Die absolute Gleichgültigkeit gegenüber der Meinung anderer Menschen ließ ihn aber nicht abweisend, arrogant oder unsensibel werden. Sie können Feedback ohnehin nicht verhindern, wie sehr Sie sich auch bemühen mögen. Aber dass Wiggam sich darum nicht mehr kümmerte, regelte seinen überschießenden Feedbackmechanismus herunter. Von da an kam er besser mit Menschen zurecht und verdiente seinen Lebensunterhalt von nun an durch Coaching und öffentliche Vorträge »ohne auch nur ein bisschen gehemmt zu sein«.

## So macht uns das Gewissen alle feige

Diese Weisheit aus Shakespeares *Hamlet* spricht eine Wahrheit aus, die heute auch von Psychologen bestätigt wird.

Beim Gewissen handelt es sich um einen erlernten negativen Feedbackmechanismus, der mit Moral und Ethik zu tun hat. Wenn die gelernten Daten (über das, was »richtig« beziehungsweise »falsch« ist) korrekt sind und unser Feedbackmechanismus nicht zu empfindlich reagiert, dann befreit uns das von der Notwendigkeit, in jeder einzelnen Situation bewusst entscheiden zu müssen, was richtig und falsch ist. (Das gilt im Übrigen für jede zielorientierte Handlung.) Das Gewissen lenkt uns durch dick und dünn auf das Ziel eines korrekten, angemessenen und realistischen ethischen Verhaltens hin. Auch das Gewissen arbeitet automatisch und unbewusst, wie alle anderen Feedbacksysteme.

*Ihr Gewissen kann Sie täuschen.*

Harry Emerson Fosdick

Ihr Gewissen kann dabei auch vollkommen *falschliegen*, denn es hängt von Ihrer grundsätzlichen Einstellung zu »richtig« und »falsch« ab. Wenn diese Einstellung realistisch ist, dann wird das Gewissen zum wertvollen Verbündeten im Umgang mit der wirklichen Welt. Es steuert uns sicher wie ein Kompass auch durch schwieriges Fahrwasser. Wenn aber Ihre grundsätzliche Einstellung schon falsch und unrealistisch ist, dann zeigt der Kompass nicht mehr untrüglich nach Norden und bringt den Steuermann regelmäßig in Schwierigkeiten.

Ein Gewissen zu haben bedeutet für jeden Menschen etwas anderes. Lernen Sie beispielsweise als Kind, dass es sündhaft ist, Knöpfe an der Kleidung zu tragen, werden Sie sich unwohl fühlen, wenn Sie das tun. Haben Sie dagegen die Erfahrung gemacht, dass es ein Zeichen der Mannhaftigkeit ist, wenn man den Kopf eines Feindes abschneidet, ihn schrumpfen lässt und an die Wand hängt, dann werden Sie sich schuldig und wertlos fühlen, wenn Sie keinen Schrumpfkopf bei sich zu Hause hängen haben.

## Die Aufgabe Ihres Gewissens ist es, Sie glücklich zu machen

Tatsächlich soll unser Gewissen uns glücklich und produktiv machen – nicht andersherum. Aber wenn wir »unser Gewissen zum Leitfaden machen«, muss es auf wahren Werten beruhen. Es muss uns den wahren Norden anzeigen. Sonst geraten wir in Schwierigkeiten, wenn wir blind unserem Gewissen folgen. Und wir werden unglücklich und unproduktiv.

## Selbstausdruck hat nichts mit Moral zu tun

Viel Ärger entsteht daraus, dass wir eine *moralische* Position in Fragen einnehmen, die letztlich keine moralischen Probleme sind.

So ist der Selbstausdruck keine Frage der Ethik. Vielleicht abgesehen von der Tatsache, dass wir die *Pflicht* haben, jene Talente, die der Schöpfer uns geschenkt hat, auch einzusetzen.

Und doch halten viele Menschen jeden Selbstausdruck für moralisch »falsch«, wenn ihnen als Kinder der Mund verboten wurde, wenn sie ihre Meinung sagten oder »sich aufspielten«. Solche Kinder »lernen«, dass es »falsch« ist, wenn sie sich selbst ausdrücken, Ideen haben oder überhaupt etwas sagen.

Wird ein Kind bestraft, wenn es Anzeichen von Ärger erkennen lässt, getadelt, wenn es Angst zeigt, und verspottet, wenn es Zuneigung äußert, dann lernt es, dass es »falsch« ist, seine wahren Gefühle zu zeigen. Manchen Kindern redet man gar ein, es sei eine Sünde, »schlechten Gefühlen« wie Ärger und Angst Ausdruck zu verleihen. Aber wenn Sie »schlechte Gefühle« in sich ersticken, dann gehen dabei auch die »guten Gefühle« verloren. Der Maßstab für Gefühle ist nicht, ob sie »gut« oder »schlecht« sind, sondern einfach, ob sie angemessen sind. Wer beim Wandern auf einen Bären stößt, hat ganz zu Recht Angst. Es ist angemessen, Wut zu verspüren, wenn es gilt, ein Hindernis durch schiere Kraftanstrengung aus dem Weg zu räumen. Wenn man Wut kontrolliert und sie in die richtige Richtung lenkt, steigert sie den Mut.

Wenn einem Kind, wann immer es seine Meinung äußert, der Mund verboten wird, lernt es, dass es »richtig« ist, ein Niemand zu sein, und »falsch«, beachtet werden zu wollen.

Ein derart verzerrtes Denken macht einen früher oder später zum Feigling. Dann sorgen wir uns ständig, ob wir auch »das Recht haben«, erfolgreich zu sein. Wir denken ständig darüber nach, ob wir unseren Erfolg auch wirklich verdient haben. Viele Menschen, die solche verzerrten Ansichten mit sich herumschleppen, finden es normal, dass das Leben sie auf die hinteren Ränge verweist, weil sie sich nicht trauen, eine Führungsrolle einzunehmen. Schließlich könnte ihre Umwelt ja denken, dass sie »nur Angeber« sind oder gar »Hochstapler«.

Lampenfieber ist eine recht verbreitete Erscheinung. Es wird verständlich, wenn unser verzerrtes Selbstbewusstsein uns übermäßig negatives Feedback gibt. Lampenfieber ist die Angst, wir könnten bestraft werden, weil wir in die erste Reihe treten und den Mund aufmachen – Dinge, die den meisten von uns als »falsch« und »strafbar« verkauft wurden. Lampenfieber zeigt, dass ein gehemmter Selbstausdruck doch ein globales Phänomen ist.

## ENTHEMMUNG: EIN LANGER SCHRITT IN DIE GEGENRICHTUNG

Wenn Sie zu den Millionen Menschen gehören, die unter Hemmungen leiden – dann müssen Sie sich in *Enthemmung* üben. Sie müssen trainieren, weniger vorsichtig, weniger skrupulös und weniger pedantisch zu sein. Sie müssen lernen zu reden, bevor Sie lange nachdenken, statt nachzudenken, bevor Sie etwas sagen. Zu handeln, ohne zu denken, statt ständig »genau zu überlegen«, was Sie tun werden.

Wenn ich einem Patienten rate, sich in Enthemmung zu üben (und die gehemmtesten unter ihnen protestieren am lautesten), hält man mir entgegen: »Aber Sie wollen doch nicht behaupten, dass wir auf jede Vorsicht verzichten, uns keine Gedanken machen und nicht auf die Folgen achten sollen. Ich denke, die Welt braucht ein bisschen Gehemmtheit, denn sonst leben wir wie die Wilden und die Zivilgesellschaft bricht zusammen. Wenn wir uns selbst ungehemmt ausdrücken und all unseren Gefühlen freien Lauf lassen, dann brechen wir doch jedem die Nase, der mit uns nicht einer Meinung ist.«

»Ja«, sage ich dann, »da liegen Sie richtig. Die Welt braucht ein wenig Gehemmtheit. Aber Sie nicht. Außerdem liegt der Schlüssel in den Worten ›ein bisschen‹. Sie aber sind so gehemmt, dass Sie sind wie der Patient, der mit 41 Grad Fieber seinem Arzt erklärt: ›Aber der Körper braucht die Wärme, um gesund zu werden. Der Mensch ist schließlich ein Warmblüter und kann nicht leben, wenn seine Körpertemperatur zu niedrig ist. Und Sie sagen mir, ich müsse meine *Temperatur senken.* Dabei übersehen Sie, wie gefährlich Untertemperatur sein kann.«

Der Stotternde, den seine exzessive Selbstbeobachtung so angespannt macht, dass er kein Wort mehr flüssig herausbringt, argumentiert genauso, wenn Sie ihm raten, er solle seine Selbstbeobachtung *bleiben lassen.* Er wird Ihnen unzählige Redensarten zitieren, wonach man erst nachdenken solle, bevor man den Mund aufmacht, dass ein loses Mundwerk einem nur Ärger einbringt und ein »einmal ausgesprochenes Wort nicht mehr zurückgeholt werden kann«. Er will Sie überzeugen, dass negatives Feedback nützlich und wichtig ist. Stimmt schon, *aber nicht für ihn.* Wenn er dieses negative Feedback ignoriert, weil ein lauter Ton oder Schattensprechen es ausblendet, kann er plötzlich korrekt sprechen.

## Der schmale Grat zwischen Hemmung und Enthemmung

Jemand sagte einmal, dass der gehemmte, sorgenzerfressene, ängstlich bemühte Mensch eine »stotternde Seele« habe.

Was wir brauchen, ist Ausgeglichenheit und Harmonie.

Wenn das Fieber zu stark ansteigt, versucht der Arzt, es zu senken. Wenn die Körpertemperatur zu niedrig ist, bemüht er sich, sie zu erhöhen. Wenn ein Mensch nicht ausreichend schläft, dann bekommt er ein Mittel, das ihm mehr Schlaf schenkt. Wenn jemand zu lange schläft, bekommt er etwas verschrieben, was ihn wacher macht. Dabei geht es nicht darum, was das »Beste« ist – hohe oder niedrige Temperatur, Schläfrigkeit oder Wachsein. Die »Kur« ist immer die gleiche: Man tut einen langen Schritt in die Gegenrichtung. Auch hier kann uns die Kybernetik wieder Aufschluss geben. Unser Ziel ist eine angemessene, selbsterfüllende, kreative Persönlichkeit. Und der Pfad, der dorthin führt, verläuft in Schlangenlinien zwischen zu viel und zu wenig Hemmung. Wenn wir zu gehemmt sind, korrigieren wir, indem wir die Hemmung ignorieren und uns in mehr Enthemmung üben.

## Wie Sie herausfinden, ob Sie mehr Enthemmung brauchen

Folgende Feedbacksignale zeigen Ihnen, ob Sie vom Kurs abgekommen sind, weil Ihre Blockaden nicht wirken:

- Sie geraten ständig in Schwierigkeiten, weil Sie zu viel Selbstvertrauen haben.
- Sie setzen Ihre Ellbogen ein, wo selbst Engel nur zart anklopfen.

- Sie bekommen immer wieder Ärger, weil Sie zu impulsiv und unüberlegt handeln.

- Ihre Projekte gehen schief, weil Sie »erst handeln und dann fragen«.

- Sie können einfach nicht zugeben, dass Sie falschlagen.

- Sie führen immer das große Wort und sind ein Plappermaul.

Wenn also Ihre Hemmschwelle zu niedrig liegt, sollten Sie lieber nachdenken, bevor Sie aktiv werden. Sie müssen aufhören, sich wie der sprichwörtliche Elefant im Porzellanladen zu verhalten und Ihre Aktivitäten besser planen.

Der Großteil der Menschen aber ist eindeutig zu gehemmt, was sich in folgenden Signalen niederschlägt:

- Sie sind scheu, wenn Sie mit Fremden zu tun haben. Sie haben Angst vor ungewohnten Situationen.

- Sie fühlen sich unfähig, machen sich zu viele Sorgen, sind ängstlich und ständig beunruhigt.

- Sie sind nervös und befangen. Sie haben Symptome, die auf Nervosität hinweisen wie Zuckungen im Gesicht oder andere unbeherrschbare Bewegungen wie unwillkürliches Zittern. Sie haben Schwierigkeiten einzuschlafen.

- Unter Menschen fühlen Sie sich unwohl.

- Sie halten sich gerne zurück und nehmen meist in der letzten Reihe Platz.

Diese Symptome zeigen, dass Sie zu gehemmt sind und bei allem zu vorsichtig. Sie müssen lernen, Ihre Aktivitäten nicht so exzessiv zu planen. Halten Sie sich lieber an den Rat des heiligen Paulus: »Sorgt euch um nichts.« (Philipper 4,6)

## Übung

Überlegen Sie sich nie im Voraus, was Sie sagen werden. Öffnen Sie einfach den Mund und raus damit. Improvisieren Sie. (Jesus rät uns ebenfalls, nicht lange zu überlegen, was wir sagen wollen, wenn wir zu den Menschen sprechen. Der Heilige Geist wird uns schon eingeben, was richtig ist.)

Planen Sie nicht im Voraus. (Denken Sie nicht an das Morgen.) Überlegen Sie nicht endlos, bevor Sie handeln. Werden Sie aktiv – und korrigieren Sie Ihr Handeln, wenn es nötig sein sollte. Dieser Rat mag Ihnen radikal erscheinen, aber alle Lenk- und Steuerungsmechanismen arbeiten so. Ein Torpedo denkt auch nicht vorher über seine Fehler nach und versucht, sie schon im Vorfeld zu korrigieren. Zuerst muss er mal losfliegen – sich auf das Ziel ausrichten. Dann kann er die Richtung korrigieren, wenn er vom Kurs abweicht. Der britische Philosoph Alfred North Whitehead meint dazu: »Wir können nicht erst denken und dann handeln. Vom Moment unserer Geburt sind wir im Tun und können dies nur sporadisch durch Nachdenken korrigieren.«

Hören Sie auf, sich selbst zu kritisieren. Ein gehemmter Mensch versinkt ständig in kritischer Selbstanalyse. Nach jeder noch so einfachen Aktion fragt er sich: »Ob ich das wirklich hätte tun sollen?« Wenn er mal den Mut aufbringt, etwas zu sagen, kommt hinterher die Reue: »Vielleicht hätte ich das nicht sagen sollen. Möglicherweise fasst mein Gegenüber das falsch auf.« Hören Sie auf, sich ständig fertigzumachen. Nützliches Feedback wirkt ohnehin auf der unbewussten Ebene, spontan und automatisch. Bewusste Selbstkritik und -analyse beziehungsweise eine gesunde Innenschau sind nützlich – wenn wir sie einmal im Jahr vornehmen. Aber dieses sich dauernd selbst Infragestellen bringt uns nicht weiter. Sie können nicht ständig der kritische Beifahrer Ihrer Handlungen sein. Achten Sie auf diese Form der Selbstkritik und halten Sie auf der Stelle inne, wenn Sie merken, dass Sie wieder in diese Gewohnheit verfallen.

Machen Sie es sich zur Gewohnheit, lauter zu sprechen als üblich. Gehemmte Menschen äußern sich meist zu leise. Also drehen Sie mal die Lautstärke rauf. Sie müssen ja nicht brüllen oder toben. Üben Sie einfach, etwas lauter zu sprechen, als Sie es gewohnt sind. Schon das laute Sprechen trägt zur Enthemmung bei. Jüngere Experimente haben gezeigt, dass die Versuchspersonen bis zu 15 Prozent mehr Gewicht stemmen konnten, wenn sie ihren Krafteinsatz mit lauten Geräuschen begleiteten. Das liegt daran, dass laute

Töne befreiend wirken. So können Sie Ihre gesamte Kraft einsetzen, auch den Anteil, der bisher blockiert war.

Zeigen Sie Leuten, wenn Sie sie mögen. Gehemmte Menschen trauen sich meist nicht, Gefühle auszudrücken, ob nun »gute« oder »schlechte«. Zeigt der schüchterne Mensch Liebe, fürchtet er, für sentimental gehalten zu werden. Signalisiert er Freundschaft, hat er Angst, als Schleimer betrachtet zu werden. Macht er Komplimente, sorgt er sich, für oberflächlich gehalten oder unlauterer Absichten bezichtigt zu werden. Diese Art von negativen Feedbacksignalen sollten Sie vollkommen ignorieren. Machen Sie jeden Tag mindestens drei Menschen ein Kompliment. Wenn Sie das Outfit von jemandem mögen oder gut finden, was diese Person zu sagen hat – machen Sie das deutlich. Seien Sie dabei so direkt wie möglich. »Ich finde deine Idee toll, Hannes.« Oder: »Mary, du hast heute wirklich super Arbeit geleistet.« Und: »Das zeigt doch deutlich, was du für ein kluger Kopf bist, Alfred.« Und wenn Sie verheiratet sind, sagen Sie Ihrem Ehegespons, dass Sie es lieben. Mindestens zwei Mal pro Tag.

---

## Wichtige Erkenntnisse

Füllen Sie diese Zeilen bitte aus.

1. ______________________________

______________________________

______________________________

______________________________

2. ______________________________

______________________________

______________________________

______________________________

3. ______________________________

______________________________

______________________________

______________________________

4. ______________________________

______________________________

______________________________

______________________________

5. ______________________________

______________________________

______________________________

______________________________

## Meine eigene Fallgeschichte

Schreiben Sie eine Erfahrung aus Ihrer Vergangenheit auf, für die die hier vorgestellten Prinzipien eine schlüssige Erklärung liefern.

# 12
# DO-IT-YOURSELF-BERUHIGUNGSMITTEL FÜR MEHR SEELENFRIEDEN

Beruhigungsmittel machen ruhig und friedlich. Sie lindern nervöse Symptome durch eine Art »Schirmwirkung«. So wie ein Regenschirm uns vor Regen schützt, spannen die beruhigenden Mittel einen seelischen Schirm auf, der uns vor störenden Reizen schützt.

Niemand weiß genau, wie diese Mittel ihre Schirmwirkung erzeugen. Wir wissen allerdings, warum sie beruhigen. Beruhigungsmittel wirken, weil sie *unsere Reaktion* auf störende Reize von außen bremsen.

Beruhigungsmittel verändern also nicht die Umwelt. Die störenden Reize sind immer noch vorhanden. Wir sind immer noch in der Lage, sie mit unserem Verstand zu *erkennen*, nur *reagieren* wir emotional nicht mehr darauf.

Erinnern Sie sich noch: Schon in Kapitel 7 ging es darum, dass unsere Gefühle nicht von außen kommen, sondern auf unserer Einstellung, unseren Reaktionen beruhen. Beruhigungsmittel belegen dies überzeugend. Tatsächlich reduzieren sie nur unsere Überreaktion auf negatives Feedback.

## Die schlechte Angewohnheit der Überreaktionen können Sie ablegen

Nehmen wir einmal an, Sie sitzen, während Sie diese Zeilen lesen, gemütlich auf Ihrem Sofa. Plötzlich schrillt das Telefon. Gewohnheit und Erfahrung machen dies zu einem »Signal«, auf das Sie zu reagieren gelernt haben. Ohne groß zu überlegen oder eine bewusste Entscheidung zu treffen, antworten Sie. Sie springen vom Sofa auf und eilen ans Telefon. Der äußere Reiz hat Sie »in Bewegung« gesetzt. Er hat Ihren Geisteszustand verändert und Ihre »Position«, das heißt Ihren selbstgewählten Kurs. Eigentlich wollten Sie ja gemütlich auf dem Sofa sitzen und lesen. Sie hatten sich innerlich darauf eingestellt. All das ist plötzlich wie weggewischt, weil Sie auf diesen Umweltreiz reagieren.

Was ich damit sagen will, ist Folgendes: Sie *müssen* nicht ans Telefon gehen. Sie müssen dem Impuls nicht gehorchen. Sie können, wenn Sie das möchten, das Telefon läuten lassen. Sie können ganz entspannt sitzen bleiben – und Ihren ursprünglichen Zustand beibehalten, indem Sie sich *weigern, auf den Reiz zu reagieren.* Prägen Sie sich dieses Bild genau ein, denn es kann Ihnen helfen, die Macht äußerer Reize zu brechen. Stellen Sie sich vor, wie Sie sitzen bleiben und das Telefon läuten lassen. Das Signal interessiert Sie nicht. Sie sind sich dessen zwar *bewusst,* aber Sie reagieren nicht darauf. Machen Sie sich klar, dass der äußere Reiz keine Macht über Sie hat. Er setzt Sie nicht in Bewegung. In der Vergangenheit haben Sie darauf reagiert, aus reiner Gewohnheit. Aber wenn Sie das wollen, können Sie eine neue Angewohnheit ausbilden: auf diesen Reiz nicht zu reagieren.

Des Weiteren sollten Sie sich klarmachen, dass Sie dazu keineswegs »etwas tun« müssen, zum Beispiel sich anstrengen oder dagegen ankämpfen. Sie »tun nichts« – Sie entspannen sich vom Tun. Sie machen sich locker, ignorieren das Signal und lassen seinen Appell unbeantwortet.

Heute, wo wir ständig neuen Reizen ausgesetzt sind (E-Mail, SMS und allen möglichen Formen der elektronischen Kommunikation), ist es wichtiger denn je, dass wir die schlechte Angewohnheit der Überreaktion ablegen.

## Wie Sie sich für mehr Gleichmut konditionieren

So wie wir meist automatisch auf das Klingeln des Telefons reagieren, tun wir das auch bei anderen Umweltreizen.

Der Begriff der »Konditionierung« wurde vom Verhaltensforscher Pawlow geprägt. Er »konditionierte« einen Hund darauf, beim Ton einer Glocke Speichel zu bilden, weil er diese Glocke immer läutete, bevor er das Tier fütterte. Diese Prozedur wiederholte er viele Male. Zuerst die Glocke. Ein paar Sekunden später Futter. Der Hund »lernte«, auf den Klang der Glocke mit Speichelbildung zu reagieren. Das war durchaus sinnvoll, denn das Glockensignal zeigte an, dass bald Futter zur Verfügung stehen würde, was der Hund durch das Speicheln vorwegnahm. Aber nachdem man diese Abfolge unzählige Male wiederholt hatte, speichelte der Hund grundsätzlich, wenn er die Glocke hörte – ob er nun gefüttert wurde oder nicht. Der Hund war darauf »konditioniert«, Speichel zu bilden, wenn die Glocke ertönte. Diese Reaktion war sinnlos geworden. Sie erfüllte keinen Zweck mehr, aber der Hund reagierte aus reiner Gewohnheit immer noch so.

In unserem Umfeld gibt es reihenweise »Glockenklänge«, auf die wir konditioniert wurden und auf die wir gewohnheitsmäßig reagieren, ob diese Reaktion nun sinnvoll ist oder nicht.

Viele Menschen lernen beispielsweise, sich vor Fremden zu fürchten, weil ihre Eltern sie gewarnt haben: »Nimm bloß keine Süßigkeiten von Fremden an.« Und: »Steig nie zu Fremden ins Auto.« Bei kleinen Kindern macht so eine Warnung Sinn. Aber viele Menschen behalten dieses Verhalten auch später bei. Sie fühlen sich in Gegenwart von Fremden unwohl, auch wenn Sie wissen, dass diese Menschen ihnen wohlgesonnen sind. Fremde Menschen werden zu »Glocken«, und die erlernte Reaktion ist Angst und Vermeidungsverhalten.

Ein anderer Mensch hat Angst vor Menschenmengen, engen Räumen, offenen Plätzen, Autoritätsfiguren wie »der Chef«. All diese Dinge sind der »Glockenklang«, der signalisiert: »Hier lauert Gefahr. Sei ängstlich.« Und aus reiner Gewohnheit reagieren wir wie üblich. Wir »gehorchen« der Glocke.

## Wie man konditioniertes Verhalten ablegt

Wir können uns eine konditionierte Reaktion abtrainieren, wenn wir darauf mit Entspannung antworten. Wenn wir wollen, können wir die »Glocke« ignorieren, so wie wir das Telefon läuten lassen können. Das können wir uns als Devise einprägen, um sie uns immer dann vorzusagen, wenn eine unserer »Glocken« schrillt: »Das Telefon klingelt, aber ich *muss* nicht abnehmen, ich kann es einfach läuten lassen.« Dieser Satz aktiviert Ihr geistiges Bild, wie Sie auf dem Sofa sitzen und ganz entspannt bleiben. Sie reagieren nicht, Sie tun nichts. Sie lassen den Anruf unbeantwortet. Dieser Satz ist der Trigger, der Sie so entspannt werden lässt, wie Sie es in Ihrem Vorstellungsbild sind.

## Wenn Sie ein Signal nicht ignorieren können, verzögern Sie Ihre Reaktion darauf

Wenn Sie eine Konditionierung durchbrechen wollen, fällt es manchmal schwer, die »Glocke« zu überhören, vor allem am Anfang und vor allem, wenn das Signal unerwartet kommt. In diesen Fällen erzielen Sie das gleiche Resultat – die Konditionierung zu durchbrechen –, wenn Sie Ihre Reaktion *verzögern*.

Mary S. wurde immer nervös und ängstlich, wenn sie mit Menschenmengen konfrontiert war. Sie übte die oben geschilderte Technik ein und das half ihr in den meisten Fällen. Manchmal aber wurde der Impuls, weglaufen zu wollen, übermächtig.

»Erinnern Sie sich daran, was Scarlett O'Hara in *Vom Winde verweht* sagte?«, fragte ich sie. »Ihre Philosophie war einfach: ›Ich kann darüber jetzt nicht nachdenken. Wenn ich es tue, werde ich verrückt. Ich denke morgen daran.‹« Mit diesem Kniff schaffte sie es, ihr inneres Gleichgewicht zu wahren und mit den schwierigen Bedingungen ihrer Umwelt fertigzuwerden – trotz Krieg, Feuer, Krankheit und einer unerwiderten Liebe. Sie schob ihre Reaktion einfach auf.

Das Verzögern durchbricht die Automatik der Konditionierung.

Auf dem gleichen Prinzip beruht der Ratschlag, erst einmal bis zehn zu zählen, bevor man seinem Ärger Luft macht. Das ist ein guter Rat, denn wenn Sie langsam zählen, verzögern Sie die Reaktion effektiv, statt Ihre Wut in sich hineinzufressen. Die »Wutreaktion« besteht ja nicht nur darin, auf den Tisch zu hauen oder herumzuschreien. Auch die begleitende muskuläre Spannung ist eine Reaktion. Sie können keine Wut »empfinden«, wenn Ihre Muskeln entspannt sind. Wenn Sie also das »Wutgefühl« zehn Sekunden hinausschieben oder sogar die gesamte Reaktion verschieben können, dann durchbrechen Sie den automatischen Reflex.

> Der positive Effekt des Zählens – die zehn Sekunden Atempause – verstärkt sich noch, wenn Sie dabei tief ein- und ausatmen und Ihre Aufmerksamkeit auf den Atem richten. Drei Mal ein- und ausatmen, das genügt gewöhnlich, um »einen Schritt zurückzutreten« und den Raum zu schaffen, um von der Situation ein anderes Bild zu bekommen.

Mary S. legte ihre Furcht vor Menschenmengen ab, indem sie ihre Reaktion aufschob. Wenn sie das Gefühl hatte, jetzt unbedingt weglaufen zu *müssen*, sagte sie sich: »Gut, aber nicht sofort. Ich verlasse den Raum erst in zwei Minuten. Zwei Minuten lang schaffe ich es, diesem Impuls nicht nachzugeben.«

## Entspannung ist ein effektives Beruhigungsmittel

Wir sollten uns klarmachen, dass unsere schwierigen Gefühle wie Wut, Feindseligkeit, Angst, Nervosität und Unsicherheit auf unsere Reaktion zurückgehen und nicht auf eine Einwirkung von außen. Reaktion ist gleich Anspannung. Keine Reaktion ist gleich Entspannung. Es ist mittlerweile wissenschaftlich bewiesen, dass Sie nicht wütend, ängstlich, nervös oder unsicher werden können, wenn Ihre Muskeln im Zustand vollkommener Entspannung sind. All diese Reaktionen sind letztlich *unsere eigenen Gefühle*. Wenn die Muskeln sich anspannen, dann ist das eine »Vorbereitung aufs Aktivwerden« beziehungsweise die »Vorbereitung auf die Reaktion«. Daher bringt die Entspannung der Muskeln auch »geistige Entspannung« mit sich, eine »entspannte Haltung«. Das ist das Beruhigungsmittel der Natur, das einen Schirm aufspannt zwischen Ihnen und dem störenden Reiz.

Daher ist körperliche Entspannung auch ein wunderbares Mittel zur »Enthemmung«. Im letzten Kapitel haben wir uns damit beschäftigt, dass Hemmungen auf überschießendes negatives Feedback zurückgehen oder auf unsere Überreaktion auf solches Feedback. Entspannung bedeutet: keine Reaktion. Wenn Sie sich täglich also Ihrer Entspannungspraxis widmen, lernen Sie nicht nur, Ihre Hemmungen abzulegen. Sie bekommen auch eine ordentliche Dosis Ihres Do-it-yourself-Beruhigungsmittels, das Sie dann in Ihre täglichen Aktivitäten einfließen lassen können. Schützen Sie sich vor störenden Reizen, indem Sie eine entspannte Haltung bewahren.

## Richten Sie sich einen stillen Raum im Geist ein

»Menschen versuchen, Rückzugsorte zu finden, auf dem Land, am Meer und in den Bergen. Die Sehnsucht nach solch einer Zuflucht war auch eine deiner Gewohnheiten«, schreibt Mark Aurel. »Doch nichts könnte weniger philosophisch sein, da du dich doch, wann immer du willst, in dich selbst zurückziehen kannst. Es gibt keine friedlichere und ungestörtere Zuflucht als den menschlichen Geist. Das gilt vor allem für einen Menschen, der über solche inneren Kraftquellen verfügt, dass er nur in sie einzutauchen braucht, um vollkommen ungestört zu sein (und mit ›ungestört‹ meine ich ›gleichmütig‹). Also höre nie auf, dich dorthin zurückzuziehen und Erneuerung zu finden.«

Während der letzten Tage des 2. Weltkriegs sagte jemand zu Harry Truman, dem US-Präsidenten, er scheine die Belastungen des Kriegs besser zu ertragen als alle Präsidenten vor ihm. Die Aufgabe habe ihn nicht vorzeitig altern lassen oder ihn zu viel Kraft gekostet. Und das sei bemerkenswert, vor allem angesichts der vielen Probleme, die er als »Kriegspräsident« habe bewältigen müssen. Trumans Antwort war: »Ich habe einen Fuchsbau im Geist.« Was er so erklärte: Wie ein Soldat im Kampf sich zum Schutz in einen Fuchsbau zurückziehe, um sich auszuruhen, ziehe er sich in seinen mentalen Fuchsbau zurück, wo nichts ihn stören könne.

## Ihre eigene Dekompressionskammer

Jeder Mensch braucht einen solchen stillen Raum im Geist – ein ruhiges Zentrum im Inneren, wo es so still ist wie in den Tiefen des Ozeans, ganz egal, wie heftig darüber die Wellen toben mögen.

Dieser innere Raum der Stille, den unsere Vorstellungskraft erschafft, ist eine mentale und emotionale Dekompressionskammer. Dort können Sie allen Druck ablegen, alle Spannungen, Sorgen und Belastungen. Dort können Sie sich erfrischen, damit Sie anschließend gut gerüstet in Ihren Alltag zurückkehren können.

Meiner Ansicht nach besitzt jeder Mensch bereits eine solche Kammer, in die keine Störung, keine tosende Welle je eindringt. Einen Ort wie die mathematische Mitte eines vollkommenen Kreises, die Nabe eines Rades. Wir müssen diesen Ort nur finden und uns regelmäßig dorthin zu Rast und Erholung zurückziehen, um neue Kraft zu schöpfen.

Der Rat, sich an diesen stillen Ort zurückzuziehen, gehört mit zu den wirkungsvollsten Tipps, die ich meinen Patienten geben konnte. Der beste Weg dorthin ist, sich in der Vorstellungskraft einen eigenen geistigen Raum zu errichten. Gestalten Sie ihn so aus, dass Sie sich darin vollkommen entspannen können. Hängen Sie Bilder schöner Landschaften auf. Legen Sie ein Buch mit Ihren Lieblingsgedichten bereit. Die Wandfarbe ist Ihre Lieblingsfarbe, gehört aber gleichzeitig zu den entspannenden Farben: blau, hellgrün, gelb und gold. Der Raum ist einfach eingerichtet, nichts lenkt Sie ab. Er ist sauber und ordentlich. Einfachheit, Stille, Schönheit – das sind die entscheidenden Punkte. Natürlich steht Ihr Lieblingssessel darin. Draußen am Strand schlagen die Wellen ans Ufer, aber Sie hören sie nicht, denn in Ihrem Raum herrscht wahrhaft Stille.

Richten Sie diesen Raum genauso sorgfältig ein, wie Sie das mit Ihrer Wohnung tun würden. Und machen Sie sich mit jeder Einzelheit vertraut.

## Jeden Tag mehrmals Mini-Ferien

Wann immer Sie tagsüber ein wenig Zeit haben, zum Beispiel zwischen Ihren Terminen oder wenn Sie im Bus sitzen, können Sie sich in Ihren Raum der Stille zurückziehen. Wann immer Sie spüren, dass Ihre Anspannung steigt, wann immer Sie sich gehetzt fühlen, ziehen Sie sich für ein paar Minuten in Ihren stillen Raum zurück. Diese kurze Atempause wird sich auszahlen. Es ist keine verschwendete, sondern gut investierte Zeit. Sagen Sie sich: »Jetzt ruhe ich mich in meinem Raum der Stille kurz aus.«

Dann gehen Sie im Geist die Treppen hinunter und betreten Ihren Raum. Sagen Sie sich: »Ich gehe die Stufen hinab. Ich öffne die Tür. Ich trete ein.« Lassen Sie Ihren Blick im Geist über all die entspannenden Kleinigkeiten wandern. Stellen Sie sich vor, wie Sie sich auf Ihrem Sessel niederlassen, ganz entspannt und zufrieden mit der Welt. Dieser Raum ist absolut sicher. Hier kann Sie nichts berühren. Es gibt nichts, worüber Sie sich Sorgen machen müssen. Sie haben Ihre Sorgen vor der ersten Stufe zurückgelassen. Hier müssen Sie keine Entscheidungen treffen. Sie haben es nicht eilig, Sie müssen nichts tun.

## Ein klein wenig Wirklichkeitsflucht ist erlaubt

Ja, das ist Flucht vor der Wirklichkeit. Wie im Übrigen auch der Schlaf. Auch wenn wir mit einem Schirm in den Regen hinaustreten, verweigern wir uns der Wirklichkeit des Nasswerdens. Wenn wir vor dem Wetter in unsere Wohnung flüchten, dann ist auch das Eskapismus. Oder wenn wir Ferien machen. Unser Nervensystem braucht diese Flucht vor der Wirklichkeit. Es braucht Freiheit und Schutz vor dem ständigen Bombardement äußerer Reize. Wenn wir »frei machen«, dann machen wir uns frei – von allen Pflichten und Verantwortungen. Wir müssen alle irgendwann »einfach mal rauskommen«.

Ihre Seele und Ihr Nervensystem brauchen einen Raum, um sich auszuruhen, sich zu erholen – genauso wie Ihr Körper ein Obdach braucht, und aus den gleichen Gründen. Ihr Raum der Stille schenkt Ihrem Nervensystem jeden Tag diese kleine Auszeit. Einen Augenblick lang fliehen Sie vor Ihrer Welt der Verpflichtungen, Entscheidungen, Verantwortung und »kommen raus«, indem Sie sich mental in Ihre »Dekompressionskammer« zurückziehen.

Ihr automatischer Mechanismus reagiert nun einmal stärker auf Bilder als auf Worte. Vor allem, wenn den Bildern eine starke symbolische Bedeutung eigen ist. Für mich war ein geistiges Bild von besonderer Bedeutung:

Bei einem Besuch im Yellowstone-Nationalpark wartete ich geduldig darauf, dass der Old-Faithful-Geysir ausbrach. Das geschieht mit einiger Pünktlichkeit jede Stunde einmal. Plötzlich stieß der Geysir eine hohe Säule weißen Dampfes aus, wie ein riesiger Boiler, dessen Sicherheitsventil sich öffnet. Neben mir stand ein kleiner Junge, der seinen Vater fragte: »Warum macht er das nur?«

»Nun«, meinte der Vater, »Mutter Erde ist vermutlich wie wir alle. Sie baut Druck auf und hin und wieder muss sie Dampf ablassen, um gesund zu bleiben.« Wäre es nicht wunderbar, dachte ich, wenn wir Menschen auch auf so harmlose Weise »Dampf ablassen« könnten, wenn der emotionale Überdruck zu stark wird?

Ich hatte keinen Geysir im Kopf, aber meine Vorstellungskraft. Seitdem verwende ich dieses Bild, wenn ich meinen Raum der Stille betrete. Ich erinnere mich an Old Faithful und stelle mir vor, wie all der emotionale Dampf aus meinem Kopf austritt und gefahrlos verpufft. Versuchen Sie es ruhig mal damit, wenn Sie »überreizt« oder angespannt sind. Die Idee vom Dampfablassen ist ein starkes Bild, das sich gut in Ihre mentale Maschinerie einfügen lässt.

## Setzen Sie Ihren Mechanismus auf null, bevor Sie sich einem neuen Problem zuwenden

Wenn Sie einen Taschenrechner benutzen oder einen Computer, müssen Sie auch zuerst die Clear-Taste C drücken, bevor Sie neue Eingaben machen können. Sonst verfälschen Überbleibsel der vorherigen Berechnungen Ihr Ergebnis. Sie »übernehmen« sie gleichsam in die neue Aufgabe und erhalten deshalb eine falsche Antwort.

Der Rückzug in Ihren Raum der Stille ist wie das Drücken der Clear-Taste: Sie setzen Ihren Erfolgsmechanismus auf null. Daher ist es so wichtig, diesen Akt einzuüben, bevor Sie sich neuen Aufgaben, Situationen und Umgebungen zuwenden, die von Ihnen jeweils eine andere mentale Haltung verlangen.

Klassische Beispiele für diese Art der »Übertragung«, die geschieht, wenn Sie nicht geistig die Clear-Taste betätigen, sind die folgenden:

Ein Geschäftsmann bringt seine Geschäftssorgen mit nach Hause und mit ihnen auch die zugehörige »Stimmung«. Den ganzen Tag ist er herumgehetzt und war im Aktionsmodus. Vielleicht hat er einiges an

Frustration erlebt, was ihn reizbar gemacht hat. Rein körperlich hört er auf zu arbeiten, wenn er nach Hause geht. Aber er trägt diesen Rest Sorgen, Frustration und Hektik mit sich, und so ist er immer noch im Aktionsmodus und kann sich nicht entspannen. Er streitet mit seiner Frau oder mit den Kindern. Er denkt immer noch an die Probleme, die er eigentlich im Büro gelassen hat. Und das, obwohl er jetzt überhaupt nichts deswegen unternehmen kann.

## Schlaflosigkeit und ruppiges Verhalten sind häufig Anzeichen solcher »Überträge«

Viele Menschen nehmen ihre Probleme mit ins Bett, obwohl sie sich doch dort ausruhen sollten. Sie versuchen immer noch, geistig und emotional etwas an der Situation zu ändern, obwohl sie definitiv nichts »tun« sollten.

Im Laufe des Tages müssen wir uns emotional und mental auf die unterschiedlichste Art und Weise organisieren. Wenn Sie mit Ihrem Chef reden, brauchen Sie eine andere mentale »Platte« als bei einem Kundengespräch. Und wenn Sie mit einem erbosten Kunden verhandelt haben, brauchen Sie einen inneren Tapetenwechsel, bevor Sie den nächsten Kunden aufsuchen. Sonst beeinflusst der emotionale »Übertrag« aus der einen Situation das nächste Gespräch.

In einem großen Unternehmen ergab eine gründliche Untersuchung, dass die Angestellten am Telefon häufig recht ruppig waren. Vor allem, wenn das Telefon gerade dann läutete, nachdem sie eben einen Rüffel bekommen hatten, wenn eine Besprechung sich ewig hinzog oder der Angestellte aus anderen Gründen genervt war. Der barsche, ja fast feindselige Ton schreckte unschuldige Anrufer ab. Das Unternehmen fand dafür folgende Lösung: Man wies die Angestellten an, fünf Sekunden innezuhalten, bevor sie das Telefon abnahmen – und währenddessen zu lächeln.

## Emotionale Übertragung führt zu Unfällen

Versicherungsgesellschaften und andere Unternehmen, die Unfallursachen erforschen, haben herausgefunden, dass solche emotionalen

Übertragungen tatsächlich Verkehrsunfälle verursachen können. Wenn der Fahrer sich gerade mit seiner Frau gestritten hat, vom Chef heruntergeputzt wurde oder anderweitig mit einer Situation konfrontiert war, die Frustration und Aggressivität ausgelöst hat, steigt die Wahrscheinlichkeit eines Unfalls deutlich an. Denn der Fahrer nimmt unangebrachte Emotionen mit ans Lenkrad, die seinen Fahrstil beeinflussen. Er ärgert sich eigentlich nicht über andere Autofahrer. Am ehesten ist die Situation vergleichbar mit jemandem der aus einem Traum erwacht, in dem er schrecklich wütend war. Er merkt natürlich, dass ihm nur im Traum Unrecht geschehen ist – aber er ist immer noch wütend!

Auch Angst wird in der gleichen Weise von einer Situation auf die andere übertragen.

## Auch Ruhe überträgt sich

Die gute Nachricht ist, dass sich auch Freundlichkeit, Liebe, Friede, Ruhe und Gelassenheit »übertragen«.

Wie gesagt: Es ist unmöglich, Angst, Wut oder Nervosität zu empfinden, wenn wir vollkommen entspannt, ruhig und gelassen sind. Sich in den Raum der Stille zurückzuziehen ist eine ideale Methode, um emotional und stimmungsmäßig die Clear-Taste zu drücken. Schon lösen alte Emotionen sich in Nichts auf. Sie erleben Ruhe und Frieden, ein Gefühl des Wohlbefindens – und auch das überträgt sich auf die Aktivitäten, die Sie sich nach Ihrem Aufenthalt im Raum der Stille vornehmen. Die ruhigen Minuten wischen sozusagen die Tafel blank. Die Addiermaschine startet bei null. Und Sie haben eine neue Seite, die Sie füllen können.

Ich persönlich ziehe mich vor und nach jeder Operation in diesen Raum zurück. Eine Operation erfordert ein hohes Maß an Konzentration, Ruhe und Kontrolle. Es wäre eine Katastrophe, würde ich Emotionen wie Eile, Aggressivität oder Sorgen in meine Arbeit mitnehmen. Also drücke ich in meiner geistigen Maschinerie auf die Clear-Taste, indem ich mich einige Augenblicke in meinem Raum der Stille vollkommen entspanne. Andererseits wären die hohe Konzentration und das Ausblenden der Außenwelt, die für den OP nötig sind, bei gesellschaftlichen Anlässen oder bei einem Interview in meinem Büro vollkommen unangemessen. Daher bringe ich auch nach der Operation noch einige

Minuten an diesem kostbaren Ort zu, um den Geist frei zu machen für ein neues Umfeld.

## Bauen Sie sich einen seelischen Schutzschirm

Die in diesem Kapitel vorgestellten Methoden werden Ihnen helfen, sich einen seelischen Schutzschirm zuzulegen, der Sie vor störenden Reizen bewahrt. Sie dürfen sich auf mehr Seelenfrieden freuen und auf bessere Leistungen.

Am wichtigsten ist aber die Erkenntnis, dass für Erregung oder Ruhe, Angst oder Gelassenheit *nicht* der äußere Reiz verantwortlich ist, sondern *Ihre Reaktion*. Ihre *eigene* Reaktion ist es, die Sie ängstlich, nervös und unsicher gemacht hat. Wenn Sie nicht reagieren, sondern »das Telefon einfach läuten lassen«, dann ist es unmöglich, dass Sie beunruhigt sind, ganz egal, was um Sie herum passiert.

»Sei wie eine Klippe: Die Wellen schlagen ständig dagegen, aber sie steht fest und das brodelnde Wasser rundherum fällt in sich zusammen«, rät uns Mark Aurel.

Der 91. Psalm zeichnet das Bild eines Menschen, der sich inmitten der Schrecken der Nacht vollkommen sicher fühlt. Er fürchtet nicht den Pfeil, der am Tag fliegt, noch die Pest, die im Finstern schleicht, oder die Seuche, die wütet am Mittag. Mögen auch Zehntausende fallen zu seiner Rechten, es wird ihn nicht treffen. Weil er den »geheimen Ort« in seiner Seele gefunden hat und von all dem unberührt bleibt. Er reagiert nicht emotional auf die »Glocken« in seiner Umgebung. Er ignoriert sie vielmehr. Wie William James empfahl, böse und unglückselige »Tatsachen« zu ignorieren, wenn man sich glücklich fühlen wolle. Und wie James T. Mangan riet, man müsse, um Gelassenheit zu erfahren, alles, was dieser entgegensteht, ignorieren.

Sie sind proaktiv, nicht reaktiv. Wir haben in diesem Buch immer wieder thematisiert, *wie man angemessen auf seine Umwelt reagiert*. Doch der Mensch ist grundsätzlich nicht »reaktiv«, sondern proaktiv. Wir reagieren nicht einfach nolens volens auf Umweltfaktoren wie ein Segelschiff, das dorthin muss, wohin der Wind es treibt. Als zielorientierte Wesen *handeln* wir proaktiv. Wir setzen uns Ziele, legen unseren Kurs fest. Dann reagieren wir im Kontext dieser zielorientierten Maschinerie angemessen, das heißt, so, dass wir Fortschritte machen und unsere Ziele erreichen.

Wenn unsere Reaktion auf negatives Feedback uns nicht unserem Ziel näherbringt – oder unseren Zwecken dient –, dann hat es keinen Sinn zu reagieren. Und wenn unsere Reaktion uns gar vom Kurs abbringt oder unsere Ziele sabotiert, dann ist die angemessene Reaktion, *gar nicht zu reagieren.*

## Was uns emotional stabilisiert

Bei jeder zielgerichteten Aktion ist innere Stabilität ebenfalls ein wichtiges Ziel. Wir müssen offen sein für negatives Feedback, das uns aufzeigt, inwieweit wir von unserem Kurs abgewichen sind, damit wir ihn korrigieren können. Gleichzeitig aber müssen wir unser Schiff über Wasser halten. Wir dürfen nicht zulassen, dass es von jeder Welle herumgeworfen wird oder gar in schweres Fahrwasser gerät. Oder wie Prescott Lecky es ausdrückte: »Wir müssen auch angesichts sich wandelnder Umstände unseren Gleichmut beibehalten.«

»Das Telefon läuten zu lassen« ist eine Haltung, die uns stabilisiert. Sie bewahrt uns davor, von jeder kleinen Welle herumgeworfen zu werden und vom Kurs abzukommen.

## Hören Sie auf, gegen Windmühlen zu kämpfen

Eine weitere Form unangemessener Reaktion, die nur unsere Unsicherheit verstärkt, ist die schlechte Angewohnheit, auf Bedrohungen zu reagieren, die nur in unserer Einbildung existieren. Wir überreagieren nicht nur angesichts unbedeutender realer Reize, sondern kämpfen auch noch gegen die Windmühlen unserer Fantasie an. Wir reagieren auf unsere mentalen Vorstellungen und nicht nur auf reale negative Erfahrungen: Wir überlegen ständig, *was passieren könnte. Was, wenn* dies passiert oder jenes? Wenn wir uns Sorgen machen, kreieren wir geistige Bilder hinderlicher Umstände. Auf diese reagieren wir dann, *als wären* sie real. Vergessen Sie nicht: Ihr Nervensystem kennt den Unterschied nicht zwischen einer realen Erfahrung und einer lebhaften Vorstellung.

## Nichts zu tun ist die angemessene Reaktion auf ein nicht existierendes Problem

Auch gegen solche nur eingebildeten Gefahren können Sie sich wappnen, indem Sie – *nichts* – tun. Sie reagieren schlicht und einfach nicht. *Was Ihre Gefühle angeht*, so ist die einzig richtige Antwort auf Sorgenbilder, diese vollkommen zu ignorieren. Leben Sie emotional im Jetzt. Analysieren Sie Ihr Umfeld – machen Sie sich bewusst, wie es tatsächlich beschaffen ist. Und reagieren Sie allein darauf. Dazu müssen Sie Ihre gesamte Aufmerksamkeit auf das richten, was in der Gegenwart geschieht. Behalten Sie den Ball im Auge. Dann wird Ihre Reaktion angemessen ausfallen – und Sie haben gar keine Zeit, sich Gefahrenszenarios auszudenken.

## Ihr Erste-Hilfe-Kasten

Folgende Gedanken sind Ihr Erste-Hilfe-Kasten zur Do-it-yourself-Beruhigung:

- Innere Erregung, das Gegenteil von innerem Frieden, wird fast immer von Überreaktionen verursacht, einem zu empfindlichen Alarmknopf. Sie können einen seelischen Schutzschirm gegen solche störenden Reize aufspannen, indem Sie sich in »Nicht-Reaktion« üben: Sie lassen das Telefon läuten.

- Sie können die alte Angewohnheit der Überreaktion abstellen und alte konditionierte Reflexe ablegen, wenn Sie Ihre automatische, gedankenlose Reaktion aufschieben.

- Entspannung ist das Beruhigungsmittel der Natur. Entspannung heißt, dass Sie nicht reagieren. Lernen Sie durch tägliche Übung, sich körperlich zu entspannen. Wenn Sie dann im Alltag die »Nicht-Reaktion« üben wollen, dann »tun Sie, was Sie immer tun«, wenn Sie zur Entspannung übergehen.

- Gehen Sie in den Raum der Stille in Ihrem Geist. Zum einen als tägliche Übung, um Ihr Nervensystem herunterzufahren, zum anderen, um emotional auf die Clear-Taste zu drücken, um unangemessene »Übertragungen« zu verhindern.

- Versetzen Sie sich nicht in Todesangst durch Ihre eigenen geistigen Bilder. Hören Sie auf, gegen Windmühlen zu kämpfen. Emotional sollten Sie nur auf das reagieren, was *ist*, hier und jetzt, und allem anderen keine Beachtung schenken.

## Ihr spiritueller Thermostat

Ihr Körper hat einen eingebauten Thermostat, auch er ist ein Steuerungsmechanismus, der unsere Körpertemperatur stabil bei 37 Grad Celsius hält, ganz egal, wie kalt oder warm es draußen ist. Ob die Umgebungstemperatur nun unter null fällt oder über 40 Grad Celsius ansteigt, unser Körper behält sein Binnenklima bei 37 Grad. Er kommt deshalb in jedem Umfeld zurecht, weil er sich eben nicht an die Umgebungstemperatur anpasst. Heiß oder kalt, er bleibt bei 37 Grad.

Sie haben aber auch einen spirituellen Thermostat, der Sie in die Lage versetzt, Ihr ausgeglichenes emotionales Klima aufrechtzuerhalten, ganz egal, was um Sie herum vorgeht. Viele Menschen machen von diesem Thermostat aus Unkenntnis keinen Gebrauch. Sie wissen nicht, dass sie diese Möglichkeit haben, und begreifen nicht, dass sie *nicht* auf die emotionale Außentemperatur reagieren müssen. Dabei ist unser spiritueller Thermostat für unser emotionales Wohlbefinden genauso wichtig wie der körperliche für unsere Gesundheit. Also nehmen Sie ihn in Betrieb, indem Sie sich die Techniken dieses Kapitels zu eigen machen.

### Übung

Gestalten Sie ein anschauliches geistiges Bild von sich selbst, wie Sie ruhig, gelassen und ungerührt in Ihrem Lieblingssessel sitzen und das Telefon läuten lassen. Dann können Sie diese friedliche, gelassene Haltung in Ihren Alltag übertragen, wann immer Sie sich dieses Bild ins Gedächtnis rufen. Sagen Sie sich: »Ich lasse das Telefon läuten«, wann immer Sie sich versucht fühlen, der Glocke der Angst oder Nervosität zu »gehorchen«.

Dann setzen Sie Ihre Vorstellungskraft ein, um dieses Nicht-Reagieren in allen möglichen Situationen auszuprobieren: Sehen Sie zu, wie Sie ungerührt dabeisitzen, wenn ein Kollege schimpft und zetert. Wie Sie Ihre alltäglichen Aufgaben erledigen und dabei ruhig und gelassen bleiben, auch wenn es einmal hektisch wird. Schauen Sie sich zu, wie Sie ruhig und sicher Kurs halten, auch wenn Überdruck rundum die Alarmglocken schrillen lässt. Sehen Sie sich in all den Situationen, die Sie früher aus der Ruhe gebracht haben, nur dass Sie jetzt eben gelassen bleiben, in sich verankert – und nicht reagieren.

---

## Wichtige Erkenntnisse

Füllen Sie diese Zeilen bitte aus.

1. ________________________________________

2. ________________________________________

3. ________________________________________

4. ________________________________________

5. ________________________________________

## Meine eigene Fallgeschichte

Schreiben Sie eine Erfahrung aus Ihrer Vergangenheit auf, für die die hier vorgestellten Prinzipien eine schlüssige Erklärung liefern.

# 13
# WIE SIE KRISEN KONSTRUKTIV NUTZEN KÖNNEN

Ich kenne einen jungen Golfspieler, der den Allzeitrekord für seinen heimatlichen Golfplatz hält, jedoch noch nie bei einem wirklich großen Turnier angetreten ist. Spielt er allein oder mit Freunden oder bei kleineren Turnieren, ist sein Spiel fehlerlos. Aber jedes Mal, wenn er bei einem großen Turnier mitmacht, bleibt er weit hinter seinem Können zurück. Im Sprachgebrauch der Golfer heißt das: »Der Druck macht ihn fertig.«

Viele Werfer im Baseball kontrollieren den Ball perfekt, bis sie unter Druck stehen. Ab da geht alles schief. Sie verlieren die Kontrolle und scheinen das Werfen verlernt zu haben.

Andererseits gibt es auch Sportler, die unter Druck besser werfen. Die Wettbewerbssituation scheint ihnen mehr Kraft, Energie und Feingefühl zu geben.

## Menschen, die in der Krise zur Hochform auflaufen

Da ist zum Beispiel John Thomas, der Rekord-Hochspringer von der Boston University, der im Wettkampf oft bessere Leistungen ablieferte als beim Training. Im Februar 1960 setzte er den Weltrekord in der Halle mit 2,195 Meter. Sein bester Trainingssprung bis dato waren 2,063 Meter.

Man setzt auch nicht immer den Spieler mit den besten Batting-Ergebnissen ein, wenn man bei einem kritischen Spielstand den nächsten Batter bestimmt. Steht das Spiel auf der Kippe, lässt der Trainer den

Mann mit den besten Werten häufig auf der Ersatzbank und stellt jemanden auf den Platz, der sich auch unter Druck durchsetzen kann.

Einem Vertreter bleibt buchstäblich die Sprache weg, wenn es um einen hohen Abschluss geht, während der andere in der gleichen Situation ein Rekordergebnis erzielt. Die Herausforderung brachte bis dahin ungekannte Fähigkeiten zum Vorschein.

Viele Frauen plaudern höchst charmant, solange sie nur mit einer Person oder einer kleinen Gruppe sprechen. Kaum aber sind sie zu einem offiziellen Dinner geladen, bleibt ihnen das Wort im Hals stecken. Andererseits kenne ich eine Dame, die bei großen Bällen wirklich zur Hochform aufläuft. Wenn Sie mit ihr allein zu Abend essen würden, würden Sie sie vermutlich ein bisschen langweilig finden. Sie ist nicht besonders attraktiv und auch sonst eher farblos. Kaum aber steht ein großes gesellschaftliches Ereignis an, erkennt man sie nicht wieder. Jede größere Gesellschaft erweckt in ihr etwas zum Leben: Ihre Augen glänzen, ihre Unterhaltung ist witzig und geistreich. Sogar ihre Gesichtszüge scheinen sich zu verändern, sodass man sie für eine unglaublich schöne Frau hält.

Es gibt Schüler, die im normalen Unterricht wirklich gut sind, aber kaum liegen die Prüfungsfragen auf dem Tisch, ist alles Wissen wie weggewischt. Andere wiederum fallen im Unterricht gar nicht auf, doch bei jeder wichtigen Prüfung schreiben sie Bestnoten.

## Das Geheimnis der Kämpfernatur

Der Unterschied ist nun nicht etwa der, dass die eine Person etwas hat, was der anderen fehlt. Entscheidend ist vielmehr, wie diese Menschen *gelernt haben, auf Krisen zu reagieren.*

Eine »Krise« ist eine Situation, in der Sie entweder reüssieren oder scheitern. Wenn Sie richtig reagieren, können Sie aus einer »Krise« eine Stärke und eine Weisheit ziehen, die Sie üblicherweise nicht besitzen. Reagieren Sie falsch, dann raubt die Krisensituation Ihnen alles, was Sie im Normalfall an Fähigkeiten und Kontrolle zur Verfügung haben.

Wer sich im Sport, im Geschäftsleben oder bei gesellschaftlichen Anlässen als Kämpfernatur erweist, die auch unter Druck funktioniert, hat gewöhnlich gelernt, wie er bewusst oder unbewusst auf Krisensituationen richtig reagiert.

Um in einer Krise zu funktionieren: 1.) müssen wir uns bestimmte Fähigkeiten unter Umständen aneignen, in denen wir nicht übermotiviert sind; wir müssen ohne Druck üben; 2.) müssen wir lernen, auf Krisen aktiv statt defensiv zu reagieren, das heißt, wir müssen auf die Herausforderung reagieren, nicht auf die Bedrohung, und wir müssen unser Ziel im Auge behalten; 3.) wir müssen lernen, Krisensituationen als das zu sehen, was sie sind; also nicht aus einer Mücke einen Elefanten machen oder aus einem Wehwehchen eine Angelegenheit auf Leben und Tod.

### 1. Ohne Druck üben

Obwohl wir im Normalfall vielleicht schnell lernen, lernen wir unter Druck weniger effektiv. Stoßen Sie einen Nichtschwimmer in tiefes Wasser und die Gefahr lässt ihn vielleicht das Richtige tun, sodass er sich ans Ufer retten kann. Er lernt spontan und schafft es *irgendwie* zu schwimmen. Doch aus ihm wird nie ein Meisterschwimmer werden. Die grobe, unpräzise Bewegung, die er sich angeeignet hat, bleibt ihm erhalten. Daher hat er Schwierigkeiten, seinen Schwimmstil zu verbessern. Seine schlechte Technik kann ihm daher zum Verhängnis werden, wenn er beispielsweise vor der Herausforderung steht, eine lange Distanz schwimmend zu bewältigen.

Der Psychologe Edward C. Tolman hat das Konzept des latenten Lernens entwickelt. Er meinte, dass sowohl Tiere als auch Menschen beim Lernen »kognitive Karten« ihres Umfelds abspeichern. Findet der Lernprozess nicht unter Krisenbedingungen statt und ist daher das Tier nicht übermotiviert, dann sind diese Karten allgemein und breit angelegt. Ist ein Tier jedoch übermotiviert, wird nur eine sehr kleine, eng begrenzte kognitive Karte ausgestellt. Konkret bedeutet das, das Tier lernt nur einen einzigen Weg, um sein Problem zu lösen. Ist dieser Weg aber später aus irgendwelchen Gründen blockiert, dann ist das Tier frustriert und nicht in der Lage, alternative Wege zu finden. Es hat ein schablonenhaftes, vorgefasstes Reaktionsmuster abgespeichert, wodurch es gewöhnlich die Fähigkeit einbüßt, spontan und flexibel auf neue Situationen zu reagieren. Es kann nicht improvisieren, sondern muss einem festgelegten Plan folgen.

## Druck erschwert das Lernen

Tolman fand heraus, dass Ratten, die ohne Druck lernten und übten, später unter Krisenbedingungen effektiver reagierten. Durften die Ratten in einem Labyrinth nach Belieben herumlaufen, ausreichend mit Futter und Wasser versorgt, dann *schienen* sie gar nichts zu lernen. Ließ man die gleichen Ratten später wieder ins Labyrinth, diesmal aber mit leerem Magen, zeigte sich, dass sie eine ganze Menge gelernt hatten: Sie steuerten schnell und effizient auf das Ziel zu. Der Hunger versetzte die Ratten in den Krisenmodus, auf den sie positiv reagierten.

Andere Ratten, die das Labyrinth unter Stressbedingungen – hungrig und durstig – kennenlernten, hatten es da nicht so gut. Sie waren übermotiviert und ihre Gehirnkarten waren weniger genau. Sie fanden zwar eine korrekte Route zum Ziel, wurde diese aber blockiert, reagierten die Tiere frustriert und hatten enorme Schwierigkeiten, einen anderen Weg zu finden.

Je ausgeprägter die Krisensituation, desto weniger lernen Sie. Professor Jerome Bruner, der wertvolle Beiträge zur Kognitionspsychologie und zur kognitiven Lerntheorie leistete, trainierte zwei Gruppen von Ratten, in einem Labyrinth nach Futter zu suchen. Eine Gruppe hatte seit 12 Stunden nichts gefressen. Sie hatten das Labyrinth nach sechs Versuchen geknackt. Eine zweite Gruppe, die seit 36 Stunden hungerte, brauchte mehr als 20 Versuche.

## Brandschutzübungen lehren Verhalten in Krisensituationen

Wir Menschen reagieren ganz genauso. Personen, die einen Weg aus einem brennenden Gebäude finden müssen, brauchen dafür zwei bis drei Mal so lang wie Menschen, die nicht vom Feuer bedroht sind. Im ersteren Fall schaffen es manche nicht bis zum Ausgang. Übermotivation behindert unser rationales Denken. Wer sich bewusst zu sehr bemüht, blockiert damit die automatische Reaktion. Es entwickelt sich etwas, das man mit dem »Intentionstremor« vergleichen könnte. So wird klares Denken verhindert. Wer trotzdem aus dem brennenden Gebäude entkommt, hat eine begrenzte, unflexible Antwort erlernt. In einem anderen Gebäude oder unter leicht veränderten Umständen funktioniert das Ganze nicht mehr. Diese Menschen reagieren genauso wenig zweckmäßig wie beim ersten Mal.

Lassen Sie dieselben Personen eine geordnete Brandschutzübung machen. Es besteht keine Gefahr, es gibt kein überschießendes negatives Feedback, das das klare Denken trübt. Die Menschen verlassen das Gebäude, ohne einander über den Haufen zu rennen, ruhig, effizient und der Situation angemessen. Nachdem sie diese Übung mehrmals gemacht haben, kann man sich darauf verlassen, dass sie im Brandfall genauso reagieren. Ihre Muskeln, Nerven und das Gehirn haben die allgemeine, breiter gefasste »kognitive Karte« abgespeichert. Die Ruhe und das klare Denken während der Brandschutzübung überträgt sich auf das Verhalten im Brandfall. Außerdem haben die Menschen grundsätzlich gelernt, wie man im Gefahrenfall geordnet aus einem Gebäude herauskommt, auch wenn die Umstände nun andere sind. Sie sind nicht auf eine bestimmte Verhaltensweise festgenagelt, sondern können improvisieren – spontan auf die auftretenden Umstände reagieren.

Und die Moral von der Geschicht' ist für Mäuse und Menschen die gleiche: Übe ohne Druck und du lernst effizienter und wirst in Krisensituationen bessere Resultate erzielen.

### Schattenboxen für die eigene Selbstsicherheit

»Gentleman Jim« Corbett, der berühmte Boxweltmeister im Schwergewicht, machte den Begriff des »Schattenboxens« populär. Als man ihn fragte, wie er das perfekte Timing für seine Linke hinbekomme, mit der er John L. Sullivan, den Boxer aus Boston, auf die Bretter schickte, antwortete Corbett, er habe mehr als 10 000-mal geübt, mit der Linken sein Spiegelbild k. o. zu schlagen. Das war seine Vorbereitung auf den Kampf.

Gene Tunney machte es ähnlich. Viele Jahre, bevor er tatsächlich gegen Jack Dempsey in den Ring stieg, bestand er im stillen Kämmerlein mehr als 100 Schattenkämpfe gegen den Weltmeister. Er sah sich all die alten Filme über Dempseys Kämpfe an, bis er jede einzelne von Dempseys Bewegungen verinnerlicht hatte. Dann ging es ans Schattenboxen. Er stellte sich vor, Dempsey stünde vor ihm. Wenn der imaginäre Dempsey eine bestimmte Bewegung vollführte, übte Tunney den Gegenzug.

Sir Henry Lauder, der berühmte schottische Komiker, gestand einmal, dass er jeden Gag 10 000-mal übte, bevor er ihn in einer Vorstellung brachte. Lauder übte sich also auch im Schattenboxen mit einem imaginären Publikum.

Der Baptistenprediger Billy Graham predigte den Zypressenstümpfen in einem der Sümpfe Floridas, bevor er mit seiner gewinnenden Persönlichkeit Abertausende Menschen in seine Veranstaltungen lockte. Die meisten guten Redner kennen diesen Trick. Die häufigste Form des Schattenboxens bei Rednern ist es, dem eigenen Spiegelbild den Vortrag zu halten. Einer meiner Bekannten stellt sechs bis acht leere Stühle auf, stellt sich vor, dass darauf jemand sitzt, und übt seine Reden vor dieser imaginären Zuhörerschaft.

### Eine lockere Übung bringt bessere Resultate

Als der Golfer Ben Hogan noch regelmäßig in Turnieren antrat, hatte er in seinem Zimmer immer einen Golfschläger. Er übte täglich den perfekten Schwung an einem imaginären Golfball, ganz ohne Druck. Wenn er auf dem Platz stand, spielte er zuerst im Geist den perfekten Schlag durch. Dann verließ er sich auf das »Muskelgedächtnis«, welches für die korrekte Ausführung des Schwungs sorgte.

Manche Sportler trainieren privat mit so wenig Druck wie irgend möglich. Sie lassen keine Presse zum Training zu und weigern sich, über ihr Training Informationen an die Öffentlichkeit zu geben, um sich dem Druck zu entziehen. Alles wird so gehandhabt, dass Training und Übung so entspannt wie nur menschenmöglich ablaufen. Das Resultat: Wenn sie im Wettkampf stehen, wenn das Spiel läuft, scheinen sie buchstäblich keine Nerven zu haben. Sie sind zu »menschlichen Eiszapfen« geworden, gegen jeden Druck immun. Sie kümmern sich nicht mehr um ihre Leistung, sondern verlassen sich auf das Muskelgedächtnis, das die erlernten Abläufe automatisch regelt.

Die Technik des »Schattenboxens«, des »Übens ohne Druck« ist so einfach, dabei sind die Ergebnisse so überzeugend, dass man sie schon mit Zauberei verglichen hat.

Ich erinnere mich noch gut an eine Dame der Gesellschaft, die sich bei festlichen Anlässen jahrelang unter Druck gefühlt hatte. Nachdem sie das Schattenboxen geübt hatte, schrieb sie mir:

> *Ich habe den »großen Auftritt« in meinem leeren Wohnzimmer wohl gut hundert Mal geübt. Ich durchmaß den ganzen Raum, reichte unzähligen imaginären Gästen die Hand und lächelte. Zu jedem sagte ich ein paar nette Worte, was ich auch tatsächlich laut tat. Dann bewegte ich mich zwischen den Gästen, plauderte ein wenig da und dort. Ich übte mich im anmutigen Gehen, Sitzen, Reden und strahlte Selbstsicherheit aus.*
>
> *Ich kann Ihnen gar nicht sagen, wie glücklich ich war – und ehrlich gesagt auch überrascht –, als ich mich beim Ball zum ersten Mal richtig wohlfühlte. Ich war entspannt und gelassen. Es kam auch zu*

*Situationen, die ich so nicht vorhergesehen hatte, aber ich meisterte sie großartig. Mein Mann ist sicher, dass Sie mit mir irgendwelchen Hokuspokus angestellt haben.*

Die Resultate, die Sie erzielen können, wenn Sie nur in einem Stuhl sitzen und Ihrer Vorstellungskraft freien Lauf lassen, sind phänomenal. Aber es lohnt sich, sich auch folgendes Motto von Dr. Maltz zu eigen zu machen: »Die Technik des ›Schattenboxens‹, des ›Übens ohne Druck‹ ist so einfach, dabei sind die Ergebnisse so überzeugend, dass man sie schon mit Zauberei verglichen hat.« Ich persönlich finde nicht, dass »Zauberei« hier übertrieben ist. Ich habe diese Technik vielen Menschen beigebracht, die nie geboxt oder eine andere Form des Kampfsports betrieben haben: Vertretern, Musikern, Malern, Schriftstellern und Menschen, die einfach nur gesünder leben wollten. Alle haben sie effektiv für sich nutzen können.

### Schattenboxen ist gut für den Selbstausdruck

Und »Ausdruck« meint hier wirklich »nach außen gehen«, sich zu zeigen, die eigene Kraft wirken zu lassen. Ebenso wie Hemmung »abwürgen« und »einschränken« bedeutet. Selbstausdruck heißt, dass wir die Kräfte, Talente und Fähigkeiten des Selbst in die Außenwelt bringen. Sie knipsen Ihr Licht an und lassen es leuchten. Selbstausdruck ist eine Ja-Reaktion, die Hemmung eine Nein-Reaktion. Diese würgt den Selbstausdruck ab und löscht oder verdunkelt Ihr Licht.

Beim Schattenboxen üben Sie den Selbstausdruck ohne hinderliche Faktoren. Sie lernen die richtigen Bewegungen. Sie bilden eine »kognitive Karte«, die sich Ihrem Gedächtnis einprägt. Und zwar eine allgemeine, breit angelegte, veränderbare Karte. Im Krisenfall, wenn Sie einer Bedrohung gegenüberstehen, dann können Sie darauf ruhig und gelassen reagieren. Die Übung überträgt sich auf Ihre Muskeln, Ihre Nerven und Ihr Gehirn. Und weil Sie all das ohne jeglichen Druck gelernt haben, sind Sie der Situation gewachsen. Sie können improvisieren und spontan handeln. Gleichzeitig vermittelt Ihnen das Schattenboxen ein geistiges Bild von sich selbst – wie Sie korrekt und erfolgreich agieren. Die gespeicherte Erinnerung an dieses erfolgreiche Selbstbild versetzt Sie in die Lage, eine bessere Leistung zu erbringen.

## Trockenübungen sind das Geheimnis erfolgreicher Schützen

Ein Neuling am Schießstand macht häufig folgende Erfahrung: Er hält die Waffe sicher und ohne zu zittern in der Hand – bis er schießen will. Zielt er mit der ungeladenen Waffe, dann ist seine Hand sicher. Ist die Waffe geladen und er feuert, dann setzt der Intentionstremor ein. Der Lauf tanzt unaufhörlich auf und ab, so ähnlich wie die Hand das tut, wenn wir versuchen, einen Faden in ein Nadelöhr zu bekommen (siehe Kapitel 11).

Daher empfehlen fast alle Schießsportlehrer Trockenübungen, um dieses Problem abzustellen. Der Schütze legt an und zielt in aller Ruhe. Dann feuert er auf eine weit entfernte Scheibe, ohne wirklich zu schießen. Er achtet genau darauf, wie er die Waffe hält, wie er den Abzug betätigt. Diese guten Angewohnheiten lernt er ohne allen Druck. Der Intentionstremor bleibt aus, weil er nicht unbedingt gut sein möchte, weil er nicht ans Resultat denkt. Nach Tausenden solcher Trockenübungen kann der Anfänger auch mit der geladenen Waffe richtig zielen und feuern, weil er die gleiche Geisteshaltung hat wie während der Übung und die gleichen, ruhigen Bewegungen ausführt.

Ein Freund von mir lernte auf diese Art das Wachtelschießen. Obwohl er beim Tontaubenschießen immer gut war, hatte er Probleme damit, auf eine Wachtel zu schießen, weil diese voller Angst aufschreien, wenn sie in die Luft geschossen werden. Und natürlich wollte er auch gute Resultate erzielen, was ihn noch mehr behinderte. Beim nächsten Schießen verwendete er eine ungeladene Waffe. Er war kein bisschen übermotiviert, weil er ja sowieso nichts hätte schießen können. An jenem Tag »schoss« er gut 20 Wachteln. Nach seinen ersten sechs Versuchen fiel jede Nervosität von ihm ab. Seine Kameraden dachten schon, er sei nicht ganz auf dem Damm. Aber am nächsten Tag tilgte er die »Schmach«. Er tötete mit 17 Schuss 15 Wachteln. Von den ersten acht Schuss war jeder ein Treffer![21]

21 A. d. Ü.: Beim Wachtelschießen werden per Knopfdruck Vögelchen aus einem speziellen Apparat ausgespuckt. Aus einem mit einer Triebfeder ausgestattetem Rohr werden die Tiere mit Druck in die Luft katapultiert. Noch bevor sie die Flügel ausgebreitet haben, fallen die meisten von ihnen von Schrotkugeln getroffen wieder herunter. Diese Tradition ist heutzutage nicht mehr üblich und verboten.

## Schattenboxen hilft Ihnen, den Ball richtig zu schlagen

Vor nicht allzu langer Zeit habe ich am Sonntag mal einen Freund besucht, der in einem Vorort von New York lebte. Sein zehnjähriger Sohn träumte davon, ein guter Baseballspieler zu werden. Auf dem Feld war er gut, aber er traf den Ball einfach nicht. Immer wenn sein Vater ihm einen Ball zuwarf, erstarrte der Junge förmlich und schlug meilenweit daneben. Also probierte ich etwas aus: »Du bist so sehr darauf aus, den Ball zu treffen, und hast so viel Angst, dass das misslingt, dass du den Ball gar nicht richtig erkennen kannst.« Die ganze Anspannung, die Angst, all das wirkte sich auf seine Wahrnehmung und seine Reflexe aus – seine Armmuskulatur führte die Befehle des Gehirns einfach nicht aus.

»Während der nächsten zehn Würfe versuchst du bitte erst gar nicht, den Ball zu treffen«, sagte ich. »Lass es einfach. Du lässt das Schlagholz auf der Schulter ruhen, aber du beobachtest den Ball genau. Lass ihn nicht aus den Augen, von dem Moment an, in dem dein Vater ihn wirft. Stell dich locker hin und sieh zu, wie der Ball an dir vorbeigeht.«

Nach zehn Versuchen riet ich ihm: »Jetzt schaust du zu, wie der Ball an dir vorbeifliegt. Du hältst das Schlagholz auf der Schulter, aber du malst dir aus, wie du den Ball triffst – hundertprozentig und todsicher.« Danach bat ich ihn, sich dieses Gefühl zu merken und den Ball weiterhin zu beobachten. Dann solle er den Schläger seinen Weg nehmen und den Ball treffen lassen. Ohne zu versuchen, ihn hart zu schlagen. Danach traf der Junge den Ball mühelos. Nach einigen lockeren Versuchen traf er den Ball so hart, dass der meilenweit flog. Und ich hatte einen Freund fürs Leben gewonnen.

## Der Vertreter, der sich im »Nicht-Verkaufen« übte

Die gleiche Technik können Sie auch als Verkäufer, Lehrer oder Geschäftsführer anwenden. Ein junger Vertreter erzählte mir, dass er immer zur Salzsäule erstarre, sobald es um den Abschluss des Geschäfts ging. Er hatte immer Schwierigkeiten, eine Lösung für potenzielle Probleme des Kunden zu finden. »Wenn ein möglicher Käufer mein Produkt kritisiert, fällt mir einfach nichts ein, was ich dazu sagen könnte. Später kommen mir all die guten Ideen, wie ich auf den Einwand hätte reagieren können.«

Ich erzählte ihm vom Schattenboxen und dem Jungen, der gelernt hatte, beim Baseball den Ball zu treffen, während das Schlagholz sicher auf seiner Schulter ruhte. Ich erklärte ihm, dass die Kunst der Ballannahme – oder der schlagfertigen Antwort – eine Sache von Reflexen sei. Der automatische Erfolgsmechanismus muss angemessen und automatisch reagieren. Zu viel Anspannung, übermäßige Motivation, das Schielen auf die Resultate behindern diesen Mechanismus. »Die richtigen Antworten fallen Ihnen später ein, weil Sie da entspannt sind und der Druck weggefallen ist. Ihr Problem ist also, dass Sie nicht schnell und spontan auf die Einwände Ihrer Kunden reagieren können. Anders ausgedrückt: Sie treffen den Ball nicht, den der Kunde Ihnen zuspielt.«

Ich empfahl ihm, zuerst einige imaginäre Gespräche zu führen. Sich auszumalen, wie er den Raum betritt, sich dem Kunden vorstellt, sein Produkt präsentiert – und dann jeden möglichen, noch so verrückten Einwand vorwegzunehmen und darauf laut zu antworten. Dann solle er üben »mit dem Schlagholz auf der Schulter«, aber an einem realen Kunden. Er sollte mit der »ungeladenen Waffe« ins Gespräch gehen, das heißt seine Erwartungen außen vor lassen. Sinn und Zweck des Gesprächs sei nicht der Verkauf. Er solle sich damit zufriedengeben, nichts zu verkaufen. Es solle nur um die Einübung des Verkaufsgesprächs gehen – ohne Munition, das Schlagholz auf der Schulter.

Seinen eigenen Worten zufolge »wirkte das Schattenboxen Wunder«.

Ich selbst verwendete die Technik, als ich als junger Medizinstudent Operationen an Leichen übte. Diese Übungen ohne jeden Druck vermittelten mir nicht nur die nötige Technik. Der künftige Chirurg in mir lernte dabei innere Ruhe, klares Denken und Besonnenheit. Lauter Dinge, die ich auf diese Weise in einer Situation einüben konnte, in der es nicht um Leben und Tod ging.

### Wie Sie Ihre »Nerven« für sich einspannen können

Der Begriff »Krise« stammt vom griechischen *krisis* ab, was so viel bedeutet wie »Entscheidung« oder »entscheidende Wendung«.

Eine Krise ist eine Weggabelung. Auf der einen Seite die Aussicht auf Verbesserung – auf der anderen die Möglichkeit, vom Regen in die Traufe zu kommen. In der Medizin bezeichnen wir einen Wendepunkt als Krise: Entweder verschlechtert sich der Zustand des Patienten und er stirbt. Oder er verbessert sich und der Patient bleibt am Leben.

Jede Krise bietet also zwei Wege. Der Spieler, der kurz vor dem Abpfiff der Verlängerung an den Elfmeterpunkt geht, wird entweder zum Helden oder zum großen Verlierer des Spiels.

Hugh Casey war einer der erfolgreichsten und ruhigsten Einwechsel-Pitcher aller Zeiten. Als man ihn fragte, was in seinem Kopf vorging, wenn er in einer kritischen Situation ins Spiel kam, meinte er:

»Ich denke immer daran, was ich machen und bewirken will. Ich denke nicht darüber nach, was mein Gegner machen könnte oder was mit mir passiert.« Er konzentriere sich immer auf das, was passieren solle, und habe auch das Gefühl, dass er das zustande bringen könne. Und üblicherweise geschah das dann auch.

Diese Haltung ist in jeder Krise entscheidend. Wenn wir diese proaktive Haltung beibehalten und gefasst in Krisen gehen, dann wird die kritische Lage zum Stimulans und wir können auf ungeahnte Kräfte zurückgreifen.

Vor einigen Jahren brachten die Zeitschriften eine Geschichte über einen wahren Alltagshelden. Er schaffte, was zwei Abschleppwagen und mehrere Männer nicht hinbekamen. Er hob ein verunglücktes Auto an und befreite den eingeklemmten Fahrer. Mit bloßen Händen riss er das Bremspedal ab, in dem sich der Fuß des Fahrers verfangen hatte. Und er löschte die Flammen auf dem Karosserieboden ebenfalls mit bloßen Händen. Als man nach dem Unfall den »Riesen« endlich aufgespürt hatte, stellte sich heraus, dass er gar kein Riese war. Charles Dennis Jones war 1,90 Meter groß und wog 99 Kilo. Seine Erklärung für diese außerordentliche Leistung lautete: »Ich hasse Feuer.« 14 Monate vor dem Unglück war seine acht Jahre alte Tochter bei einem Feuer ums Leben gekommen, das Jones' Haus dem Erdboden gleichmachte.

Ich kenne einen großen, eher dünnen Mann, der ein ganzes Klavier auf der Schulter aus seiner Wohnung trug, drei Stufen hinab und über den Gehsteig mit dem 10 Zentimeter hohen Randstein zu der Rasenfläche gegenüber von seinem Haus, das in Flammen stand. Als das Klavier geliefert worden war, hatte es sechs Mann gebraucht, um es ins Haus zu tragen. Aber in der Krise trug ein sehr dünner Mann das kostbare Instrument heraus.

### 2. Krisen verleihen ungeahnte Kräfte

Der Neurologe J. A. Hadfielt führte eine umfassende Studie zu jenen außerordentlichen – körperlichen, geistigen, emotionalen und spirituellen – Kräften durch, die gewöhnlichen Menschen in Zeiten der Krise plötzlich zufließen.

»Es grenzt an ein Wunder, wie uns ganz normalen Menschen in Notzeiten fantastische Kräfte erwachsen«, sagte er. »Wir leben ein einfaches Leben und schrecken vor schwierigen Aufgaben zurück, bis wir dazu gezwungen werden oder uns dafür entscheiden. Und plötzlich entwickeln wir ungeahnte Kräfte. Im Angesicht der Gefahr werden wir mutig. Wir halten auch dauerhafte Belastungen gut aus. Wenn die Katastrophe dann eintritt, die wir so lange gefürchtet haben, dann verspüren wir plötzlich die Stärke, mit ihr fertigzuwerden. Die Erfahrung lehrt, dass wir, wenn große Anforderungen auf uns warten, die Kraft entwickeln, diesen zu begegnen, wenn wir *die Herausforderung furchtlos annehmen und diese Kraft vertrauensvoll zulassen.* Jede Gefahr, jede Schwierigkeit bringt ihre eigene Stärke hervor. Wie deine Tage, so deine Kraft.«

Das Geheimnis liegt also in folgender Haltung: furchtlos die Herausforderung annehmen und die Kraft vertrauensvoll zulassen.

Das bedeutet: eine proaktive, zielorientierte Einstellung, nicht eine, die sich der Herausforderung verweigert: *Ganz egal, was passiert, ich kann damit umgehen.* Oder: *Ich schaffe das.* Und nicht: *Ich hoffe, es passiert nichts.*

### Behalten Sie Ihr Ziel im Auge

Der Kernpunkt dieser proaktiven Einstellung ist die Zielorientierung. Behalten Sie Ihr Ziel im Auge. Sie werden die Krise meistern, um Ihr Ziel zu erreichen. Sie behalten Ihr ursprüngliches, positives Ziel bei und lassen sich durch Nebensächlichkeiten nicht ablenken – den Wunsch davonzulaufen, sich zu verstecken, der Krise zu entfliehen. Oder in den Worten von William James: Ihre Haltung ist die des Kämpfers und nicht die des ängstlich Fliehenden.

Wenn Sie das schaffen, wird die Krise zum Stimulus, *der Ihnen zusätzliche Kräfte verleiht*, damit Sie an Ihr Ziel gelangen.

Prescott Lecky, der Autor von *Self-Consistency: A Theory of Personality*, geht davon aus, dass Emotionen den Zweck haben, uns »verstärkte Kräfte« zu verleihen. Sie sind kein Anzeichen von Schwäche. Er glaubte ohnehin, dass es nur eine grundlegende Emotion gäbe – die »Erregung« – und dass diese sich in Angst, Wut, Mut oder anderen Empfindungen äußere, je nachdem, welche inneren Ziele uns gerade antreiben – ob wir nun ein Problem ausfechten oder lieber davonlaufen oder gar es beseitigen wollen. »Das eigentliche Problem«, so Lecky, »ist nicht, Gefühle zu kontrollieren, sondern die Entscheidung, welche Tendenz nun emotional verstärkt werden soll.«

Ist es Ihre Absicht, Ihr Haltungsziel, vorwärtszukommen und das Beste aus der Krisensituation zu machen beziehungsweise trotz der Krise am Ende zu den Siegern zu gehören, dann wird die Erregung, die diese Situation auslöst, diese Tendenz *verstärken*. Sie wird Ihnen mehr Mut, mehr Energie für Ihren Weg verleihen. Verlieren Sie aber Ihr ursprüngliches Ziel aus den Augen und Ihr Haltungsziel ist es, vor der Krise davonzulaufen oder sie zu vermeiden – dann wird auch die Tendenz wegzulaufen verstärkt und Sie werden Angst und Anspannung empfinden.

### Verwechseln Sie Erregung nicht mit Angst

Viele Menschen machen den Fehler, ihre Erregung für Furcht und Angst zu halten. Sie nehmen sie als Beweis dafür, dass sie der Krise nicht gewachsen sind.

Jeder normale Mensch, der intelligent genug ist, um eine Krisensituation zu verstehen, wird, wenn er mit ihr konfrontiert ist, »Erregung« oder »Nervosität« verspüren. Solange Sie diese Erregung nicht auf ein Ziel lenken, ist diese Erregung weder Angst noch Nervosität, weder Mut noch Selbstvertrauen oder irgendetwas anderes als ein erhöhter emotionaler Druck im Kessel. Sie ist *kein* Zeichen von Schwäche, sondern signalisiert nur, dass da zusätzliche Energie ist, die Sie *nach Belieben* einsetzen können. Jack Dempsey war vor jedem Kampf so nervös, dass er sich nicht mal rasieren konnte. Die Erregung war so immens, dass er nicht still sitzen oder stehen konnte. Aber er interpretierte diese Erregung nicht fälschlich als Angst. Er *beschloss* nicht, deswegen vor dem Kampf wegzulaufen. Er machte weiter und nutzte die Erregung, um noch mehr Wucht in seinen Schlag zu legen.

Erfahrene Schauspieler kennen dieses Gefühl der Erregung vor der Vorstellung und halten sie für ein gutes Zeichen. Viele von ihnen versetzen sich bewusst in diesen Zustand, bevor sie auf die Bühne gehen. Und auch gute Soldaten empfinden vor dem Kampf massive Erregung.

Selbst beim Wetten setzen manche Menschen auf das Pferd, das vor dem Start am aufgeregtesten ist. Auch die Trainer wissen, dass ein nervöses Pferd auf dem Platz bessere Ergebnisse bringt. Ein schöner Begriff dafür ist »temperamentvoll«, denn das lateinische *temperamentum* verweist auf das »rechte Maß«.

Vor nicht allzu langer Zeit traf ich im Flugzeug einen Mann, den ich schon mehrere Jahre nicht mehr gesehen hatte. Im Laufe des Gesprächs fragte ich ihn, ob er immer noch so viele Vorträge halte wie früher. Ja, meinte er. Er habe sogar den Beruf gewechselt, damit er öfter Reden halten könne, was er mittlerweile fast jeden Tag tat. Da ich seine Begeisterung dafür kannte, antwortete ich, es sei doch wunderbar, dass sich das mit seiner Arbeit vereinbaren lasse. »Ja, einerseits schon«, entgegnete er. »Andererseits auch wieder nicht. Ich halte nicht mehr so viele wirklich gute Reden wie früher. Ich spreche so oft vor Menschen, dass das für mich fast ein alter Hut ist. Ich spüre einfach dieses Kribbeln nicht mehr, wenn ich aufs Podium komme. Und das hat mir immer signalisiert, dass ich gut sein werde.«

Manche Menschen sind so aufgeregt während einer schriftlichen Prüfung, dass sie nicht mehr klar denken oder einen Stift halten können. Andere sind unter denselben Umständen so erregt, dass sie sich besser erinnern als je zuvor – ihr Geist funktioniert schneller und klarer als üblich. Ihr Erinnerungsvermögen ist geschärft. Es ist also nicht die Erregung an sich, die den Unterschied ausmacht, sondern die Art, *wie sie eingesetzt wird.*

### 3. Was kann schlimmstenfalls passieren?

Viele Menschen neigen dazu, die negative Seite einer Krisensituation zu übertreiben. Wir setzen unsere Vorstellungskraft gegen uns selbst ein und machen aus einer Mücke einen Elefanten. Oder wir nutzen unsere Vorstellungskraft überhaupt nicht, um zu »sehen«, was uns in einer bestimmten Situation tatsächlich droht, weil wir uns automatisch und gewohnheitsmäßig so verhalten, *als wäre* jede kritische Angelegenheit eine Sache auf Leben und Tod.

Angesichts einer realen Krise brauchen Sie eine ordentliche Portion Erregung, um sie zu meistern. Diese Erregung kann uns in Krisensituationen höchst nützlich sein. Doch wenn Sie die Gefahr oder die Schwierigkeiten übertreiben beziehungsweise auf falsche, verzerrte und unrealistische Informationen reagieren, dann bauen Sie viel mehr Erregung auf, als die Situation erfordert. Da die reale Bedrohung wesentlich geringer ist, als Sie denken, können Sie diese Erregung auch nicht zu Ihrem Vorteil einsetzen. Sie können sie nicht in kreatives Handeln überführen. Sie bleibt Ihnen erhalten und macht Sie nervös. Ein solcher Überschuss an emotionaler Erregung ist eher schädlich, einfach weil er unangemessen ist.

Der Philosoph und Mathematiker Bertrand Russell berichtet von einer Technik, die er selbst zu seinem Vorteil eingesetzt hat, um ein Zuviel an Erregung wieder abzubauen: »Wenn Unheil droht, ist es ratsam, sich ernsthaft und bedacht zu überlegen, was im schlimmsten Fall eintreten könnte. Hat man sich das möglicherweise bevorstehende Missgeschick genau ausgemalt, dann suche man nach triftigen Gründen, aus denen es alles in allem doch nicht gar so furchtbar ist. Solche Gründe gibt es immer, da selbst im allerschlimmsten Falle nichts, was uns persönlich geschieht, irgendeine kosmische Bedeutung hat. Sobald man eine Zeitlang den schlimmsten Ausgang in Ruhe überdacht hat und mit aufrichtiger Überzeugung zu dem Schluss gekommen ist, dass er schließlich doch nicht von so ungeheurer Bedeutung ist, wird man finden, dass die Selbstquälerei in ganz erstaunlichem Grade nachlässt. Vielleicht ist es nötig, den Prozess ein paarmal zu wiederholen, wenn man aber bei der Ausmalung des schlimmsten Verlaufes keine der möglichen Folgen aus Feigheit übergangen hat, wird schließlich das Grübeln ganz aufhören und an seine Stelle eine Art überlegender Heiterkeit treten.«[22]

### Wie Carlyle zu mehr Mut fand

Thomas Carlyle hat sich dieselbe Methode zu eigen gemacht, um ein »dauerhaftes Nein« in ein »ewiges Ja« zu verwandeln. In einer Zeit tiefster seelischer Verzweiflung schrieb er: »Mein Leitstern war verloschen, in diesem lodernden Flammenhimmel schien mir kein Stern ... Das Universum war eine gewaltige, tote, maßlose Dampfmaschine, die in tödlicher Gleichgültigkeit über mich dahinrollte und mir Arme und Beine zerquetschte.« Dann tauchte auf einmal mitten in dieser seelischen Finsternis ein neues Licht auf:

> *Und ich fragte mich: »Wovor hast du denn Angst? Wovor versteckst du dich wie ein Feigling, in wessen Angesicht wimmerst du? Verachtenswerter Zweibeiner! Was ist denn das Schlimmste, das dir zustoßen könnte? Der Tod? Nun gut, der Tod. Und vielleicht noch das Tal der Menschenopfer und alles, was Mensch und Teufel dir noch antun wollen oder können! Hast du keinen Mumm? Kannst du all das nicht auf dich nehmen? Kannst du denn nicht als Kind der Freiheit das Tal der Opfer in den Staub treten, auch wenn es dich unterzukriegen ver-*

22 Bertrand Russell, *Die Eroberung des Glücks*, Berlin 2019, S. 54f.

*sucht? Lass es kommen: Ich will mich ihm entgegenstellen und es besiegen!«*

*Und während ich das noch dachte, züngelte ein loderndes Feuer in meiner Seele auf, und ich wies die verächtliche Angst auf immer von mir. Ich war stark, eine ungeahnte Stärke bemächtigte sich meiner, ein Geist, ja beinahe ein Gott. Von diesem Moment an war mein Elend besiegt: Weder Furcht noch wimmernde Sorge kam mir noch an. Ich loderte vor Empörung und funkelndem Kampfgeist.*

Sartor Resartus

Russell und Carlyle sagen uns, wie wir eine proaktive, zielorientierte und selbst gewählte Einstellung beibehalten können, auch wenn es zu sehr realen Gefahren und Bedrohungen kommt.

### Kampf gegen Windmühlen?

Leider lassen sich viele Menschen von kleinen oder imaginären Bedrohungen von ihrem Kurs abbringen, weil sie diese als Frage von Leben und Tod ansehen.

Jemand hat einmal gesagt, die Hauptursache für Magengeschwüre sei der Kampf gegen Windmühlen!

Ein Vertreter, der unmittelbar vor einem Abschluss steht, verhält sich so, als hinge davon sein Leben ab.

Eine Debütantin vor dem ersten Ball empfindet dies, als müsse sie vor Gericht um ihr Leben kämpfen.

Und die meisten Menschen haben bei Vorstellungsgesprächen buchstäblich »Todesangst«.

Möglicherweise stammt dieses Gefühl noch aus grauer Vorzeit, als unsere Ahnen jedes Scheitern tatsächlich mit dem Leben bezahlten.

Doch egal, woher es kommt, die Erfahrung meiner Patienten zeigt mir, dass sich dieses Gefühl abstellen lässt, wenn man die Situation nur ruhig und rational analysiert. Fragen Sie sich: »Was kann denn schlimmstenfalls passieren, wenn ich scheitere?« Und reagieren Sie nicht automatisch, blind und irrational.

### Was haben Sie zu verlieren?

Sehen Sie genau hin: Sie werden feststellen, dass die meisten sogenannten Krisensituationen keine Angelegenheit auf Leben und Tod sind, sondern *Chancen*, bei denen Sie entweder vorwärtskommen oder an dem Punkt stehen bleiben, wo Sie momentan stehen. Was ist das Schlimmste, was dem Vertreter passieren kann? Er wird entweder den Auftrag bekommen, was seine Situation verbessert, oder er bekommt ihn nicht und steht nicht schlechter da als vor dem Besuch beim Kunden. Der Arbeitssuchende bekommt die Stellung oder bekommt sie nicht. Wenn er sie nicht bekommt, hat sich seine aktuelle Lage nicht verschlechtert. Und das Schlimmste, was der Debütantin passieren kann, ist, dass man sie genauso wenig kennt wie vorher und dass sie in ihrem sozialen Umfeld kein großes Aufsehen verursacht.

Nur wenige Menschen begreifen, wie wichtig dieser Wandel der Einstellung ist. Ein Vertreter, den ich kenne, hat seine Einkünfte verdoppelt, seit er nicht mehr panisch auf die Resultate seiner Verkaufsgespräche schielt und sich einredet, dass für ihn alles von diesem einen Gespräch abhängt. Stattdessen sagt er sich nun: »Ich habe alles zu gewinnen und nichts zu verlieren.«

Der Schauspieler Walter Pidgeon erzählte mir mal, dass sein erster öffentlicher Auftritt das absolute Fiasko war. Er hatte Todesangst auf der Bühne. Aber zwischen den Akten sagte er sich, dass er ja schon gescheitert war. Er hatte also nichts mehr zu verlieren. Wenn er seinen Beruf ganz aufgäbe, wäre er als Schauspieler ein absoluter Versager. Er musste sich daher vor dem nächsten Auftritt keine Sorgen mehr machen. Also ging er voll entspannt in den zweiten Akt – und riss das Publikum zu Beifallsstürmen hin.

Vergessen Sie eines nicht: Der entscheidende Schlüssel in jeder Krisensituation sind *Sie* selbst. Lernen und üben Sie die in diesem Kapitel vorgestellten Techniken. Dann werden Sie, wie viele hundert andere Menschen, lernen, wie Sie Krisen konstruktiv nutzen können, indem Sie sie in einzigartige Chancen verwandeln.

## Wichtige Erkenntnisse

Füllen Sie diese Zeilen bitte aus.

1. ______________________________

2. ______________________________

3. ______________________________

4. ______________________________

5. ______________________________

## Meine eigene Fallgeschichte

Schreiben Sie eine Erfahrung aus Ihrer Vergangenheit auf, für die die hier vorgestellten Prinzipien eine schlüssige Erklärung liefern.

# 14

# WIE SIE SICH DAS GEWINNERGEFÜHL ANEIGNEN

Ihr automatischer kreativer Mechanismus ist teleologisch. Das heißt, er arbeitet auf Ziele und Ergebnisse hin. Sobald Sie ihm ein Ziel vorgeben, können Sie sich darauf verlassen, dass seine Automatik Sie zu diesem Ziel führt, und zwar besser, als *Sie* das je durch bewusstes Denken schaffen würden. *Sie* liefern das Ziel, indem Sie sich das Endergebnis vorstellen. Ihr automatischer Mechanismus liefert die Mittel und Wege. Wenn es nötig ist, dass Ihre Muskeln dazu beitragen, wird der automatische Mechanismus sie genauer und feiner steuern, als Sie das durch Ihr Denken könnten. Brauchen Sie hingegen Ideen, wird er Ihnen diese eingeben.

## Denken Sie in Möglichkeiten

Aber damit das passiert, müssen *Sie* das Ziel vorgeben. Und damit das vorgestellte Ziel Ihren kreativen Mechanismus aktivieren kann, müssen Sie das Endresultat *als aktuelle Möglichkeit ansehen*. Die *Möglichkeit* seiner Verwirklichung muss Ihnen so plastisch vor Augen stehen, dass das Ergebnis für Ihr Gehirn und Ihr Nervensystem »real« wird. So real, dass es mit den gleichen Empfindungen reagiert, wie Sie sie haben würden, wäre das Ziel schon erreicht.

Das ist nicht so schwierig oder geheimnisvoll, wie es auf den ersten Blick klingt. Sie und ich machen das an jedem einzelnen Tag unseres Lebens. Worum drehen sich denn beispielsweise unsere Sorgen? Um mögliche unangenehme Erfahrungen in der Zukunft, die bei uns Gefühle der Angst, Unzulänglichkeit oder gar Demütigung auslösen. Wir erleben diese Gefühle so intensiv, als hätten wir diese negative Erfahrung schon gemacht. Wir malen uns unsere Misserfolge aus, und zwar nicht vage und nebulös, sondern sehr lebendig und in allen Einzelheiten. Wir spielen diese Bilder wieder und wieder durch. Wir durchstöbern das Archiv unserer Erinnerungen nach Fehlschlägen und Pleiten.

Wissen Sie noch, was wir zu diesem Thema gesagt haben? Ihr Gehirn und Ihr Nervensystem können nicht unterscheiden zwischen einer realen Erfahrung und einer *lebhaft vorgestellten*. Unser automatischer kreativer Mechanismus reagiert stets angemessen auf unser Umfeld, unsere Umstände und unsere Situation. Und die einzige Information, die er darüber hat, ist das, *was Sie für die Wahrheit über Ihr Umfeld halten*.

## Ihr Nervensystem kann nicht zwischen realem und vorgestelltem Scheitern unterscheiden

Wenn wir also auf unseren Fehlleistungen herumkauen und sie so lebhaft imaginieren, dass sie für unser Nervensystem *real* werden, dann stellen sich automatisch jene Gefühle ein, die mit Misserfolgen verbunden sind.

Behalten wir andererseits unser positives Ziel im Kopf, das wir uns lebhaft ausmalen, und behandeln es so, als wäre es bereits Realität, dann erleben wir das *Gewinnergefühl* mit all seinen Facetten: Selbstvertrauen, Mut und die unerschütterliche Gewissheit, dass uns ein positives Ergebnis erwartet.

Wir können in den kreativen Mechanismus nicht hineinschauen. Wir wissen nicht, ob er auf Erfolg oder Misserfolg programmiert ist. Aber wir können beeinflussen, wie er jetzt im Moment »eingestellt« ist, und zwar über unsere Gefühle. Wenn er Bilder des Erfolgs verarbeitet, erfahren wir dieses »Gewinnergefühl«.

## Wie Sie Ihre Maschinerie auf Erfolg polen

Wenn es eine einfache Methode gibt, um Ihren unbewussten kreativen Mechanismus zu steuern, dann diese: Erwecken Sie das Gefühl des Erfolges und rufen Sie es immer wieder auf, bis Sie es verinnerlicht haben. Wenn Sie sich erfolgreich und selbstsicher fühlen, dann werden

Sie auch so handeln. Ist das Gefühl stark, dann können Sie buchstäblich nichts falsch machen.

Das Gewinnergefühl selbst ist dabei nicht die *Ursache* für Ihren Erfolg. Es zeigt nur einfach an, dass Sie auf Erfolg programmiert sind. Das ist wie bei einem Thermometer: Es »macht« die Raumtemperatur nicht, es misst sie nur. Aber wir können dieses Thermometer praktisch einsetzen. Vergessen Sie nicht: Wenn Sie das Gewinnergefühl in sich verspüren, dann ist Ihre innere Maschinerie auf Erfolg programmiert.

Bemühen Sie sich hingegen bewusst, »spontan« zu sein, ersticken Sie jede Spontaneität im Keim. Es ist viel einfacher und auch wirkungsvoller, wenn Sie sich darauf beschränken, Ihr Ziel oder Endergebnis festzulegen. Schaffen Sie ein möglichst deutliches Bild von sich selbst als »Sieger«. Und dann spüren Sie das *Gefühl*, das Sie haben würden, wenn das erwünschte Ziel schon erreicht wäre. Von dem Moment an können Sie spontan und kreativ handeln, denn Sie nutzen die Macht Ihres Unbewussten. Und Ihre innere Maschinerie wird Sie automatisch zum Erfolg führen: Sie werden die richtigen Bewegungen machen, die nötigen Anpassungen vornehmen. Sie werden kreative Ideen haben und tun, was immer nötig sein mag, um Ihr Ziel zu verwirklichen.

## Wie das Gewinnergefühl ein Golfturnier entschied

Der berühmte Golfer Cary Middlecoff schrieb im *Esquire*, dass das Gewinnergefühl das eigentliche Geheimnis bei Golfturnieren sei. »Vier Tage, bevor ich meinen ersten Schlag bei den Masters vollführte, hatte ich dieses Gefühl: Ich war mir sicher, dass ich gewinnen würde. Das Gefühl, dass jede Bewegung, die ich je gemacht hatte, um meinen Rückschwung zu vervollkommnen, meine Muskeln so trainiert hatte, dass ich den Ball genauso ansprechen konnte, wie ich das wollte. Und auch beim Putten stellte sich dieses tolle Gefühl ein. Ich wusste, dass ich meinen Griff nicht verändert hatte und meine Füße standen wie immer. Aber irgendetwas an meinem Gefühl verband mich ganz konkret mit diesem Cup, als wäre es mir ins Gehirn tätowiert worden. Und mit diesem Gefühl musste ich nur noch meine Schwünge machen, damit die Natur ihren Lauf nehmen konnte.«

Middlecoff meinte weiterhin, das Gewinnergefühl sei das Geheimnis guten Golfspiels, das jedem Spieler zugänglich sei. Und wenn Sie es haben, dann fliegt beziehungsweise läuft der Ball genau dorthin, wo Sie ihn haben wollen. Das habe etwas mit diesem Gefühl von *Dusel* zu tun, das sich uns so leicht entzieht.

Don Larsen, der einzige Pitcher der Major League Baseball, der je in der World Series ein *perfect game* gemacht hat, sagte mal, er habe am Abend zuvor »das verrückte Gefühl gehabt, dass er am nächsten Tag perfekt pitchen würde«.

In den 1950ern feierte man den eher zierlichen Footballspieler Johnny Menger von der Georgia Tech für sein sensationelles Spiel, das so manches wichtige Match entschied. »Als ich an jenem Morgen aufstand, hatte ich das Gefühl, dass heute ein guter Tag werden würde«, sagte Menger.

> Beim Gewinnergefühl geht es nicht nur darum, ein Spiel zu gewinnen oder ein Geschäft an Land zu ziehen. Es geht darum, sich daran zu erinnern, wie es Ihnen geht, wenn Sie der/die Beste sind. Und dieses Gefühl immer wieder aufrufen zu können. Immer wenn Sie dieses Gefühl in sich lebendig werden lassen können und wissen, was Sie getan haben, um erfolgreich zu sein, haben Sie Zugang zu dieser Erfahrung.

## »Es mag schwierig sein, aber es kann klappen.«

Und tatsächlich wirkt dieses Gefühl Wunder. Es kann Hindernisse aus dem Weg räumen und das Unmögliche möglich machen. Es verwandelt Fehler und Probleme in Stufen zum Erfolg. Der Kaufhausmagnat J. C. Penney hörte seinen Vater auf dem Sterbebett sagen: »Jim wird es schaffen.« Von dem Moment an war sich Penney sicher, dass er irgendwie Erfolg haben würde, obwohl er weder Kapital noch Bildung besaß. Penneys Kaufhauskette entstand unter unmöglichen Umständen und Penney selbst erlebte viele entmutigende Momente. Aber wann immer er den Mut zu verlieren drohte, dachte er an die »Prophezeiung« seines Vaters. Und schon stellte sich das »Gefühl« ein, dass er das Problem schon lösen würde.

Schließlich hatte er ein Vermögen gemacht, verlor es aber wieder, und das in einem Alter, in dem die meisten Männer in den Ruhestand gehen. Penney war nun mittellos, nicht mehr der Jüngste und hatte nur wenig, was ihm Hoffnung machte. Aber auch hier erinnerte er sich wieder an die Worte seines Vaters und an das Gewinnergefühl, das ihm mittlerweile zur Gewohnheit geworden war. Er baute sein Vermögen wieder auf und besaß in nur wenigen Jahren mehr Kaufhäuser als je zuvor.[23]

Der Industrielle Henry J. Kaiser meinte einmal: »Wenn es irgendwo eine Herausforderung zu bewältigen gibt, sehe ich mich nach einem Mitarbeiter um, der dem Leben mit Begeisterung und Optimismus begegnet, der dieses Alltagsproblem proaktiv angeht und dabei Mut und Fantasie beweist. Jemand, der seinen Optimismus mit umsichtiger Planung und Fleiß unterfüttert, sich aber gleichzeitig sagt: ›Es mag schwierig sein, aber es kann klappen.‹«

## Wie das Gewinnergefühl Les Giblin zum Erfolg führte

Les Giblin, Autor von *How to have Confidence and Power in Dealing with People,* ist einer der Pioniere der Selbsthilfeliteratur. Er las den ersten Entwurf zu diesem Kapitel gegen und erzählte mir dann, dass in seiner Laufbahn die Vorstellungskraft, gepaart mit dem Gewinnergefühl, Wunder gewirkt hatte.

Les war jahrelang als Vertreter erfolgreich gewesen. Dann wechselte er in die Public Relations, denn man sagte ihm nach, er sei ein Experte auf dem Gebiet der zwischenmenschlichen Beziehungen. Die neue Arbeit gefiel Les, aber er hatte höhere Ziele. Was ihn nämlich am meisten interessierte, waren andere Menschen. Im Laufe langer Jahre hatte er sich schließlich eine gründliche Menschenkenntnis erworben und glaubte, den Leuten bei ihren Problemen mit anderen Menschen helfen zu können. Er wollte Vorträge darüber halten, hatte aber in solchen Dingen keinerlei Erfahrung. Er erzählte mir:

23 A. d. Ü.: Die Penney Company ist während der Corona-Pandemie pleite gegangen.

*Eines Nachts lag ich im Bett und dachte über meinen innigsten Wunsch nach. Meine einzige Erfahrung als Vortragsredner waren Reden vor kleinen Gruppen anderer Vertreter und meine Teilzeittätigkeit als Ausbilder bei der Armee. Allein die Vorstellung, vor Hunderte von Menschen hinzutreten, jagte mir Todesangst ein. Ich konnte mir einfach nicht vorstellen, dass ich das hinbekommen würde. Dabei konnte ich ohne jede Mühe und völlig locker Vorträge vor unseren Vertretern halten. Auch vor Soldaten hatte ich kein Problem mit öffentlichem Sprechen. Als ich da so im Bett lag, erinnerte ich mich lebhaft daran, wie es sich angefühlt hatte, als erfolgreicher Redner vorne am Pult zu stehen. Ich erinnerte mich an all die Kleinigkeiten, die meine Gelassenheit begleitet hatten. Dann stellte ich mir vor, wie ich vor einer großen Menschenmenge einen Vortrag über menschliche Beziehungen hielt – und das gleiche Gefühl der Gelassenheit mich erfüllte. Ich malte mir genau aus, wie ich vor meinem Publikum stehen würde. Ich spürte, wie meine Fußsohlen auf dem Boden auflagen. Ich sah die Gesichter der Menschen vor mir. Ich hörte den Applaus. Ich sah mich, wie ich eine erfolgreiche Rede hielt – die mit einem Paukenschlag zu Ende ging.*

*Irgendetwas machte in meinem Kopf dann klick. Ich war begeistert. In diesem Moment hatte ich das Gefühl, dass es zu schaffen war. Ich hatte das Gefühl des Selbstvertrauens und Erfolgs auf die imaginierten Bilder meiner künftigen Karriere übertragen. Das Erfolgsgefühl war so real, dass mir von nun an klar war, dass ich es schaffen würde. Ich habe das Gewinnergefühl in mir erweckt, und das hat mich seitdem nie mehr verlassen. Obwohl sich damals keine Chancen auftaten und mein Traum unmöglich schien, verwirklichte ich meinen Traum in weniger als drei Jahren – fast genauso, wie ich es mir vorgestellt und empfunden hatte. Da ich damals unbekannt war und keinerlei Erfahrung hatte, wollte mich keine Agentur buchen. Aber das hielt mich nicht ab. Ich buchte mich selbst und tue das heute noch. Ich habe heute mehr Anfragen für Vorträge, als ich halten kann.*

Les Giblin gilt auch heute noch als Experte in Sachen zwischenmenschliche Beziehungen. Sein Buch *How to have Confidence and Power in Dealing with People* ist ein Klassiker geworden. Und all das fing an mit einem Bild in seinem Kopf und mit dem Gewinnergefühl.

## Wie die Wissenschaft das Gewinnergefühl erklärt

Die Wissenschaft der Kybernetik wirft ein ganz neues Licht darauf, wie dieses Gewinnergefühl funktioniert. Wir haben gesehen, wie elektronische Leitsysteme gespeicherte Daten auswerten. Sie sind vergleichbar mit dem menschlichen Gedächtnis, in dem Erinnerungen an erfolgreiches Handeln abgespeichert sind, das wir wiederholen können.

Wenn wir eine neue Fähigkeit erlernen, geschieht das häufig durch Versuch und Irrtum, so lange, bis genügend erfolgreiche Versuche im Gedächtnisspeicher eingetragen sind.

Die Kybernetiker haben eine »elektronische Maus« konstruiert, die ihren Weg durch ein Labyrinth findet. Beim ersten Durchgang macht die Maus noch viele Fehler. Sie stößt ständig gegen Hindernisse. Aber jedes Mal, wenn sie auf ein Hindernis stößt, macht sie eine Wendung um 90 Grad und geht weiter. Stößt sie erneut an, dreht sie sich wieder und setzt ihren Weg fort. Nach vielen, vielen Irrtümern, Hindernissen et cetera hat die Maus ihren Weg durch das Labyrinth gefunden. Die elektronische Maus »erinnert« sich an erfolgreiche Wendemanöver und wiederholt diese beim nächsten Durchgang, bis sie schnell und ohne anzustoßen durch das Labyrinth findet.

Das ist Sinn und Zweck der Übung: Wir versuchen es immer wieder und korrigieren dabei unsere Fehler, bis es endlich klappt. Wenn ein komplett erfolgreiches Handlungsmuster durchlaufen wurde, wird es in seiner Gesamtheit nicht nur im Gedächtnis gespeichert, sondern auch in Muskeln, Nerven und Gewebe. Die Volkssprache ist hier sehr bildhaft. Wenn wir sagen: »Mein Bauchgefühl sagt mir, dass das gut geht«, dann ist das vollkommen korrekt. Wenn Cary Middlecoff sagt: »Irgendetwas an meinem Gefühl verband mich ganz konkret mit diesem Cup, als wäre es mir *ins Gehirn tätowiert* worden«, dann beschreibt er sehr genau, was im menschlichen Geist vor sich geht, wenn wir lernen, uns erinnern oder uns etwas vorstellen.

# Wie Ihr Gehirn Erfolg und Misserfolg abspeichert

Die Neurophysiologen John C. Eccles und Sir Charles Sherridan fanden heraus, dass die Großhirnrinde aus mehreren Milliarden Neuronen besteht. Jedes dieser Neuronen ist durch Axone (»Verlängerungsschnüre«) mit anderen Neuronen verbunden. Die Verbindungsstelle nennt man Synapse. Wenn wir denken, uns erinnern oder uns etwas vorstellen, geben diese Neuronen einen elektrischen Impuls weiter, der gemessen werden kann. Wenn wir etwas lernen oder eine Erfahrung machen, bilden solche Neuronen einen »Pfad« (wie ein Tattoo) im Gehirn. Das ist keine materielle Bahn, sondern eher eine »elektrische Spur«. Diese Pfade, die unser Gehirn durchqueren, sind wie die Magnetmuster auf einem Tonband. Ein und dasselbe Neuron kann Teil verschiedenster solcher Pfade sein. Das menschliche Gehirn hat also grenzenlose Möglichkeiten zum Lernen.

Diese Muster oder »Engramme« werden im Gehirn gespeichert, damit wir später darauf zurückgreifen können. Sie werden reaktiviert, wenn wir uns an eine vergangene Erfahrung erinnern.

In einem Artikel mit dem Titel »The Physiologie of Imagination« (Die Physiologie der Vorstellungskraft) schreibt Eccles im *Scientific American*: »Die Menge der möglichen Verbindungen zwischen den Zellen der grauen Substanz im Gehirn ist unvorstellbar. Sie ist so groß, dass der gesamte Kortex eine Einheit integrierter Aktivität ist. Wenn wir das menschliche Gehirn als Maschine betrachten wollen, dann können wir sagen, dass es bei Weitem die komplizierteste ist, die es gibt. Ja, wir können sogar sagen, dass das menschliche Gehirn komplexer ist als jede vom Menschen geschaffene Maschine wie zum Beispiel Computer.«

Kurz gesagt bestätigt die Wissenschaft, dass es ein solches »Tattoo« im Gehirn gibt, ein neuronales Muster, ein Engramm im Gehirn. Jede einzelne erfolgreiche Aktion, die Sie je durchgeführt haben, ist dort gespeichert. Und wenn Sie den Impuls geben, der dieses Muster reaktiviert und es erneut ablaufen lässt, dann müssen Sie nur noch »den Schläger schwingen« und »der Natur ihren Lauf lassen«.

Wenn Sie Handlungsmuster aktivieren, die sich in der Vergangenheit als erfolgreich erwiesen haben, aktivieren Sie damit auch das Gefühl, das damit verbunden war, das Gewinnergefühl. Und umgekehrt:

Wenn Sie das Gewinnergefühl reaktivieren, rufen Sie damit auch alle erfolgreichen Aktionen ab, von denen es begleitet war.

## Bauen Sie Erfolgsmuster in Ihre graue Substanz ein

Charles William Eliot (1869 – 1909), Präsident der Universität Harvard, hielt eine Rede darüber, was er die »Gewohnheit des Erfolgs« nannte. Viele der Probleme, die sich bei Grundschülern zeigen, gehen darauf zurück, dass man ihnen keine Aufgaben gibt, *die sie bewältigen können.* So haben sie keine Gelegenheit, die »Atmosphäre des Erfolgs« zu schnuppern und das zu entwickeln, was wir das »Gewinnergefühl« nennen. Schüler, die in jungen Jahren keine Erfolge *erlebt* haben, haben keine Chance, die »Gewohnheit des Erfolgs« zu entwickeln – das gewohnheitsmäßige Gefühl des Selbstvertrauens bei jeder neuen Aufgabe. Er bat die Grundschullehrer inständig, ihren Unterricht so zu organisieren, dass die Schüler *Erfolgserlebnisse* haben. Die Aufgaben müssten im Rahmen der Fähigkeiten des Schülers liegen, andererseits interessant genug sein, um Begeisterung und Motivation zu entfachen. Diese kleinen Erfolge, so Eliot, vermittelten den Schülern das »Gefühl des Erfolgs«, das in allen künftigen Unternehmungen ein wertvoller Verbündeter sei.

Auch wir können die »Gewohnheit des Erfolgs« einüben. Wir können jederzeit und in jedem Alter unserer grauen Substanz Erfolgsmuster und -gefühle einprägen, indem wir dem Rat von C. W. Eliot für angehende Lehrer folgen. Lassen wir uns jedoch von Misserfolgen entmutigen, dann gewöhnen wir uns das »Verlierergefühl« an, das von da an alle neuen Unternehmungen eintrübt. Gehen wir unsere Arbeit jedoch so an, dass wir in kleinen Dingen Erfolg haben, so umgeben wir uns mit einer Atmosphäre des Erfolgs, die sich dann auch auf unsere größeren Unternehmungen überträgt. Dann können wir sukzessive immer schwierigere Aufgaben übernehmen, mit denen wir Erfolg haben, um uns am Ende an die ganz großen Projekte zu wagen. Erfolge bauen auf Erfolgen auf. Und es klingt banal, aber es stimmt, wenn der Volksmund sagt, dass nichts so erfolgreich macht wie Erfolg.

## Schritt für Schritt ist die richtige Taktik

Auch Gewichtheber fangen mit Gewichten an, die sie ohne Schwierigkeiten stemmen können, und steigern dann allmählich. Gute Boxmanager geben ihrem Schützling zuerst Kämpfe, die er mit Sicherheit gewinnt, und vereinbaren die schwierigen erst für später. Das gleiche Prinzip lässt sich auf fast alle Projekte anwenden. Es lautet ganz einfach: Fangen Sie mit einem »Gegner« an, dem Sie gewachsen sind. Und wachsen Sie mit Ihren Herausforderungen.

Pawlow, der berühmte Verhaltensforscher, wurde auf dem Sterbebett gefragt, welchen Rat er seinen Studenten in puncto Erfolg geben würde. Er sagte: »Leidenschaft und schrittweises Vorgehen.«

Selbst auf Gebieten, auf denen wir bereits Meister sind, lohnt es sich manchmal, eine Stufe herunterzuschalten, die Latte ein wenig niedriger zu legen und die Dinge lockerer anzugehen. Das gilt vor allem dann, wenn wir feststecken und all unsere Bemühungen uns nicht weiterzubringen scheinen. Wenn wir weiter angestrengt versuchen, dieses Hindernis zu überwinden, dann führt das nur zur Ausbildung einer unerwünschten »Gewohnheit des Sich-Abmühens«. Unter solchen Umständen reduzieren Gewichtheber erst einmal die Gewichte, mit denen sie trainieren. Einem Boxer, dessen Leistung nachlässt, gibt man wieder Sparringspartner, die er mühelos besiegt. Albert Tangora, der jahrelang den Geschwindigkeitsweltrekord für das Tippen auf einer mechanischen Schreibmaschine hielt, meinte ebenfalls, er »schreibe besonders langsam«, also etwa mit halber Geschwindigkeit, wenn seine Leistung sich scheinbar nicht mehr steigern ließ. Ich kenne einen Vertreter, der es genauso macht, wenn er scheinbar keine Verkaufserfolge mehr erzielen kann. Er hört auf, »große Geschäfte« an Land ziehen zu wollen, kümmert sich nicht mehr um »schwierige Kunden«, sondern besucht interessierte Abnehmer.

## Wie Sie Ihre eingebauten Erfolgsmuster wieder aufrufen können

Jeder Mensch war in der Vergangenheit bei irgendeiner Unternehmung schon mal erfolgreich. Das muss kein Riesenerfolg sein. Vielleicht haben Sie sich nur gegen Schulhofschikane gewehrt und dem größten

Rowdy eins aufs Maul gegeben. Oder im Gymnasium einen Wettlauf gewonnen. Oder das Sackhüpfen bei der Betriebsfeier. Oder Sie haben Ihrem schärfsten Rivalen das hübscheste Mädchen weggeschnappt. Vielleicht haben Sie auch ein gutes Geschäft getätigt, einen guten Verkauf. Oder Sie haben bei der örtlichen Landwirtschaftsausstellung den Preis für den besten Biskuit eingeheimst. *Worin* Sie erfolgreich waren, ist längst nicht so wichtig wie das Gefühl, das damit einherging. Es geht hier nur um die Erfahrung, dass Sie geschafft haben, was Sie wollten, Ihr Ziel erreicht haben. Und um die Befriedigung, die sich dabei einstellte.

Gehen Sie im Geist zurück und durchleben Sie diese Erfolgserfahrungen frisch und neu. Rufen Sie das Bild wieder auf, so detailgetreu wie irgend möglich. Sehen Sie vor Ihrem geistigen Auge nicht nur den Erfolg im Allgemeinen, sondern all die Kleinigkeiten, die damit verbunden waren. Was haben Sie gehört? Was haben Sie gesehen? Was geschah sonst noch? Welche Dinge waren in der Umgebung? Welche Jahreszeit war es? Haben Sie gefroren oder geschwitzt? Und so weiter. Je detailgetreuer Sie das Bild aufrufen können, umso besser. Je genauer Sie diesen Moment des Erfolgs wieder aufleben lassen können, desto intensiver meldet sich auch das zugehörige Gefühl. Erinnern Sie sich genau an Ihre Gefühle. Und wenn Sie sich an dieses Gefühl erinnern können, dann können Sie es auch in der Gegenwart erfahren. Sie werden Selbstvertrauen aufkeimen spüren, denn Selbstvertrauen beruht auf Erinnerungen an vergangene Erfolge.

Nun, wo Sie das »allgemeine Erfolgsgefühl« wieder abgerufen haben, richten Sie Ihre Gedanken auf das, was vor Ihnen liegt: Verkauf, Konferenz, Rede, Geschäft, Golfturnier oder was auch immer Sie *jetzt* erfolgreich bewältigen wollen. Setzen Sie Ihre kreative Vorstellungskraft ein und malen Sie sich aus, wie Sie reagieren und sich fühlen würden, *wenn der Erfolg schon da wäre.*

## Positive und konstruktive Sorgen

Fangen Sie an, mit der Idee hundertprozentigen, unvermeidlichen Erfolgs zu spielen. Zwingen Sie sich zu nichts. Versuchen Sie nicht, Ihren Geist in eine Zwangsjacke zu stecken. Anstrengung und Willenskraft nützen hier gar nichts. Machen Sie einfach das, was Sie immer tun, wenn Sie sich Sorgen machen. Nur »sorgen« Sie diesmal für ein positives Ziel und ein erwünschtes Ergebnis. Richten Sie Ihre Gedanken nicht auf negative Resultate.

Und zwingen Sie sich auch nicht zum bedingungslosen Glauben an den erwünschten Erfolg. Das ist ein zu großer Happen. Den können Sie – momentan – noch nicht schlucken. Setzen Sie vielmehr auf die bewährte Salamitaktik. Denken Sie an das Endergebnis so, wie Sie an künftige Sorgen denken. Wenn Sie sich Sorgen machen, versuchen Sie ja auch nicht, sich zu überzeugen, dass das Ergebnis negativ ausfallen wird. Stattdessen gehen Sie schrittweise vor. Sie fangen an mit der »Annahme«: »Nehmen wir mal an, dass dies oder jenes passieren könnte.« Das wiederholen Sie dauernd. Sie »spielen mit der Idee«. Dann kommt die »Möglichkeit«: »Das wäre tatsächlich möglich.« Ja, es *könnte* passieren. Dann kommen die geistigen Bilder dazu. Sie stellen sich vor, wie Sie alle möglichen negativen Situationen erleben. Diese spielen Sie vor Ihrem geistigen Auge wieder und wieder ab, wobei Sie sie jedes Mal ein bisschen mehr ausstaffieren. Je »realer« Ihnen die Bilder vorkommen, desto mehr werden Sie von den ins Bild passenden Gefühlen begleitet, so als wäre das gefürchtete Ereignis bereits eingetreten. So entwickeln sich Ängste und Sorgen.

## Wie Sie Glauben und Mut entwickeln können

Glaube und Mut entwickeln sich auf die exakt gleiche Art und Weise. Nur sind die Ziele andere. Wenn Sie sich unbedingt sorgen wollen, warum sorgen Sie sich nicht konstruktiv? Überlegen Sie als Erstes, was Sie sich am meisten wünschen würden, was für Sie ein erstrebenswertes Ziel wäre, das Sie sich setzen könnten. Wir beginnen mit der Annahme: »Nur mal angenommen, es käme zum Bestmöglichen?« Dann machen Sie sich klar, dass dies wirklich passieren *könnte*. Nicht dass es passieren *wird*, sondern dass es passieren *könnte*. Erinnern Sie sich daran, dass so ein gutes Ergebnis wirklich *möglich* ist.

Diese ersten Schritte hin zu mehr Optimismus zu akzeptieren, verlangt Ihnen keine große Selbstüberwindung ab. Sie betrachten das gewünschte Endergebnis nun definitiv als »im Rahmen des Möglichen liegend«. Daher können Sie beginnen, sich vorzustellen, wie es wäre, wenn es denn einträfe. Gehen Sie diese Bilder immer wieder durch und schärfen Sie die Details entsprechend. Spielen Sie sie immer wieder durch. Ihre mentalen Bilder werden also detailgetreuer, sie werden ständig wiederholt – und schon stellen sich die *zugehörigen Gefühle* ein: Sie fühlen sich so, als wäre das Gewünschte bereits eingetroffen. Dieser Zustand ist gekennzeichnet von Glauben, Selbstvertrauen und Mut – alles zu einem Paket geschnürt, das wir als »Gewinnergefühl« kennen.

## Ihre Ängste sind schlechte Ratgeber

General George Patton, der mutige US-General des 2. Weltkriegs, wurde einmal gefragt, ob er vor einer Schlacht schon einmal Angst empfunden hätte. Ja, sagte er, er habe vor und manchmal auch während eines wichtigen Kampfes häufig Angst. Aber: »Ich mache meine Ängste nicht zu meinen Ratgebern.«

Wenn Sie vor einer wichtigen Unternehmung tatsächlich Misserfolgsgefühle wie Angst und Sorge erleben, wie es jeder Mensch von Zeit zu Zeit tut, dann sollten Sie diese nicht als »sicheres Zeichen« auffassen, dass Sie scheitern werden. Alles hängt letztlich davon ab, wie Sie auf diese negativen Emotionen reagieren und mit welcher Haltung Sie ihnen entgegentreten. Wenn Sie auf sie hören, ihnen gehorchen, sie zu »Ratgebern« machen, dann werden Sie vermutlich eine schlechte Leistung abliefern. Aber das muss ja nicht sein.

Zuerst ist es wichtig zu verstehen, dass Misserfolgsgefühle – Angst, Nervosität, fehlendes Selbstvertrauen – Ihnen nicht vom Himmel gesandt worden sind. Sie stehen nicht in den Sternen. Sie sind nicht die Zehn Gebote. Sie sind nicht »das Schicksal«, das Sie erwartet und ein für alle Mal festgeschrieben ist. Sie entstehen einzig und allein in Ihrem Geist. Sie signalisieren also nur, mit welcher *Geisteshaltung* Sie durchs Leben gehen – und nicht, dass das Schicksal gegen Sie ist. Sie zeigen, dass Sie Ihre Fähigkeiten unterschätzen, die Schwierigkeiten vor Ihrer Nase hingegen überschätzen. Und dass Sie Erinnerungen an vergangenes Scheitern aufrufen, statt an frühere Erfolge zu denken. Das ist alles, was solche Dinge signalisieren beziehungsweise bedeuten. Sie sind keineswegs Vorzeichen von etwas, was sich bewahrheiten wird. Sie zeigen nur, welche innere Einstellung Sie zu einem künftigen Ereignis haben.

Wenn Ihnen das klar ist, haben Sie die Freiheit, diese negativen Misserfolgsgefühle anzunehmen oder abzuschütteln, ihnen zu gehorchen und sie als Ratgeber zu akzeptieren oder sie zu ignorieren und einfach weiterzumachen. Ja, sie können diese Gefühle sogar zu Ihrem Vorteil einsetzen.

## Sehen Sie negative Gefühle als Herausforderung

Wenn wir auf negative Gefühle proaktiv und positiv reagieren, werden sie zu Herausforderungen, die unsere Stärken und Fähigkeiten fördern. Die Vorstellung von Schwierigkeiten und Bedrohungen verleiht uns mehr Kraft, wenn wir aktiv auf diese reagieren. Im letzten Kapitel haben wir gesehen, dass ein gewisses Maß an »Erregung« – wenn korrekt interpretiert und eingesetzt – unsere Leistung tatsächlich verbessert und nicht behindert.

Ob unsere negativen Gefühle sich als Gewinn oder als Belastung herausstellen, hängt allein vom Einzelnen und seiner Einstellung ab. Ein schlagendes Beispiel dafür ist eine Erfahrung, die J. B. Rhine gemacht hat, der das Parapsychology Laboratory an der Duke University gegründet hat. Rhine meint, dass negative Vorstellungen oder Skepsis beim Beobachter die Trefferquote der Versuchspersonen, die eine bestimmte Abfolge von Karten erraten und dadurch ihre telepathischen Fähigkeiten unter Beweis stellen sollten, negativ beeinflussten. Lob und Ermutigung führten zu besseren Ergebnissen, während negative Äußerungen die Testergebnisse mit Sicherheit in den Keller schickten. Mitunter aber gab es auch Versuchspersonen, die solche negativen Äußerungen als Ansporn begriffen und sogar bessere Leistungen ablieferten. So erzielte ein Mann namens Pearce normalerweise bei den Versuchen ein über der Zufallsquote liegendes Ergebnis (5 Richtige von 25 Karten). Rhine beschloss, Pearce herauszufordern, um zu sehen, ob sich dieses Ergebnis noch verbessern ließ. Konkret sah das so aus: Vor jedem Versuch wettete der Versuchsleiter, dass Pearce die nächste Karte nicht richtig erraten würde. »Es war klar, dass das bei Pearce die emotionale Beteiligung steigern würde. Die Wette war nur der Versuch, seine Begeisterung anzufachen«, erklärte Rhine. Und tatsächlich erriet Pearce unter diesen Bedingungen alle 25 Karten richtig!

Die neunjährige Lillian erzielte normalerweise überdurchschnittliche Ergebnisse, wenn nichts auf dem Spiel stand und sie keine Angst vor Fehlern haben musste. Dann machte man ihr ein bisschen »Druck«: Wenn sie alle Karten richtig erriete, würde sie 50 Cents bekommen. Während sie den Test machte, bewegten sich in einem fort ihre Lippen. Lillian hatte alle 25 Karten richtig. Als man sie später fragte, was sie sich denn gesagt hätte, offenbarte sie ihre proaktive, positive Reaktion auf die Wette: »Ich habe mir die ganze Zeit gewünscht, dass ich alle 25 schaffen würde.«

## Reagieren Sie proaktiv auf Ihre negativen Ratgeber

Jeder von uns kennt Menschen, die sich ins Bockshorn jagen lassen, weil andere ihnen sagen, dass sie etwas nicht schaffen könnten. Andererseits gibt es da Leute, die unter solchen Bedingungen erst zur Höchstform auflaufen. Ein Mitarbeiter des Industriellen Henry J. Kaiser meinte einmal: »Wenn Sie nicht möchten, dass Henry etwas tut, machen Sie ja nicht den Fehler, ihm zu sagen, es ginge nicht oder er würde es nicht schaffen – denn dann wird er es versuchen, bis er es entweder geschafft hat oder pleite ist.«

Auf diese proaktive, positive Art auf den »negativen Rat« Ihrer Gefühle zu hören, ist nicht nur möglich, sondern absolut machbar. Genauso, wie wenn solch ein Rat von anderen Leuten kommt.

## Wehren Sie das Schlechte mit dem Guten ab

Gefühle können Sie nicht mit Willenskraft kontrollieren. Sie können nicht bewusst zur Ordnung gerufen oder an- und abgeschaltet werden wie der Strom. Sie können Ihren Gefühlen nicht befehlen, aber »anlocken« können Sie sie sehr wohl. Sie können also nicht konkret durch einen Willensakt kontrolliert werden, aber indirekt ist das durchaus möglich.

Ein »negatives« Gefühl wird nicht durch bewusste Anstrengung oder Willenskraft zerstreut. Es kann aber von einem anderen Gefühl verdrängt werden. Lässt sich das Gefühl nicht durch einen Frontalangriff vertreiben, dann erreichen wir das gleiche Ergebnis, indem wir es durch ein positives Gefühl ersetzen. Vergessen Sie nicht: Gefühle folgen immer Bildern. Gefühle passen zu dem, was unser Nervensystem als

»real« erlebt, was es als »Wahrheit über die Umwelt« erkennt. Wann immer wir unerwünschte Gefühle erleben, sollten wir uns nicht darauf konzentrieren, nicht einmal, um sie zu vertreiben. Stattdessen sollten wir dem Schreckensbild auf der Stelle positive Bilder entgegensetzen – den Geist mit schönen, erwünschten, angenehmen Bildern, Vorstellungen und Erinnerungen füllen. Wenn wir dies tun, machen sich die negativen Gefühle von selbst aus dem Staub. Sie lösen sich einfach in Nichts auf. Und die neuen Bilder ziehen neue Gefühle nach sich.

Konzentrieren wir uns hingegen darauf, Sorgen »zu vertreiben«, dann richten wir unsere ganze Aufmerksamkeit auf das, was wir nicht wollen. Und selbst wenn wir eine Sorge erfolgreich vertrieben haben, rückt mit Sicherheit die nächste – beziehungsweisen rücken die nächsten – nach, da die allgemeine geistige Atmosphäre immer noch negativ ist. Jesus hat uns davor gewarnt: Wenn wir einen Dämon austreiben, kommen sieben neue nach, wenn wir das Haus leer gelassen haben. Er riet uns auch, uns nicht gegen das Böse zu wehren, sondern ihm mit dem Guten beizukommen.

## Sorgen ersetzen

Der Psychologe Matthew Chappell empfahl in seinem *How to Control Worry* eine ähnliche Methode. Wir machen uns ständig Sorgen, einfach weil wir das von Kindesbeinen an üben. Wir suhlen uns in den Negativbildern der Vergangenheit oder Zukunft. Diese Sorge verursacht Anspannung. Der besorgte Mensch »bemüht« sich, sich keine Sorgen mehr zu machen, aber das ist ein Teufelskreis. Denn auch dieses Bemühen führt zu Anspannung. Und Anspannung zieht eine »Sorgenatmosphäre« nach sich. Das einzig wirksame Gegenmittel gegen Sorgen, so Chappell, sei die *Gewohnheit*, auf der Stelle angenehme, gesunde geistige Bilder aufzurufen, um die »Sorgenbilder« zu ersetzen. Wann immer jemand merkt, dass er in den Sorgenmodus verfällt, solle er dem augenblicklich mit positiven Erfahrungen aus Vergangenheit oder angenehmen Zukunftsbildern entgegenwirken. Auf diese Weise besiegt sich die Sorge selbst, weil sie zum Anlass für die Anti-Sorgen-Übung wird. Chappell fuhr fort: Die Aufgabe des von Sorge erfüllten Menschen sei nicht, die Ursache seiner Sorgen ausfindig zu machen und abzustellen, sondern seine geistigen Gewohnheiten zu ändern. Solange dieser

Mensch passiv in seiner defätistischen »Ich hoffe, es wird nichts passieren«-Haltung verharrt, werde es immer Anlass zur Sorge geben.

David Seabury begründete die Centralist School of Psychology. Er meint, der beste Rat, den ihm sein Vater je gegeben habe, sei, positive geistige Bilder zu entwickeln, sobald er negative Gefühle verspüre – auf der Stelle beziehungsweise aufs Stichwort. So heben sich negative Gefühle selbst auf, weil sie zur »Glocke« werden, die einen konditionierten Reflex auslöst, der uns positive Geisteszustände herbeiführen lässt.

Als ich noch Medizinstudent war, wurde ich einmal von einem meiner Professoren aufgerufen: Ich sollte vor dem versammelten Kurs Fragen zur Pathologie beantworten. Ich war so nervös, dass ich den anderen Studenten kaum ins Gesicht blicken konnte, und natürlich beantwortete ich einige der Fragen nicht korrekt. Guckte ich hingegen durch ein Mikroskop und musste Fragen schriftlich beantworten, war ich ein anderer Mensch. Ich war entspannt und war mir meiner sehr sicher, weil ich mich mit dem Thema auskannte. Ich hatte dieses Gewinnergefühl und schnitt bei solchen Prüfungen immer gut ab.

Das Semester ging weiter, und ich bemühte mich um Abhilfe. Wurde ich mündlich geprüft, tat ich so, als wären keine Zuhörer vorhanden und ich würde durch mein Mikroskop schauen. Ich war entspannt und ersetzte das negative Gefühl durch ein Gewinnergefühl. Am Ende des Semesters war ich sowohl in schriftlichen als auch in mündlichen Prüfungen gut.

Die Nervosität wurde zur »Glocke«, die den bedingten Reflex des Gewinnergefühls auslöste.

Heute kann ich vor jeder Zuhörerschaft in allen Teilen der Welt offen sprechen, weil ich entspannt bin und weiß, wovon ich rede. Mehr als das: Ich binde andere Menschen ins Gespräch ein und sorge dafür, dass auch sie sich entspannen.

Während meiner 25-jährigen Praxis als plastischer Chirurg operierte ich alle möglichen Menschen: auf dem Schlachtfeld verwundete Soldaten; Kinder mit angeborenen Missbildungen; Frauen, Männer und Kinder, die im Haus, im Straßenverkehr oder in der Fabrik Unfälle erlitten hatten. Diese unglücklichen Menschen glaubten fest, dass das Gewinnergefühl sich bei ihnen niemals wieder einstellen würde. Doch durch die Operation, durch das wiedergewonnene »normale« Aussehen verhalf ich ihnen dazu, dass sie ihre negativen Empfindungen durch neue Hoffnungen für die Zukunft ersetzen konnten.

Ich gab ihnen die Möglichkeit, sich ihr Gewinnergefühl zu erobern. Dadurch wurde auch ich geschickt darin, dieses Gefühl zu entwickeln. Ich half ihnen, *ihr* Selbstbild zu verbessern, und förderte damit gleichzeitig mein eigenes. Und so sollten wir alle mit unseren inneren Narben, unseren negativen Gefühlen umgehen, wenn wir unser Leben lebendiger gestalten wollen.

## Es liegt in Ihrer Hand

Sie tragen in sich einen riesigen Speicher früherer Erfahrungen und Gefühle – des Misserfolgs und des Erfolgs. Wie unhörbare Tonbandaufnahmen sind diese Erfahrungen und Gefühle in den neuronalen Engrammen Ihrer grauen Substanz gespeichert. Aufzeichnungen von Geschichten mit gutem oder mit schlechtem Ausgang. Das eine ist so wahr wie das andere. So real wie das andere. Es liegt ganz an Ihnen, welche Aufnahme Sie abspielen.

Eine weitere interessante wissenschaftliche Entdeckung ist, dass wir diese Engramme verändern können, so wie man vorhandene Aufnahmen ergänzen oder eine alte Aufnahme überspielen kann.

Die Neurologen Eccles und Sherrington gehen davon aus, dass sich unsere Engramme bei jedem Abspielen ein klein wenig verändern. Sie nehmen die Stimmung der aktuellen Erfahrung auf, die innere Haltung und die begleitenden Gedanken. Außerdem kann ein einzelnes Neuron in mehr als hundert solcher Muster eingebunden sein – so wie ein Baum in einem Garten zu einem quadratischen oder runden Boskett gehören kann. Das Neuron im ursprünglichen Engramm verändert sich durch Ausbildung von Verbindungen zu anderen Neuronen, die in anderen Engrammen eine Rolle spielen. Das ist nicht nur interessant, sondern wirklich ermutigend. Negative, unglückliche Kindheitserfahrungen, »Traumata« et cetera sind also nicht für immer in unser Gehirn eingebrannt, wie das die Psychologie früher glaubte. Wir wissen mittlerweile, dass nicht nur die Vergangenheit die Gegenwart prägt, sondern die Gegenwart auch auf die Vergangenheit zurückwirkt. Anders ausgedrückt: Wir sind keineswegs durch unsere Vergangenheit bis in alle Ewigkeit verdammt. Dass unglückliche Kindheitserfahrungen oder Traumata bei uns bestimmte Engramme geprägt haben, heißt nicht, dass wir diesen hilflos ausgeliefert sind oder dass unsere Verhaltensweisen vorprogrammiert sind und sich nicht mehr verändern lassen. Unser aktuelles Denken, unsere momentanen geistigen Gewohnheiten, unsere Einstellung gegenüber früheren Erfahrungen und gegenüber der Zukunft – all das wirkt sich auf alte Engramme aus. Das Alte lässt sich durch das Denken im Jetzt verändern, ersetzen, verwandeln.

## Alte Aufnahmen werden abgewandelt

Und es gibt noch eine interessante Entdeckung: Je öfter ein bestimmtes Engramm aufgerufen oder abgespielt wird, desto »mächtiger« wird es. Eccles und Sherrington sagen, dass die Stärke der Engramme von der synaptischen Effizienz abhängt (davon, wie die Neuronen innerhalb eines solchen Pfades aktiv werden). Und die synaptische Effizienz verbessert sich durch häufigen Abruf, während sie bei geringer Nutzung sinkt. Auch hier belegt die Wissenschaft, dass wir unerfreuliche Erlebnisse aus der Vergangenheit vergessen können, wenn wir uns auf positive Erfahrungen in der Gegenwart konzentrieren. So verstärken wir durch Glück und Erfolg geprägte Engramme und schwächen jene, die Misserfolge und negative Erfahrungen hinterlassen haben.

Diese Ideen sind keinesfalls wilde Spekulationen und haben auch nichts mit psychologischen Windmühlen wie dem »Es«, dem »Über-Ich« und so weiter zu tun. Sie sind durch die Forschungsarbeiten der Neurophysiologie gesichert. Sie beruhen auf beobachtbaren Fakten und Phänomenen, nicht auf schicken Theorien. Und sie stellen die Würde des Menschen als verantwortungsbewusstes Kind Gottes wieder her – im Gegensatz zum Bild vom Menschen als hilflosem Opfer vergangener Erfahrungen.

Doch dieses erneuerte Bild hat auch mit Verantwortung zu tun. Denn Sie können sich nicht mehr aus dieser davonstehlen, indem Sie Ihren Eltern, der Gesellschaft, Ihren frühkindlichen Erfahrungen oder Ihrer ungerechten Behandlung durch andere die Schuld geben. Diese Dinge können Ihnen helfen zu begreifen, warum Sie so sind, wie Sie im Moment sind. Doch wenn Sie nur andere oder auch sich selbst für frühere Fehler verantwortlich machen, löst das Ihr Problem keineswegs. Es verbessert weder Ihre Gegenwart noch Ihre Zukunft. Sich selbst Vorwürfe zu machen, bringt Sie nicht weiter. Ihre Biografie kann erklären, wie Sie an den Punkt gelangt sind, an dem Sie jetzt stehen. Und natürlich können Sie die Erinnerung an vergangene schlechte Erfahrungen weiter abspielen wie eine gesprungene Schallplatte. So erleben Sie vergangenes Unrecht immer wieder neu und ergehen sich in Selbstmitleid wegen Ihrer Fehler von damals. Damit aber reaktivieren Sie nur jene Engramme, die der Misserfolg geschrieben hat. Und diese geben dann den Ton vor für Ihre Erfahrungen jetzt und in der Zukunft.

Aber Sie können auch eine neue Platte auflegen und frühere Erfolge beziehungsweise das Gewinnergefühl aktivieren. Schon können Sie der Gegenwart mit neuer Energie und neuem Mut entgegentreten, und das öffnet Ihnen das Tor in eine bessere Zukunft.

Wenn Ihr Plattenspieler Musik abspielt, die Ihnen nicht gefällt, versuchen Sie ja auch nicht, ihn durch Anstrengung oder Willenskraft zu Besserem zu bewegen. Sie demolieren ihn auch nicht. Sie versuchen nicht, die Musik zu verändern. Sie legen einfach eine andere Platte auf und die Musik ist eine andere. Die gleiche Technik sollten Sie anwenden, was die »Musik« angeht, die Ihre innere Maschinerie produziert. Gehen Sie nicht willentlich dagegen an. Solange die gleiche geistige Bildwelt (die Ursache) Ihre Aufmerksamkeit beansprucht, können Sie sich noch so abmühen: Die Musik (das Resultat), die gespielt wird, wird sich nicht ändern. Versuchen Sie es mal anders: Legen Sie eine neue Platte auf. Ändern Sie Ihre mentalen Bilder und die Gefühle ändern sich von selbst.

## Wichtige Erkenntnisse

Füllen Sie diese Zeilen bitte aus.

1. ________________________________

2. ________________________________

3. ________________________________

4. ________________________________

5. ________________________________

## Meine eigene Fallgeschichte

Schreiben Sie eine Erfahrung aus Ihrer Vergangenheit auf, für die die hier vorgestellten Prinzipien eine schlüssige Erklärung liefern.

# 15
# MEHR JAHRE FÜR DAS LEBEN UND MEHR LEBEN FÜR DIE JAHRE

Trägt jeder Mensch einen Jungbrunnen in sich? Hält der Erfolgsmechanismus Sie jung? Lässt der Versagensmechanismus Sie schneller altern?

Ehrlich gesagt hat die medizinische Wissenschaft auf diese Fragen noch keine endgültigen Antworten gefunden. Aber es ist nicht nur möglich, sondern meiner Ansicht nach auch sinnvoll, bestimmte Schlussfolgerungen aus dem zu ziehen, was wir bisher gesichert wissen. In diesem Kapitel möchte ich Ihnen einige Erkenntnisse vorstellen, die mich überzeugt und mir geholfen haben.

William James sagte einmal, dass jeder Mensch, auch der Wissenschaftler, hinsichtlich bestimmter Fakten seine ganz speziellen »inneren Überzeugungen« habe, die die Fakten selbst nicht rechtfertigen. Diese »innere Überzeugung« sei jedoch in der Praxis nicht nur sinnvoll, sondern sogar notwendig. Unser Glaube, dass wir ein Ziel, das in der Zukunft liegt, tatsächlich erreichen können, motiviert unser Handeln, unser »praktisches Verhalten«, in der Gegenwart. Kolumbus ging davon aus, dass er den Seeweg nach Indien finden würde, wenn er nur immer westwärts segelte. Andernfalls wäre er vielleicht gar nicht aufgebrochen oder wäre sich nicht schlüssig gewesen, ob er lieber nach Süden, Osten, Norden oder Westen segeln sollte.

Auch die wissenschaftliche Forschung beruht auf solchen Überzeugungen. Experimente werden nicht »einfach mal so« durchgeführt. Der Wissenschaftler muss zuerst eine Hypothese aufstellen, die nicht auf Fakten beruht, sondern auf seinen Annahmen. Anders könnte er das

Experiment, womit er diese Hypothese zu beweisen gedenkt, gar nicht entwerfen.

In diesem letzten Kapitel möchte ich Ihnen einige meiner Überzeugungen und Hypothesen vorstellen, die sozusagen meine Philosophie bilden – nicht als Arzt, sondern als Mensch. Und wie der Arzt und Biochemiker Hans Selye meinte, gibt es »Wahrheiten«, auf die der Mediziner sich nicht stützen kann. Ein Patient aber kann sie sehr wohl für seine Zwecke einsetzen.

## Die Lebenskraft: das Geheimnis von Heilung und Jugend

Ich glaube, dass unser Körper mit seinem Gehirn und Nervensystem wie eine Maschine funktioniert, die sich aus zahlreichen kleineren Mechanismen zusammensetzt, die zielorientiert arbeiten. Ich glaube nicht, dass der Mensch tatsächlich nur eine Maschine ist. In meinen Augen ist es die *Essenz des Menschen*, die diese Maschinerie antreibt, die sie für sich nutzt, lenkt und steuert, die sie als Instrument verwendet. Menschen sind keine Maschinen, so wenig wie Elektrizität der Draht ist, durch den sie fließt, oder der Motor, den sie antreibt. Ich glaube, die Essenz des Menschen liegt jenseits der physikalischen Ebene.

Jahrelang gingen die verschiedensten Wissenschaftler – Psychologen, Physiologen, Biologen – davon aus, dass es eine Art universeller »Energie« oder Vitalkraft gibt, die die menschliche Maschine in Gang hält. Sie nahmen auch an, dass die Menge der verfügbaren Energie und der Gebrauch, der davon gemacht wird, dafür verantwortlich seien, dass manche Menschen krankheitsresistenter waren als andere, dass manche Leute eher alterten als andere und dass wieder andere länger lebten. Es lag auch auf der Hand, dass die Quelle dieser grundlegenden Energie – wo auch immer sie sein mochte – nicht die oberflächliche Energie sein konnte, die wir aus der Nahrung beziehen. Die kalorische Energie kann nicht erklären, warum manche Menschen sich schnell von einer schweren Operation erholen und viel Stress aushalten beziehungsweise andere überleben. Wir sagen dann immer, dass jemand eine »gute Konstitution« hat.

Die gute Konstitution jener Leute, die lange und gut leben, scheint von Dingen abzuhängen, die wir durchaus kontrollieren können, zum

Beispiel, ob wir uns Ziele und Aufgaben setzen, was ja heißt, dass man immer etwas hat, wofür es sich zu leben lohnt.

Ein bekannter Redner, der seit mehr als 30 Jahren Vorträge hielt, fühlte sich auf einmal ausgebrannt, weniger von den Reden selbst als von dem ewigen Herumreisen, das damit verbunden war, mit den endlosen Nächten in gesichtslosen Hotelzimmern. Freunde meinten, er sähe älter aus als früher. Fast hätte er seine Tätigkeit aufgegeben, obwohl er sie liebte und er daraus seinen Lebenssinn bezog. Etwa um die gleiche Zeit hatte er mit dem Golfspiel angefangen, das ihn faszinierte. Er war beinahe süchtig danach und machte gute Fortschritte. Eines Tages saß er wieder mal längere Zeit im Flugzeug, als er ein neues Ziel für sich fand: Er wollte in jedem Staat der USA auf einem berühmten Golfplatz spielen. Diese Idee spielte er im Geiste durch. Er sah vor seinem inneren Auge, wie er fotografiert wurde, weil er auf dem bekanntermaßen schwierigen Pebble Beach Course ein Hole-in-one gespielt hatte. Oder wie er lächelte, weil er auf einem Golfplatz im ländlichen Alaska im Rough gelandet war.

Die Tagträumereien wurden immer realer, und er merkte, dass er in den folgenden Tagen immer häufiger darüber nachdachte. Er beschloss, sich auf die Probe zu stellen. Auf die nächste Vortragsreise nahm er seine Golfschläger mit und buchte zwischen den Vorträgen Runden auf den Golfplätzen in der Nähe. So begann er bald, sich auf die nächste Reise zu freuen, statt sie zu fürchten. Er behielt sein Ziel im Auge und entdeckte eine ganz neue Leidenschaft: Er wollte unbedingt in Ortschaften sprechen, wo Golfplätze lagen, auf denen er gerne gespielt hätte. So hauchte er nicht nur seiner Karriere neue Energie ein. Denn diese Energie übertrug sich auch auf sein Leben und machte es lebendiger.

Sind Sie älter oder jünger, als die Zahl Ihrer Jahre anzeigt? Denn die gelebten Jahre sind dafür ein recht willkürliches Maß. Wenn unser Kalender 15 statt 12 Monaten zählte, würde sich unser Geburtstag jedes Jahr ein wenig verschieben. Anhand dieser kleinen Differenz können Sie Ihr Selbstbild davon überzeugen, dass Ihr Alter nicht dem entspricht, welches Ihr Ausweis angibt. Dann fühlen und handeln Sie anders. Wir alle kennen Menschen, die mit 35 Jahren wirken, als wären sie 65 Jahre. Und solche, die mit 65 Jahren so wirken, als wären sie 35 Jahre. Vermutlich wäre es wünschenswert, dass der Unterschied weniger extrem ausfällt. Aber letztlich wünscht sich doch jeder Mensch mehr Lebenskraft.

## Die Wissenschaft entdeckt die Lebenskraft

Die Lebenskraft als wissenschaftliches Faktum wurde von Professor Hans Selye von der Universität Montreal entdeckt. Selye studierte seit 1936 die Probleme, die mit Stress verbunden sind. Am Patienten und in unzähligen Laborversuchen wies Selye nach, dass es eine grundlegende Lebenskraft gibt, die er »adaptive Energie« nennt. Von der Wiege bis zur Bahre müssen wir täglich auf Stresssituationen reagieren. Selbst das Leben an sich ist schon Stress – und erfordert eine kontinuierliche Anpassung. Professor Selye fand heraus, dass der menschliche Körper eine Reihe lokaler Anpassungsmechanismen (LAS) besitzt, die vor bestimmten Stressformen schützen. Dazu kommt noch ein genereller Anpassungsmechanismus (GAS), der vor unspezifischem Stress schützt. »Stress« bezeichnet dabei alles, was Anpassungs- und Adaptionsvorgänge erforderlich macht: extreme Hitze oder Kälte, Infektionen, emotionale Anspannung, die Belastungen des Alltags und den Alterungsprozess.

»Der Ausdruck *Anpassungsenergie*«, meint Selye, »wurde für das geprägt, was während der fortgesetzten Anpassungsarbeit aufgebraucht wird, um anzudeuten, dass es etwas anderes ist als die kalorische Energie, die wir aus der Nahrung empfangen. Aber das ist nur ein Name, und wir haben noch keine genaue Vorstellung, was diese Energie sein könnte. Eine weitere Forschung auf diesem Gebiet würde erfolgversprechend sein, weil wir hier mit den Grundlagen des Alterns in Berührung kommen.«[24]

Professor Selye hat zwölf Bücher verfasst und Hunderte Artikel, die seine klinischen Studien und sein Stress-Konzept von Gesundheit und Krankheit erklären. Es wäre unsinnig, wollte ich hier beweisen, dass er recht hat. Nur so viel sei gesagt: Seine Resultate werden von medizinischen Experten in aller Welt akzeptiert. Und wenn Sie mehr über ihn wissen wollen, dann sollten Sie das Buch lesen, das er speziell für Nicht-Mediziner geschrieben hat: *Stress beherrscht unser Leben.*

Das Entscheidende für mich ist, dass Professor Selye bewiesen hat, dass der Körper sich selbst gesund erhalten kann, sich heilen und jung bleiben kann, indem er jene Faktoren ausgleicht, die das auslösen, was wir das Alter nennen. Selye hat nicht nur nachgewiesen, dass der Kör-

24 Hans Selye, *Stress beherrscht unser Leben*, Düsseldorf 1957, S. 85.

per sich selbst heilen kann, sondern dass dies letztlich die einzig wirkliche Form der Heilung ist, die uns zur Verfügung steht. Alle Arzneimittel, Operationen und andere Therapieformen sind nur wirksam, weil sie die Abwehrkräfte des Körpers anregen, wenn sie zu schwach reagieren, oder sie herunterregeln, wenn sie überaktiv sind. Die Anpassungsenergie selbst ist es, welche die Krankheit überwindet, Wunden heilt oder andere Stressfaktoren außer Kraft setzt.

## Ist dies das Geheimnis der Jugendlichkeit?

Dieser *élan vital* (Bergson), diese Lebenskraft oder Anpassungsenergie – wie auch immer man sie nennen mag – manifestiert sich auf vielfältige Weise. Die Energie, die eine Wunde heilen lässt, *ist die gleiche,* die alle anderen Organe im Körper funktional hält. Wenn diese Energie ihren Höchststand erreicht, funktionieren alle Organe besser, wir fühlen uns gut, Wunden heilen schneller und wir sind widerstandsfähiger gegenüber Krankheiten. Wir erholen uns besser von jeder Art Stress, fühlen uns jünger und handeln auch so, denn tatsächlich sind wir biologisch jünger. Können wir also die verschiedenen Ausdrucksformen dieser Lebensenergie zusammenfassen und annehmen, dass das, was uns mehr von dieser Lebenskraft schenkt, *was uns offener macht für diese Energie,* was uns hilft, von dieser Kraft besseren Gebrauch zu machen – dass all das ganz allgemein gut für uns ist?

Wir können davon ausgehen, dass eine unspezifische Therapie, die Wunden schneller heilen lässt, uns auch ein Gefühl der Jugendlichkeit vermittelt. Dass eine unspezifische Therapie, die unsere Schmerzen lindert, auch unser Sehvermögen verbessert. Und in eben diese Richtung geht die medizinische Forschung im Moment und erzielt vielversprechende Resultate.

## Die Suche der Wissenschaft nach dem Jungbrunnen

In der ersten Auflage dieses Buches hatte ich in diesem Kapitel ausführlich beschrieben, welche »medizinischen Wunder« sich im Jahr 1960 andeuteten. Vermutlich wäre es interessant, das mit dem heutigen Wissensstand (mehr als 50 Jahre später) zu vergleichen. Klar ist, dass die Suche nach dem Jungbrunnen unverändert weitergeht. Hollywoodgrößen, wohlhabende Unternehmer und alternde Sportler lassen sich heute das Human Growth Hormone (Somatotropin) spritzen. In den Drogeriemärkten finden sich erschwingliche Versionen des Jungbrunnens, die mindestens genauso wirksam sein sollen. Vielleicht haben Sie ja von DHEA oder Testosteronpflastern gelesen.

Ernährung, Sport und bestimmte Kräuter beziehungsweise Nahrungsergänzungsmittel können unser Wohlbefinden beeinflussen. Und natürlich wird es auch in Zukunft noch aufregende medizinische Entdeckungen geben. Ohnehin hat die Medizin bei der Verlängerung unseres Lebens enorme Fortschritte gemacht. In puncto Lebensqualität aber hinken wir erheblich hinterher.

Mich hat die psychische Lebensverbesserung und -verlängerung immer schon mehr interessiert. Meine Idee war es, die beiden Faktoren – Körper und Psyche – zu verbinden und nach jenen Elementen zu suchen, die eine mögliche Erklärung dafür liefern, warum bei manchen Patienten Operationswunden schneller heilten als bei anderen. Offensichtlich schlug die medizinische Behandlung bei manchen Patienten besser an als bei anderen. Allein dies war schon spannend, denn sämtliche Tierversuche mit Mäusen zeigten immer wieder dasselbe Ergebnis. Normalerweise kennen Mäuse keine Sorgen und keine Frustration. Man kann allerdings Frustration und emotionalen Stress bei Mäusen auslösen, indem man ihnen jede körperliche Bewegung unmöglich macht. Diese Immobilisierung frustriert jedes Tier.

Laborexperimente haben gezeigt, dass unter dieser Form von emotionalem Stress sehr kleine Wunden schneller heilen. Ernsthafte Verletzungen allerdings verschlimmern sich, sodass keine Heilung erfolgt. Man hat auch festgestellt, dass die Nebennierenrinde auf emotionalen Stress die gleiche Reaktion zeigt wie auf den körperlichen Stress infolge von Gewebeschäden.

*Dr. Dave Woynarowski ist der Autor von* The Immortality Edge. *Darin vermittelt er die neuesten wissenschaftlichen Erkenntnisse zum Thema »Jungbrunnen«, über die Erfolge beziehungsweise Misserfolge der Forscher, den Alterungsprozess aufzuhalten oder zu verlangsamen.*

Höchstwahrscheinlich profitieren viele Menschen, die heute *Psychokybernetik* lesen, in den nächsten fünf bis zehn Jahren von den neuesten Erkenntnissen der Stammzellenbiologie beziehungsweise Telomerforschung.

Die Stammzellenbiologie erforscht die regenerativen, langlebigen Zellen unseres Körpers. Aus solchen Stammzellen können sich fast alle anderen Zelltypen entwickeln, die der Körper braucht, um gesundes, neues Gewebe zu produzieren.

Telomere sind Strukturen am Ende von gesunden Chromosomen. Sie sind die Zeitmesser der individuellen Zellen, denn sie werden mit zunehmendem Alter kürzer. Dieser Prozess wirkt sich auf jede Erkrankung aus, die mit dem Altern zu tun hat: Herzkrankheiten, Diabetes, Krebs, Arthrose und Alzheimer.

Könnte man aber die Telomere von normalen Zellen und Stammzellen verlängern, würde sich die sogenannte »gesunde Lebenserwartung« um Jahre verlängern. Der wahre Jungbrunnen findet sich also in unseren Genen.

Die Wissenschaft arbeitet intensiv an diesen Themen. Mittlerweile weiß man, wie Lebensstil und Verhalten auf den Alterungsprozess einwirken. Es gibt klare Belege dafür, dass die Funktion unserer Zellen und unseres Körpers beeinflusst wird von unserer mentalen Haltung und vom Umgang mit uns selbst.

Wenn wir beispielsweise nie gelernt haben, Stress konstruktiv zu bewältigen, lässt er uns schneller altern. Kinder, die in einem belastenden Umfeld aufwachsen, weisen Zellkomponenten auf, die sich »verhalten«, als wären sie zehn oder mehr Jahre älter als das biologische Alter des Kindes. Ihre Telomere sind im Vergleich mit Altersgenossen deutlich verkürzt.

Stellt man bei einem Menschen ein erhöhtes Level an Stresshormonen fest, zeigen sich meist auch zwei Faktoren, die mit beschleunigter Alterung zu tun haben: kürzere Telomere und ein erhöhter Verbrauch an Stammzellen, die jene Zellen und Gewebe ersetzen, welche durch den Stress in Mitleidenschaft gezogen wurden.

Viele Studien zeigen, dass wohlhabende Menschen im Großen und Ganzen ein längeres Leben haben, dass ihre biologische Uhr (Telomere) nicht so schnell tickt wie die armer Menschen. Das gleiche Phänomen zeigt sich beim Bildungsniveau: Menschen mit höherer Bildung sind gewöhnlich gesünder und leben länger. Es ist vermutlich kein Zufall, dass gebildete Menschen auch erfolgreicher sind.

Kann eine positive mentale Einstellung Ihnen zu mehr Erfolg verhelfen? Wissenschaftlich gesichert kann man dazu im Moment nur eines sagen: Zuversicht ist vielleicht nicht der Jungbrunnen selbst, aber sie kann Ihnen helfen, Ihr Leben zu verlängern, sodass Sie noch miterleben, wie der Jungbrunnen entdeckt wird.

*Mehr Informationen über die Arbeit von Dr. Woynarowski finden Sie (in englischer Sprache) auf: https://thelongevityedge.com.*

## Wie der Versagensmechanismus Verletzungen begünstigt

Frustration und emotionaler Stress (jene Faktoren, die wir bereits dem Versagensmechanismus zugeschrieben haben) verstärken die negative Wirkung schwerer Verletzungen. Bei nur leichten Verletzungen wirkt sich emotionaler Stress stimulierend aus und aktiviert die Abwehrkräfte. Schwerwiegende Verletzungen jedoch werden durch emotionalen Stress weiter verschlimmert. Darüber sollten wir nachdenken. Wenn das Altern auf den vorzeitigen Verbrauch unserer Anpassungsenergie zurückgeht, wie viele Fachleute glauben, dann altern wir noch schneller, wenn wir uns negative Gedanken erlauben, die zum Versagensmechanismus gehören.

## Was ist das Geheimnis schnell verheilender Wunden?

Ich habe mit meinen Patienten einen Versuch mit einem angeblichen »Wundheilungsserum« durchgeführt – ein Placebo, das ich ihnen verabreichte. Tatsächlich aber heilten die Operationswunden bei manchen Patienten, die kein Serum erhalten hatten, ebenso schnell wie bei jenen, die das angebliche Serum bekommen hatten. Das ließ sich weder mit Alter, Ernährung, Herzfrequenz, Blutdruck et cetera erklären. Eines allerdings hatten alle Patienten gemeinsam, die eine schnelle Wundheilung zeigten.

Alle waren optimistisch, gelassen und zuversichtlich. Sie wollten nicht nur schnell gesund werden, sondern hatten einen *Grund*, warum das für sie wichtig war. Sie hatten ein Ziel vor Augen, etwas, wofür sie schnell gesund werden mussten, etwas, das mehr war als eines der Dinge, die das Leben angenehm machen. »Ich muss unbedingt zurück zu meiner Arbeit.« Oder: »Ich muss hier raus, sonst kann ich meine Ziele nicht verwirklichen.«

Kurz gesagt: Sie verkörperten genau jene Haltung, die ich dem Erfolgsmechanismus zuschreibe.

## Gedanken bringen körperliche und funktionelle Verbesserungen

Immerhin so viel wissen wir: Die mentale Einstellung beeinflusst die Heilkräfte des Körpers. Placebos oder Zuckerpillen (Kapseln ohne Wirkstoffe) geben der Medizin seit Langem Rätsel auf. Sie enthalten keinerlei Wirkstoff, der eine medizinische Reaktion auslösen könnte. Aber wenn man einer Kontrollgruppe Placebos verabreicht, um die Wirksamkeit des Stoffes bei der Erstgruppe zu testen, geben immer wieder Patienten an, dass es ihnen besser gehe. Manchmal funktionieren die Placebos besser als der Wirkstoff. Studenten, denen man Placebos als Grippeschutz verabreichte, erwiesen sich als stärker immunisiert gegen das Grippevirus als jene Versuchspersonen, die eine Grippeimpfung erhalten hatten.

Während des 2. Weltkriegs testete die Königlich Kanadische Marine einen neuen Wirkstoff gegen Seekrankheit. Gruppe 1 erhielt das neue

Medikament, Gruppe 2 Zuckerpillen. In beiden Gruppen litten daraufhin 13 Prozent der Versuchspersonen unter Seekrankheit. In Gruppe 3, die gar nichts bekommen hatte, wurde 30 Prozent der Versuchspersonen schlecht.

## »Suggestion« ist keine Erklärung!

Die Patienten, die Placebos erhalten oder deren Warzen »besprochen« werden, *dürfen natürlich nicht erfahren*, dass sie nur eine Scheinbehandlung bekommen. Sonst wirkt das Placebo nicht. Sie glauben vielmehr, sie hätten den Wirkstoff erhalten, *der zur Heilung führt*. Die Placebowirkung mit »Suggestion« zu erklären, bringt uns da nicht weiter. Sinnvoller ist die Erklärung, dass die Einnahme des »Medikaments« eine positive Erwartung weckt, ein Zielbild von Gesundheit im Geist verankert, das der kreative Mechanismus durch Aktivierung der körperlichen Abwehrkräfte umsetzt.

## Denken wir uns alt?

Genau das machen wir, wenn wir erwarten, jetzt »alt« zu werden, weil wir eine bestimmte Anzahl von Jahren auf dem Buckel haben.

Auf dem International Gerontological Congress von 1951 erklärte Dr. Raphael Ginzburg aus Cherokee, Iowa, dass die Vorstellung, jemand sei mit 70 Jahren »alt«, für einen Großteil der Alterungsprozesse verantwortlich sei. In der Zukunft jedoch könnten wir einen Siebzigjährigen als einen »Mann in mittleren Jahren« betrachten.

Tatsächlich kann man immer wieder beobachten, dass manche Menschen zwischen 40 und 50 Jahren anfangen, »alt« zu wirken, während andere in diesem Alter noch jugendlich aussehen und handeln. Eine jüngere Studie zeigt, dass die 45-jährigen »Alten« davon ausgehen, dass sie ihre besten Jahre hinter sich haben, während die gleichaltrigen »Jungen« sich für Menschen »mittleren Alters« halten.

Es gibt mindestens zwei Wege, um sich ins Altern hineinzudenken. Wenn wir erwarten, dass wir ab einem bestimmten Geburtstag »alt« sind, dann geben wir unserem kreativen Mechanismus ein negatives Ziel vor. Oder wir erwarten ängstlich »das Alter« und tun deshalb all jene Dinge, die alte Menschen in unseren Augen tun. Wir fahren unsere körperlichen und geistigen Aktivitäten herunter. Wenn wir uns weniger bewegen, versteifen unsere Gelenke. Zu wenig Sport ist auch verantwortlich dafür, dass die kleinsten Blutgefäße sich so verkrampfen, dass sie quasi nicht mehr existieren. Damit aber ist die Zufuhr des lebensspendenden Blutes ins Gewebe gestört. Es braucht schon energische Bewegungen, damit die Kapillaren sich weiten und das Gewebe mit Nährstoffen versorgen beziehungsweise Schlackenstoffe abtransportieren. Professor Selye hat tierische Zellkulturen in einem Hohlkörper in den Körper eines Tieres implantiert. Aus biologisch noch unerforschten Gründen bilden sich in diesem Hohlkörper neue und »junge« Zellen. Doch wenn sie nicht versorgt werden, sterben sie innerhalb eines Monats ab. Wird die Zellkultur im Hohlkörper aber regelmäßig gereinigt, wodurch Abfallprodukte ausgeschwemmt werden, dann leben die Zellen grenzenlos weiter. Sie bleiben ewig »jung« und »altern« beziehungsweise »sterben« nicht. Professor Selye meint, dass dies den Alterungsprozess erkläre. In diesem Fall könnten wir das »Alter« hinausschieben, indem wir die Abfallproduktion reduzieren und dem System helfen, Schlacken loszuwerden. Im menschlichen Körper sind es die Kapillaren, durch die diese Stoffe ausgeschwemmt werden. Und man weiß, dass mangelnde Bewegung die Kapillaren förmlich »vertrocknen« lässt.

## Aktiv sein heisst leben

Wenn wir beschließen, unsere geistigen und sozialen Aktivitäten aus Altersgründen einzustellen, halten wir uns selbst zum Narren. Wir fahren uns in unseren Gewohnheiten fest und geben es auf, noch große Erwartungen ans Leben zu haben.

In meinen Augen gibt es keinen Zweifel daran, dass Sie einen gesunden Dreißigjährigen innerhalb von fünf Jahren zum »alten Mann« machen können, wenn Sie ihn davon überzeugen können, dass er »alt« ist, dass körperliche Bewegung für ihn gefährlich ist und dass jegliche geistige Aktivität ihm nichts mehr bringt. Wenn Sie ihn dazu bringen können, den ganzen Tag im Schaukelstuhl zu sitzen, seine Zukunftsträume und jedes Interesse an neuen Ideen aufzugeben, wenn er sich als »verbraucht« sieht, als »wertlos«, unwichtig und unproduktiv, dann gelingt es Ihnen vermutlich, mit diesem Experiment aus einem jungen einen alten Mann zu machen.

John A. Schindler, der Autor von *Die Heilkraft des seelischen Gleichgewichts,* weist darauf hin, dass jeder Mensch sechs lebensnotwendige Grundbedürfnisse[25] hat:

1. Liebe
2. Sicherheit
3. schöpferischer Selbstausdruck
4. Anerkennung
5. neue Erfahrungen
6. Selbstachtung

Diese sechs Grundbedürfnisse würde ich um ein weiteres ergänzen: das Bedürfnis nach *mehr Leben.* Die Notwendigkeit, sich aufs Morgen auszurichten und voll froher Erwartung in die Zukunft zu blicken.

## Schauen Sie nach vorn und leben Sie

Und das bringt mich zu einer anderen meiner innersten Überzeugungen.

Ich glaube, dass das Leben selbst adaptiv ist. Dass es nicht nur Zweck ist, sondern Mittel zum Zweck. Das Leben ist eines der »Mittel«, die wir gebrauchen dürfen, um die unterschiedlichsten Ziele von Wert zu erreichen. Dieses Prinzip ist in allen Lebensformen aktiv, von der Amöbe bis hin zum Menschen. Der Eisbär beispielsweise *braucht* einen dicken Pelz, um in der Kälte überleben zu können. Er braucht eine schützende Farbe, um selbst jagen zu können und seinerseits Jägern nicht aufzufallen. Die Lebenskraft agiert als »Mittel«, um diese Zwecke zu erfüllen.

25 John A. Schindler, *Die Heilkraft des seelischen Gleichgewichts,* München 1978, S. 173ff.

Sie stattet den Eisbären mit einem weißen Pelz aus. Diese Anpassung des Lebens an die jeweilige Umwelt ist überall zu sehen. Es erübrigt sich, dies noch weiter zu illustrieren. Ich möchte nur auf das Prinzip hinweisen, weil es eine bestimmte Schlussfolgerung nahelegt.

Wenn das Leben sich auf so vielfältige Weise den jeweiligen Erfordernissen anpasst und als Mittel zum Zweck fungiert, dürfen wir dann nicht annehmen, dass wir, *wo mehr Leben nötig ist,* ein entsprechendes Zielbild entwickeln werden, das uns genau dorthin bringt?

Wenn wir den Menschen als zielorientiert ansehen, dann ist die Anpassungsenergie oder Lebenskraft der Treibstoff, der ihn auf dieses Ziel zuhalten lässt. Ein eingelagertes Auto braucht kein Benzin im Tank. Und ein zielorientierter Mensch ohne Ziele braucht keine Lebenskraft.

Ich glaube, das Grundbedürfnis nach Lebenskraft erwacht, wenn wir voller Freude in die Zukunft blicken, wenn wir für das Morgen Freude erwarten. Vor allem aber, wenn wir etwas (für uns) Wichtiges zu tun haben, ein Ziel, das wir erreichen wollen.

## Schaffen Sie das Bedürfnis nach mehr Leben

Zu den Eigenschaften der Lebenskraft gehört die Kreativität. Und die Essenz der Kreativität ist es, nach vorne zu blicken, sich auf ein Ziel auszurichten. Kreative Menschen brauchen mehr Lebenskraft. Und die Sterbetafeln scheinen dies zu bestätigen. Schöpferische Menschen – Forscher, Erfinder, Maler, Dichter, Philosophen – leben nicht nur länger, sondern bleiben auch länger produktiv als nicht schöpferisch tätige Personen. (Michelangelo schuf einige seiner besten Werke, als er längst über 80 Jahre war. Goethe schrieb den zweiten Teil von *Faust* mit über 80 Jahren. Edison machte noch mit über 80 Jahren Erfindungen. Frank Lloyd Wright galt mit über 90 Jahren noch als kreativster Architekt. George Bernard Shaw schrieb mit 90 Jahren noch neue Stücke. Und Grandma Moses fing erst mit 79 Jahren überhaupt an zu malen. Und solche Beispiele gibt es zuhauf.)

Daher rate ich meinen Patienten immer, eine »Sehnsucht nach der Zukunft« zu entwickeln, wenn sie produktiv und vital bleiben wollen, statt sich nach der Vergangenheit zurückzusehnen. Wer sich für das Leben begeistern kann, schafft das Bedürfnis nach mehr Leben und wird folglich auch mehr vom Leben haben.

Haben Sie sich je gefragt, warum so viele Schauspieler so viel jünger aussehen, als sie an Jahren sind? Warum sie auch mit über 50 Jahren noch jugendlich wirken? Liegt es nicht einfach daran, dass diese Menschen das jüngere Aussehen einfach *brauchen* und deshalb an ihrer äußeren Erscheinung mehr interessiert sind? Dass sie das Ziel einer jugendlichen Ausstrahlung nicht aufgeben, wenn sie in mittleren Jahren sind, wie so viele von uns das tun?

»Wir altern nicht nach Jahren, sondern nach Erfahrungen und unserer emotionalen Reaktion darauf«, schreibt der Psychotherapeut Arnold A. Hutschnecker in seinem Buch *The Will to Live*. »Der Physiologe Rubner stellte fest, dass Landfrauen, die in manchen Teilen der Welt als billige Arbeitskräfte auf dem Feld eingesetzt werden, zwar im Gesicht sehr früh altern, aber bis ins hohe Alter ihre Belastungsfähigkeit und körperliche Stärke bewahren. Das ist ein klassisches Beispiel für spezialisiertes Altern. Wir können davon ausgehen, dass diese Frauen in puncto Weiblichkeit auf ihre Wettbewerbsfähigkeit verzichten. Sie haben sich mit dem Leben als Arbeitsbiene abgefunden. Die braucht kein hübsches Gesicht, sondern nur körperliche Ausdauer.«

Hutschnecker äußert sich auch dazu, dass die Witwenschaft manche Frauen altern lässt, andere aber nicht. Wenn eine Witwe das Gefühl hat, ihr Leben sei zu Ende und sie habe nichts, wofür es sich zu leben lohnt, dann zeigt sich dies auch »in ihrer äußeren Erscheinung – ihrem allmählichen Verwittern, ihren grauen Haaren ... Eine andere, vielleicht sogar ältere Frau blüht hingegen auf. Sie tritt in Konkurrenz um einen neuen Ehemann oder sie macht im Beruf Karriere oder beschäftigt sich mit einem Hobby, für das sie bislang nie die Zeit fand.«

Glaube, Mut, Interessen, Optimismus und der Blick nach vorn geben unserem Leben mehr Lebendigkeit. Das Gefühl der Sinnlosigkeit, Pessimismus, Frustration und ein Blick, der sich stets in die Vergangenheit richtet, sind nicht nur Kennzeichen des Alters, sie rufen es regelrecht herbei.

## Der Ruhestand gilt nur für den Brotberuf, nicht fürs Leben

Viele Menschen verfallen recht schnell, sobald sie in Rente gehen. Sie glauben, dass ihr aktives Leben vorüber, dass ihre Aufgabe getan ist. Sie haben nichts, worauf sie sich freuen könnten, langweilen sich schnell, geben jede Aktivität auf – und leiden unter dem Verlust der Selbstachtung, weil sie nicht mehr wichtig sind, nirgendwo mehr eingebunden sind und gebraucht werden. Sie entwickeln das Selbstbild eines nutzlosen, wertlosen, »abgenutzten« Schmarotzers. Daher sterben so viele Menschen schon im ersten Jahr ihres Ruhestands.

Aber was diese Menschen umbringt, ist nicht der Rückzug aus der Arbeitswelt, sondern der aus dem Leben. Das Gefühl der Nutzlosigkeit, der Verlust der Selbstachtung, des Selbstvertrauens und des Mutes. Und unsere Gesellschaft verstärkt dieses Gefühl noch. Doch diese Vorstellungen sind vollkommen veraltet. Vor noch 50 Jahren dachten die Psychologen, der Mensch erreiche den Gipfel seiner geistigen Leistungsfähigkeit mit 25 Jahren und müsse danach hilflos zusehen, wie sie kontinuierlich abnehme. Mittlerweile geht man davon aus, dass wir unser geistiges Maximum Mitte der 30er-Jahre erreichen *und es auf diesem Niveau bleibt,* bis wir weit über 70 Jahre sind. Dass man einem alten Hund keine neuen Tricks beibringen kann, ist blanker Unsinn. Aktuelle Forschungsergebnisse zeigen, dass man mit 70 Jahren genauso gut lernt wie mit 17 Jahren.

## Veraltete Ansichten über das Altern

Einst dachten selbst Physiologen, dass jede Art körperlicher Aktivität einem Menschen über 40 Jahren nur schaden könne. Wir Ärzte haben die Leute gewarnt, mit über 40 Jahren sollten sie es »langsamer angehen« und Golf oder andere Sportarten besser aufgeben. Noch vor 20 Jahren riet ein bekannter Schriftsteller den Menschen: Jeder über 40 Jahren solle nicht stehen, wenn er sitzen könne, und nicht sitzen, wenn er liegen könne – um seine Energie zu »bewahren«. Heute empfehlen uns die Ärzte – vor allem die führenden Herzspezialisten des Landes –, dass jede, auch anstrengende, Aktivität in jedem Alter nicht nur erlaubt, sondern gesundheitlich notwendig ist. Sie sind nie zu alt, um Sport zu treiben. Aber vielleicht sind Sie ja zu krank. Und wenn Sie lange Zeit vergleichsweise inaktiv waren, dann setzt ein anstrengendes Training den Körper natürlich unter Stress, was schädlich sein kann.

Wenn Sie also an anstrengendes Training nicht gewöhnt sind, sollten Sie es wirklich langsam angehen, das heißt, es schrittweise steigern. Thomas K. Cureton (er befasste sich eingehend mit der Fitness von Menschen im Alter zwischen 45 und 80) zufolge sind mindestens zwei Jahre nötig, um Schritt für Schritt die Fähigkeit zu anstrengendem Training zu erwerben.

Wenn Sie älter sind als 40 Jahre, sollten Sie nicht mit den Gewichten anfangen, die Sie in der Jugend gestemmt haben. Vergessen Sie, wie schnell Sie damals gelaufen sind. Beginnen Sie mit einem täglichen Spaziergang um den Block. Dann steigern Sie die Distanz Tag für Tag, bis Sie etwa eineinhalb Kilometer am Stück schaffen. Steigern Sie weiter, bis Sie nach ungefähr sechs Monaten bei 8 Kilometern angekommen sind. Dann können Sie langsam anfangen zu joggen. Einen Tag gehen Sie, einen Tag laufen Sie. Dabei sollten Sie zu Beginn nicht mehr als etwa 1 Kilometer joggen, dann eineinhalb. Wenn Sie sich damit sicher fühlen, können Sie anfangen, in Ihr Lauftraining Kraftübungen einzubauen: Liegestützen und Kniebeugen. Von da an können Sie auch mit leichten Gewichten trainieren. Mit dieser Methode baute Dr. Cureton untrainierte, schwächliche Männer von 50, 60 oder 70 Jahren auf, bis sie nach zwei Jahren ein Laufpensum von 8 Kilometern bewältigten. Die so Trainierten fühlten sich nicht nur besser, auch medizinische Tests zeigten, dass ihre Herzfrequenz sich verbessert hatte, ebenso wie die Funktion zahlreicher wichtiger Organe.

## Warum ich an Wunder glaube

Wenn ich schon dabei bin, Ihnen meine innersten Überzeugungen zu verraten, kann ich auch gleich alle Karten auf den Tisch legen. Ich glaube nämlich an Wunder. Die Medizin weiß, dass sie nicht weiß, wie die verschiedensten Mechanismen im Körper zusammenwirken. Wir wissen ein bisschen was darüber, *was* passiert und *wie*. Wir können beschreiben, *was wie* geschieht, wenn der Körper eine Wunde heilt. Aber die Beschreibung ist keine Erklärung, wie fachsprachlich sie auch formuliert sein mag. Ich verstehe bis heute nicht, *warum* eine Schnittwunde am Finger heilt, ja noch nicht einmal, *was da genau* vor sich geht.

Ich verstehe nicht, wie die Lebenskraft den Mechanismus der Heilung in Gang setzt oder wie diese Kraft wirkt und was sie anstößt. Ich verstehe nicht, welche Intelligenz diesen Mechanismus geschaffen hat oder wie er gesteuert wird.

Der Nobelpreisträger Alexis Carrel beschreibt in seinen Erinnerungen einige Spontanheilungen, denen er in Lourdes beiwohnte. Er meint, die einzige Erklärung, die er als Arzt für diese Dinge finden könne, sei, dass die Selbstheilungskräfte des Körpers, die normalerweise über einen langen Zeitraum wirken, hier durch den intensiven Glauben »beschleunigt« werden.

Wenn »Wunder«, wie Carrel sagt, durch die Beschleunigung und Intensivierung natürlicher Heilvorgänge und -kräfte geschehen, dann wohne ich jedes Mal einem »kleinen Wunder« bei, wenn eine Operationswunde heilt, indem neues Gewebe heranwächst. Ob das nun zwei Minuten, Wochen oder Monate dauert, macht, so wie ich das sehe, keinen Unterschied. Ich beobachte, wie eine Kraft am Werk ist, die ich nicht verstehe.

## Wissenschaft, Glaube und Leben gehen von der gleichen Quelle aus

Der berühmte französische Chirurg Dubois hatte in seinem OP ein großes Schild hängen. Darauf stand: »Der Chirurg versorgt die Wunde, Gott heilt sie.«

Das Gleiche könnte man über Medikamente wie Antibiotika oder Hustensaft sagen. Trotzdem kann ich nicht begreifen, wieso jemand aufgrund seines Glaubens jede medizinische Hilfe ablehnt. Denn in meinen Augen werden medizinisches Können und medizinische Entdeckungen von der gleichen Intelligenz, der gleichen Lebenskraft gespeist, die bei Spontanheilungen durch den Glauben wirkt. Aus diesem Grund ist in meinen Augen zwischen Medizin und Religion keinerlei Konflikt möglich. Medizinische Heilung und Glaubensheilung erwachsen aus ein und derselben Quelle. Sie sollten Hand in Hand arbeiten.

Welcher Vater, der sieht, wie sein Kind von einem tollwütigen Hund gebissen wird, würde danebenstehen und nichts tun, weil er meint, er müsse die Stärke seines Glaubens unter Beweis stellen. Er würde die Hilfe eines Nachbarn nicht ablehnen, der mit einem Gewehr oder einem Knüppel gelaufen kommt. Aber wenn Sie den Hund entsprechend verkleinern und ihn »Bakterium« oder »Virus« nennen, dann lehnt der gleiche Vater die Hilfe des Nachbarn/Arztes ab, der eine Kapsel bringt, ein Skalpell oder eine Spritze, mit der dem Kind geholfen werden könnte.

## Setzen Sie dem Leben keine Grenzen

Was mich wieder zurückbringt zu dem Gedanken, von dem wir ausgegangen sind. In der Bibel heißt es, dass Gott, als Petrus in der Wüste hungerte, ein Leinentuch vom Himmel herabschweben ließ, gefüllt mit Essbarem. (Apostelgeschichte 10,11) Nur sah es in Petrus' Augen nicht eben appetitlich aus. In dem Tuch waren nämlich »alle möglichen Kriechtiere«, die Speise war also »unrein«. Da ermahnte Gott ihn und sagte ihm, er solle nicht »unrein« nennen, was Gott für rein erklärt.

Manche Ärzte und Wissenschaftler schauen heute auf alles herab, was nur ansatzweise mit Glauben oder Religion zu tun hat. Und manche religiösen Fanatiker begegnen der Wissenschaft mit der gleichen misstrauischen Haltung.

Doch wie bereits gesagt: Das wahre Ziel jedes Menschen ist mehr Leben – erfüllteres, lebendigeres Leben. Wie auch immer Ihre Vorstellung von Glück aussehen mag, Sie werden Glück nur *erfahren*, wenn Sie sich mehr Leben erlauben. Und mehr Leben heißt unter anderem mehr Leistung, das Erreichen wichtiger Ziele, mehr Liebe zu geben und zu empfangen, mehr Gesundheit und Freude, mehr Glück für Sie selbst und andere Menschen.

Ich glaube, dass es nur *ein Leben* gibt, eine letztendliche Quelle, aber dieses *eine Leben* kommt über viele Kanäle und in den unterschiedlichsten Ausprägungen zu uns geflossen. Wenn wir unser Leben lebendiger machen wollen, sollten wir die Kanäle nicht blockieren, durch die das Leben zu uns kommen könnte. Wir müssen es annehmen, ganz gleich, ob es als Wissenschaft zu uns kommt, als Religion, Psychologie oder was auch immer.

Ein weiterer wichtiger Kanal ist der Kontakt zu anderen Menschen. Wir sollten die Hilfe, Freude und das Glück nicht zurückweisen, das andere Menschen uns schenken können oder wir ihnen. Wir sollten nicht zu stolz sein, um Hilfe von anderen anzunehmen, und nicht zu vernarbt und verhärtet, um sie zu geben. Hören wir auf, diese Gaben als »unrein« zu bezeichnen, weil sie nicht zu unseren Vorurteilen oder unserem Stolz zu passen scheinen.

## Das beste Selbstbild überhaupt

Zu guter Letzt sollten wir uns nicht versagen, die Gaben des Lebens anzunehmen, weil wir uns für unwürdig halten. Gott hat uns seine Vergebung geschenkt und den Seelenfrieden beziehungsweise das Glück, das aus der Selbstakzeptanz erwächst. Es ist eine Beleidigung unseres Schöpfers, wenn wir uns abwenden, weil wir denken, dass seine Schöpfung – der Mensch – »unrein« ist, unwürdig, unwichtig oder unfähig. Das realistischste Selbstbild ist, dass Sie »als Gottes Abbild« geschaffen sind. (Genesis 1,26) Der Erfolgsautor Frank G. Slaughter schreibt: »Wenn Sie sich aufrichtig und ehrlich, voller innerer Überzeugung für ein Abbild Gottes halten, ist es unmöglich, dass Sie daraus keine neue Kraft und Stärke gewinnen.«

Die Ideen und Übungen in diesem Buch haben vielen meiner Patienten geholfen, »mehr Leben vom Leben zu haben«. Ich hoffe und glaube, dass sie dasselbe für Sie tun können.

# WAS SIE VON DER PSYCHOKYBERNETIK ERWARTEN KÖNNEN

## NACHWORT VON MATT FUREY

Gratuliere, Sie stehen vor einem neuen Anfang. Nein, nicht vor dem Anfang des Buches, sondern vor dem Anfang eines *neuen Ich*. Dieses Buch wurde vor mehr als einem halben Jahrhundert geschrieben – und doch sind seine Prinzipien heute genauso aktuell wie damals. Und sie inspirieren immer noch Menschen in aller Welt. Tag für Tag melden sich Menschen auf www.psycho-cybernetics.com an oder schicken mir E-Mails, in denen sie von ihren positiven Erfahrungen berichten. Es ist wirklich wunderbar, zusammen mit Ihnen Teil dieser Erfahrung zu sein.

Am Ende dieses Buches würde ich gerne über die »Zeichen« sprechen, die Ihnen vermutlich begegnen werden, wenn Sie die zu Ihrer *täglichen* Praxis machen, insbesondere das Erleben der mentalen Bilder in einem entspannten Zustand.

Erstens werden Sie bemerken, dass der Ruhezustand, in den Sie sich vor den Übungen versetzen, immer stärker wird. Irgendwann greift die Ruhe auf Ihren gesamten Alltag über. Wenn Sie mal einen Tag auslassen, werden Sie den Unterschied merken und sich auf die nächste Übung freuen.

Mit jedem Tag der Praxis verstärkt sich die Fähigkeit, positiv zu fühlen und positive Bilder vor sich zu sehen. Mit der Zeit führt dies zum Gefühl des *Flow*. Der sich allerdings nicht einstellt, wenn Sie nur das

Buch gelesen haben oder nur gelegentlich praktizieren. Es ist das »tägliche Bad« in den Prinzipien der Psychokybernetik, das den Ausschlag gibt.

Zweitens werden Sie feststellen, dass die Psychokybernetik Ihnen, anders als andere Selbsthilfemodelle, *keinen* Zeitrahmen für Ihre Ziele vorgibt. Das heißt *nicht*, dass es falsch ist, etwas bis zu einem bestimmten Zeitpunkt verwirklicht haben zu wollen – aber es *kann* für dieses eine Ziel falsch sein. Es gibt Ziele, für die ein fester Zeitrahmen nützlich ist, und andere, bei denen dies nicht der Fall ist.

Sinn und Zweck der mentalen Bilder ist es, Ihrem kreativen Mechanismus ein Ziel vorzugeben, auf das er sich entspannt zubewegen kann. Mit den Bildern und den damit verbundenen Emotionen geben Sie dieses Ziel in Ihr Gehirn und Nervensystem ein. Hängen Sie aber einen bestimmten Zeitpunkt dran, kann es sein, dass die Maschine abstürzt. Das merken Sie daran, dass Sie plötzlich nervös zu werden beginnen und sich sorgen, ob Sie das Ziel bis zu diesem Zeitpunkt verwirklichen können. Manche Menschen, die sich finanzielle Ziele setzen und diesen ein Ablaufdatum mitgeben, verstehen nicht, warum sie plötzlich in einen negativen Geisteszustand verfallen. Das liegt häufig daran, dass sie selbst nicht glauben, es bis zu diesem Zeitpunkt schaffen zu können.

Ich persönlich habe die Erfahrung gemacht, dass ein fester Zeitpunkt nicht sehr hilfreich ist, und das gilt auch für die Leute, die ich über die Jahre beraten habe. Fangen Sie einfach an, sich das Ziel vorzustellen – und ein gutes *Gefühl* damit zu verbinden. Stellen Sie sich vor, was Sie haben wollen, und wenn sich Schritte zeigen, die Sie zu Ihrem Ziel führen können, dann gehen Sie dem nach. Sobald Sie diese Aktivitäten umsetzen, machen Sie automatisch Fortschritte. Sie werden überrascht merken, dass Sie sich besser fühlen und Ihr Ziel eher erreichen, als Sie dachten. Warum? Weil Sie nie gegen die fixe Vorstellung ankämpfen mussten, wann Sie Ihr Ziel erreicht haben sollten. Sie mussten sich nur überzeugen, dass Sie dieses Ziel erreichen können und *werden*.

Drittens wird es einfacher, wenn Sie sich zu Anfang kurzfristige Ziele oder Projekte vornehmen – und nach Möglichkeit etwas, womit Sie starke Gefühle verbinden. Sich etwas auszumalen, was Sie morgen oder in einer Woche machen möchten, ist leichter, als wenn das Ziel erst in einem Jahr oder mehr erreicht werden soll. Spielen Sie mit dem Prozess und amüsieren Sie sich dabei. Fangen Sie mit kleinen Dingen an, bevor Sie sich an die großen Ziele wagen. So erwerben Sie Vertrauen in den Prozess – und in sich selbst.

Viertens können Sie damit rechnen, dass sich, wenn Sie sich täglich und beharrlich in mentalen Fähigkeiten üben, auch andere Gaben einstellen werden. Welche? In Psychokybernetik spricht Dr. Maltz immer wieder von übersinnlichen Fähigkeiten und das Werk von Professor Rhine von der Duke University, der solche Fähigkeiten wie Hellsehen, Telepathie et cetera erforschte. Da Dr. Maltz dies immer wieder anspricht, ja da er es überhaupt in sein Buch aufnimmt, nehme ich an, dass ihm diese Dinge sehr wichtig waren. Ich glaube auch, dass er darüber – wenn auch nur kurz – schrieb, weil sich mit der täglichen Einübung mentaler Bilder und *Gefühle* sein sechster Sinn enorm verschärfte.

Warum erwähne ich das? Wie komme ich zu solch einer Aussage? Weil es mir selbst so erging. Bei mir blitzten immer öfter intuitive Einsichten auf. Ich erspürte die Dinge auf einer Ebene, die ich für mich für unzugänglich hielt. Ich konnte das für die Heilung anderer Menschen gewinnbringend einsetzen. Und das passiert einfach so nebenher. Ich unternahm überhaupt nichts in diese Richtung, ich informierte mich noch nicht einmal darüber. Tatsächlich machten mir diese scheinbar unwirklichen Erfahrungen am Anfang noch Angst.

Dr. Maltz zitiert in seinem Vorwort einen Kollegen, der meinte: »Ich zögere ein wenig, meine Resultate zu veröffentlichen, vor allem für ein Laienpublikum. Würde ich bestimmte Fallgeschichten und einige der spektakulären Persönlichkeitsentwicklungen vorstellen, würde man mir wohl vorwerfen, dass ich maßlos übertreibe oder einen Kult begründen möchte. Vielleicht sogar beides.«

Ich glaube, dass heute die Zeit reif ist, sich für diese Fähigkeiten zu öffnen – zumindest für all jene, die das unter dem Schutzschirm der Psychokybernetik machen wollen.

Erinnern Sie sich an Stan »the Man« Musial, den Baseballspieler, der offen sagte, er habe übersinnliche Fähigkeiten? Eine Stimme würde ihm sagen, wie der nächste Pitch aussehen würde, wenn er am Schlag war. Und diese Stimme liege nie daneben. Wie viele Sportler in der Hall of Fame haben wohl so einen sechsten Sinn dafür gehabt, wie sich das Spiel entwickeln würde, und sich nie getraut, darüber zu reden?

Zumindest ist das ein hochinteressantes Gesprächsthema. Ich sehe das so: Wenn solche intuitiven Fähigkeiten von selbst kommen, ohne dass Sie sich je darum bemüht hätten, warum sollten Sie das dann nicht als Zeichen sehen, dass Sie mehr darüber in Erfahrung bringen sollten, damit Sie anderen Menschen ebenso helfen können wie sich selbst?

Ich möchte dieses Nachwort mit einer selbsterlebten Geschichte beenden, die Ihnen zeigen soll, wie heilsam sich die Macht der Vergebung auswirkt, über die Dr. Maltz schrieb.

Es war im Sommer 1982, die beste Zeit meines Lebens. Ich war glücklich. Ich konnte gar nicht mehr aufhören zu lächeln. Ich genoss das Leben. Und doch war ich knapp davor, eine traumatische Erfahrung zu machen, die mich fürs Leben zeichnen und mein Gesicht verändern würde.

Ich kam gerade mit einer Gruppe Ringer und Trainer von einem 14-tägigen Trainingscamp in Lock Haven, in Pennsylvania, an die Uni von Iowa zurück. Am nächsten Tag sollte ein neues Camp beginnen, dieses Mal für 28 Tage. Ich war total glücklich, dass ich so viel lernen durfte – so glücklich, dass ich am frühen Abend mit einigen meiner Teamkameraden einen Lauf über fünf Meilen machte.

Danach saßen wir 20 Minuten lang in der Sauna, duschten und zogen los, um Pasta zu essen. Anschließend nahmen wir ein paar Drinks in einer Bar. Zu jener Zeit bekam man in Iowa nur dann etwas zu trinken, wenn man 19 Jahre alt war. Ich fühlte mich unglaublich privilegiert. Die Welt lag mir zu Füßen. Nach den paar Drinks war meine Laune noch besser. Niemand konnte es mit mir aufnehmen. Niemand konnte mir wehtun. Ich war unbesiegbar.

In der nächsten Minute prügle ich mich mit einem Kerl herum, der sich nicht an Regeln hielt. Er schüttete mir Bier übers T-Shirt, ich schubste ihn. Er kam auf mich zu, aber statt mich mit den Fäusten anzugehen, schnappte er sich einen leeren Bierkrug und verpasste mir damit einen linken Haken. Ich versuchte, es Muhammad Ali nachzutun. Ich ging zurück, um dem Schlag auszuweichen – aber leider war ich nicht agil genug. Mein Gegner tat einen Schritt nach vorne und knallte mir das Glas auf die rechte Gesichtshälfte.

Das Glas zerbrach. Das Blut spritzte, als käme es aus einem Feuerwehrschlauch.

Mein Gesicht war aufgeschlitzt. Die Haut hing seitlich herab von den Augenbrauen bis zur Wange. Ich hob meinen Arm an und drückte mit dem langen Ärmel des T-Shirts gegen den Kopf, um die Blutung zu stoppen. Mein Augenlid war zerfetzt. Wange, Oberlippe und Hals bluteten – Glassplitter waren tief in mein Auge und in das Fleisch der Wange eingedrungen.

Ich höre immer noch die schrecklichen Schreie all jener, die das Blut spritzen sahen. Ich sehe mich selbst, wie man mich vor die Tür führt.

Gefühlt innerhalb von Sekunden war der Krankenwagen da. Die Sanitäter schützten meinen Kopf und fuhren mich zur Notaufnahme im Universitätskrankenhaus in Iowa City.

Dort informierten mich die Ärzte, dass mein Gesicht aussähe, als bestünde es aus Puzzleteilchen. Mein Gesicht und mein Auge hatten jede Menge Splitter abbekommen. Nachdem man mich genauer untersucht hatte, sagte einer der Ärzte: »Mein Freund, jemand da oben hat schützend die Hand über dich gehalten. Du hast Glück, dass du dein Auge nicht verlieren wirst.« Später hieß es, ich hätte Glück gehabt, dass ich nicht gestorben sei.

Als ich im Bett lag und darauf wartete, dass man mich wieder zusammenflicken würde, kam plötzlich jemand auf mich zu und nannte meinen Namen.

Ich erkannte die Stimme sofort. Es war mein Trainer, Dan Gable, der Goldmedaillengewinner, den die meisten Amerikaner wohl für den besten Ringer und Trainer aller Zeiten halten würden. Er war das Idol meiner Kindheit. Ich verehrte ihn – und nun stand er neben mir und blickte auf mein kaputtes Gesicht herunter.

Es war mir so unglaublich peinlich. Ich verging fast vor Scham.

Total idiotisch.

Coach Gable sah mich nur an und sagte: »Was ist los?«

Ich versuchte, darauf eine Antwort zu formulieren – aber der Chirurg rettete mich und sagte: »Trainer, ich glaube, er hat eine traumatische Erfahrung gemacht.«

»Aha«, sagte Gable. »Ich verstehe.«

Und das tat er. Als er 15 Jahre alt war, fuhr er mit Mutter und Vater nach Wisconsin zum Fischen. Seine ältere Schwester Diane sollte am nächsten Tag nachkommen. Sie kam nicht, denn in der Nacht zuvor war ein Mann in das Haus der Gables eingebrochen und hatte Diane vergewaltigt und dann ermordet.

Der Schmerz ließ die Familie beinahe auseinanderbrechen. Mutter und Vater wollten nicht mehr in dem Haus leben. Für sie war es verhext, seit dort dieses schreckliche Verbrechen stattgefunden hatte.

Dianes Zimmer stand leer – und auch das führte zu immer mehr Streit. Dan spürte, dass die Familie das nicht überstehen würde, und so verkündete er eines Tages:

»Ich werde in Dianes Zimmer ziehen«, sagte er und hatte dabei die Hände in die Hüften gestemmt wie Superman.

Dans Aktion rettete die Gables.

Und nun stand dieser mutige Mann vor mir. Er hatte viele Meisterschaften gewonnen und viele Champions geformt. Er stand für all das, was ich an einem Menschen bewunderte. Ich wollte unbedingt so sein wie er. Das war schon in der Highschool mein Ziel gewesen – eines Tages unter Gable trainieren zu dürfen. Und jetzt, wo ich gerade mal eine Saison in seinem Team war, lag ich da auf dem Krankenbett und mein Gesicht war eine einzige, klaffende Wunde.

Sieben Stunden später konnte ich endlich in den Spiegel blicken. Mein Gesicht war voller Wunden und geschwollen. Mein Kopf juckte wie verrückt – aber wenn ich kratzte, spürte ich nichts. Diese fehlende Sinneswahrnehmung im Kopf blieb mir sechs Monate erhalten.

Als die Fäden gezogen waren, wusste ich, dass ich das Geschehen hinter mir lassen und mit einem intensiven Training beginnen musste. Ich wollte den nationalen Titel holen und hatte daher keine Zeit, mir selbst leidzutun. Also investierte ich jedes bisschen Kraft, das ich hatte, ins Training und ins Studium. Was mit mir passiert war, verdrängte ich einfach. Ich sprach *nie* darüber. Ich verbannte diesen Gedanken aus meinem Kopf.

Ein Verfahren lief, mit dem ich anfangs nichts zu tun haben wollte. Ich fühlte mich schuldig am Geschehen. Mir war klar, dass auch mich eine Mitschuld traf. Aber meine Eltern blieben am Ball, denn ihrer Ansicht nach konnte nichts, was ich an jenem Abend getan oder gesagt hatte, so einen drastischen Angriff rechtfertigen, bei dem jemand mir mit einem Glaskrug das Gesicht aufschlitzte.

Fünf Jahre später war das Verfahren entschieden. Ich erhielt damals fette 16 000 Dollar Schmerzensgeld. Ein Drittel davon ging an den Anwalt. Als der Scheck kam, brauchte ich das Geld dringend. Ich hatte die Uni gerade abgeschlossen, einen nationalen Titel als Ringer der Collegemannschaft erworben und hatte mich als Personal Trainer selbstständig gemacht. Ich brauchte Ausrüstung, um meine Kunden trainieren zu können, und natürlich Geld für die Werbung.

Und jetzt: schneller Vorlauf ins Jahr 2007 – 25 Jahre nach der Prügelei in der Bar. Mir war bis zu diesem Tag immer noch nicht klar, dass ich diese Erinnerung mit Vergebung heilen sollte.

Als ich an einem Morgen in mein Kopfkino eintauchte und mich entspannte, bemerkte ich etwas Seltsames. Ich konnte meine Ziele nicht mehr visualisieren. Ich sah meine glücklichen und erfolgreichen Momente nicht mehr vor mir. Stattdessen drängte sich mir ein Film auf, der tief im Inneren verborgen gewesen war und nicht mehr wegging. Ein Geist aus der Vergangenheit: die Erinnerung an mein 19-jähriges Ich, das in Iowa City in eine Prügelei in einer Bar gerät.

21 Jahre nach jenem Abend fing ich an, erstmals darüber zu schreiben beziehungsweise zu reden. Ich erzählte den Klienten meiner Seminare davon, um ihnen zu helfen, ihre emotionalen Narben zu heilen. Ich wollte ihnen zeigen, dass ich, obwohl ich »fürs Leben gezeichnet« war, mein Dasein positiv gestalten konnte. Doch jedes Mal, wenn ich die Geschichte ansprach, stiegen mir Tränen in die Augen. Da war immer noch dieser tiefe Schmerz über die Verletzung in mir, ein Schmerz, den ich nie akzeptiert hatte, ein Schmerz, der transformiert werden wollte.

Als ich daher an jenem Morgen meine Ziele nicht mehr vor mir sah, beschloss ich, etwas zu tun, was ich nie zuvor getan hatte. Ich würde nicht nur darüber reden, wie es ist, fürs Leben gezeichnet zu sein. Ich würde auch nicht nur darüber schreiben. Ich würde die Augen schließen und zu jenem Abend zurückgehen und mir alles ansehen. Ich würde diese Erfahrung erneut durchleben. Ich würde in der Bar stehen und den Glaskrug auf mich zukommen sehen. Ich würde zu den Lampen an der Decke aufsteigen, um eine andere Perspektive einzunehmen. Oder mich auf einen der Barhocker setzen.

Anfangs war ich erstaunt darüber, was ich alles mit dieser Erfahrung anstellen konnte. Dann, als ich sah, wie das Blut aus meinem Kopf spritzte und wie ich das T-Shirt ans Gesicht hob, fragte ich mich: »Was *fühlst* du jetzt?«

Bei dieser Frage überrollte mich eine Welle der Trauer. Mit geschlossenen Augen durchlebte ich das Trauma erneut und fing an, unkontrolliert zu schluchzen. Und auf meinen Lippen formte sich der Satz: »Ich kann mich nicht wehren.«

Zum ersten Mal in meinem noch jungen Erwachsenenleben war ich in einer Situation, in der ich weiter nichts tun konnte, als auf den Krankenwagen zu warten. Für einen Wettkampfsportler, einen Ringer noch dazu, ist es die maximale Demütigung, sich nicht wehren zu können. Das hatte mich offensichtlich *mehr* verletzt als die Verwundung. Und in diesem Moment bildete sich, ohne dass ich es bemerkt hätte, eine emotionale Narbe auf meiner Seele. Eine Narbe, vor der die im Gesicht buchstäblich verblasste.

Mitten in dieser Seelenqual, als ich die schreckliche Erfahrung noch einmal durchlebte, an der ich mir die Schuld gab, erklang plötzlich eine liebevolle und mitfühlende Stimme aus den Wolken. Ich habe das noch nie jemandem gesagt, aber ich glaube bis heute, dass die »Stimme« von Dr. Maltz kam, der mir sagte: »Matt, du warst damals 19 Jahre. Du hast einen Fehler gemacht. Ihr beide habt einen Fehler gemacht. Verzeih dir. Lass los. Und vergib auch deinem Gegner. Hör auf, diesen Schmerz mit dir herumzutragen. Du brauchst ihn nicht mehr. Lass ihn los. Segne dich und den Mann, der dir das angetan hat.«

Ich folgte diesem Rat. Ich stellte mir den Mann vor, wie er mit den zersplitterten Resten des Bierkrugs vor mir stand. Ich sah und hörte, wie er laut jubelte. Offensichtlich war er mit sich zufrieden. Ich sah ihn und winkte ihm zu. Ich zeichnete mit der Hand ein breites Lächeln in die Luft. Ich segnete ihn mit diesem Lächeln.

Dann sagte die Stimme zu mir: »Und nun schau dir den Krug an, den er in der Hand hält ... Und mach eine Feder daraus. Eine Feder, die in Tinte getaucht wurde. Diese Feder schreibt dir die Eintrittskarte ins Leben, die dich von nun an begleiten wird.«

Und kurz bevor ich die Augen öffnete, hörte ich die Stimme noch einmal: »Matt, überlege dir, wie viele Menschen auf der Welt in eine Lage geraten, in der sie glauben, sich nicht wehren zu können. Aber mit der Macht der mentalen Bilder und der zugehörigen Gefühle wirst du ihnen zeigen, dass sie sich selbst und anderen vergeben und ihr Leben dadurch massiv verbessern können. Alles im Leben ist ein mentales Bild. Jedes Ziel, das du hast, beginnt als Bild in deinem Kopf. Und alles, was du an dir nicht magst oder an deinem Leben, lässt sich verändern, indem du deine mentalen Bilder änderst. Vergiss nie: Selbst die Vergebung ist ein mentales Bild.«

# ÜBER DR. MAXWELL MALTZ

Maxwell Maltz schuf die Psychokybernetik, die so vielen Menschen helfen sollte, im Alter von 61 Jahren, nach einem aufregenden und ausgesprochen erfolgreichen Leben als Chirurg, Autor und Vortragsredner.

Seine Inspiration, von den »äußeren Narben« zu den »inneren« überzugehen, zog er aus der Tatsache, dass viele seiner Patienten immer noch stockunglücklich und verunsichert waren, obwohl er sie operiert hatte. Maltz und seine Patienten hatten geglaubt, dass diese Probleme sich in Luft auflösen würden, sobald seine Klienten das neue Gesicht haben würden, das sie sich so sehnlichst wünschten.

Maltz beschrieb diese Entdeckung zuerst in seinem Buch *New Faces, New Futures*. Darin schreibt er, dass viele Menschen sich selbst »falsch sehen«, dass ihre Wahrnehmung von irrigen Überzeugungen im Unbewussten verzerrt wurde, mit denen sie sich nie auseinandergesetzt hatten. Ein Jahrzehnt lang forschte Maltz zu diesem Thema. Er befragte seine Patienten und stellte intensive Recherchen an, ob nun zu deutschen Raketenleitsystemen (die damals den US-amerikanischen überlegen waren) oder zur Hypnose. Dann testete er seine »Techniken zur Erfolgskonditionierung« an zahlreichen Sportlern und Vertretern, um 1960 seine Resultate in der ursprünglichen Fassung von *Psychokybernetik* zu veröffentlichen.

Das Buch wurde sofort zum Bestseller und machte Dr. Maltz in den 1960ern und 1970ern zu einem der gesuchtesten Motivationstrainer. Er sammelte unzählige Fallgeschichten und verbreitete seine Erkenntnisse in Seminaren, Workshops, Radiosendungen und mehr als ein Dutzend Büchern, in denen er die Techniken der Psychokybernetik auf verschiedene Bereiche anwandte: vom geschäftlichen Erfolg über den sportlichen bis hin zur Verbesserung des Sexlebens.

# ÜBER MATT FUREY

Nachdem Matt Furey im Ringen und in den Kampfkünsten mehrere nationale und internationale Titel gewonnen hatte, wurde er zum Bestsellerautor, was Fitness und Selbsthilfe angeht. Er veröffentlichte unter anderem: *Combat Conditioning, Expect to Win, Hate to Lose, The Unbeatable Man* und *101 Ways to Magnetize Money in Any Economy.*

Furey gehörte zu den Ersten, die Fitnesstraining mit dem eigenen Körpergewicht betrieben, und löste damit den Hype ums funktionelle Training aus. Seine neuesten Techniken der Kombination von mentaler und körperlicher Fitness stellt er auf www.fureyfaithful.com vor.

2005 wurde Furey zum Präsidenten der Psycho-Cybernetics Foundation. Seitdem hält er Seminare in aller Welt, in denen er die Techniken der Psychokybernetik und Mind-Body-Fitness lehrt. Dazu kommen noch Methoden mentalen Trainings, die vor allem Sportlern und Unternehmern zugutekommen. Furey trainiert Sportler auf jedem Niveau, vom Amateur- bis hin zum Profisportler. Darüber hinaus berät er Manager und Internetgründer.

Wenn Sie sich für ein privates Coaching interessieren, melden Sie sich mit einer E-Mail unter der Adresse: info@psycho-cybernetics.com Oder Sie schicken ein Fax an folgende Adresse:

Psycho-Cybernetics Foundation Inc.
10339 Birdwatch Drive
Tampa, Florida 33647
USA
Fax 001-813-9944947

# STICHWORTVERZEICHNIS

**F**

# PLATZ FÜR NOTIZEN